I0643836

Tadschikisch

Übungsbuch für
Anfänger und Fortgeschrittene

mit Audio-CD

Barno Aripova

Reichert Verlag

Coverbild: Ausschnitt aus „Wandschmuck im Teehaus-Rohat“ © Edda Schlager in „Architekturführer Duschanbe“, Dom Publishers, Berlin 2017, S. 146–147.

Bibliografische Information der Deutschen Nationalbibliothek
Die Deutsche Nationalbibliothek verzeichnet diese Publikation in der Deutschen Nationalbibliografie; detaillierte bibliografische Daten sind im Internet über http://dnb.d-nb.de abrufbar.

© 2019 Dr. Ludwig Reichert Verlag Wiesbaden
ISBN: 978-3-95490-424-2
eISBN: 978-3-95490-711-3 (E-Book)
https://doi.org/10.29091/9783954907113
www.reichert-verlag.de
Das Werk einschließlich aller seiner Teile ist urheberrechtlich geschützt. Jede Verwertung außerhalb der engen Grenzen des Urheberrechtsgesetzes ist ohne Zustimmung des Verlages unzulässig und strafbar. Das gilt insbesondere für Vervielfältigungen, Übersetzungen, Mikroverfilmungen und die Speicherung und Verarbeitung in elektronischen Systemen, auch bei nur auszugsweiser Verwertung. Die Vergütungsansprüche des § 54, Abs. 2, UrhG. werden durch die Verwertungsgesellschaft Wort wahrgenommen.
Printed in Germany

Barno Aripova

Tadschikisch

Inhaltsverzeichnis / Мундарича

Vorwort

Dieses Übungsbuch wurde am Zentralasien-Seminar der Humboldt-Universität für den Grundkurs Tadschikisch entwickelt. Es ist für die universitäre Ausbildung bestimmt, kann aber auch von Personen benutzt werden, die nur einen praxisbezogenen Spracherwerb ohne tiefer greifende Hintergrundinformationen anstreben.

Das Übungsbuch gliedert sich in 35 Lektionen (дарс), in denen festgelegte grammatische Themen anhand von Übungen (машк), Texten (матн) und Dialogen (гуфтугӯ) trainiert werden, die sich an typischen kommunikativen Situationen (Selbstvorstellung, Familie, Beruf, Einkauf auf dem Basar, Wegbeschreibungen, Hotel, Restaurantbesuch u. a.) orientieren.

Die grammatischen Schwerpunktthemen werden am Anfang einer jeden Lektion genannt und enthalten dabei einen Verweis auf die entsprechenden Paragraphen in dem Buch *Tadschikische Studiengrammatik* von Lutz Rzehak (Wiesbaden: Reichert Verlag 1999), wo Sie weitere Erklärungen dazu finden können.

Wichtige Wendungen, deren Beherrschung Ihnen die Kommunikation auf Tadschikisch wesentlich erleichtern kann, werden als Redemittel mit auf den Weg gegeben.

Am Ende einer jeden Lektion finden Sie alle Vokabeln (луғат), die in dieser Lektion eingeführt wurden. Es gibt keine wichtigen und keine unwichtigen Vokabeln, weshalb Sie alle diese Wörter lernen sollten. Das gilt insbesondere für den passiven Sprachgebrauch, also für das verstehende Hören und Lesen.

Am Ende des Übungsbuches befinden sich ein Glossar Tadschikisch-Deutsch und ein Glossar Deutsch-Tadschikisch, die natürlich kein Wörterbuch ersetzen können, aber alle Wörter enthalten, die in diesem Übungsbuch vermittelt wurden.

Ich danke Herrn Prof. Dr. Lutz Rzehak wie auch Herrn Dr. Thomas Loy für zahlreiche Anregungen und die kritische Durchsicht des Textes sowie Frau Dr. F. D. Iskandarova für das Korrekturlesen. Technische Hilfe bei der Formatierung hat mir Nicolas Gregg erwiesen. Ich danke auch Frau Dr. Sophie Roche für die Illustrationen.

Und ich möchte mich bei der Verlegerin Frau Ursula Reichert für die Aufnahme des *Tadschikisch* Übungsbuches in das Verlagsprogramm des Reichert Verlags sowie bei Frau Dr.Sigrun Kotb für die geduldige und kompetente Betreuung während der Druckvorbereitung herzlichst bedanken.

Mein besonderer Dank gilt auch meinen Familienmitgliedern Aripov Azam, Aripov Bahrom und Aripova Nasiba, die sich der Mühe unterzogen haben, die Sprachaufnahmen zu organisieren. Auf der CD zum Übungsbuch finden Sie die allermeisten Dialoge, Monologe und Texte der Lektionen 1–35. Diese Aufnahmen sind im Übungsbuch mit einem grauen Kreis markiert.

Berlin, im Juni 2019 Barno Aripova

Lektion 1

Grammatikthemen

- Schrift und Aussprache § 1, 2

Buchstabe	Laut	Aussprache
А а	[a]	wie im deutschen *Tag*
Б б	[b]	wie deutsches **b**
В в	[v]	wie im deutschen *was*
Г г	[g]	wie im deutschen *gehen*
Ғ ғ	[ġ]	wie deutsches Gaumen-**r** in *Gurke*
Д д	[d]	wie deutsches **d**
Е е	[e] [je]	nach Konsonanten beständiges **e** wie im deutschen *Beet*; im Anlaut und nach Vokalen wie **je**
Ё ё	[jo]	Lautkombination **jo** wie in *Jod*
Ж ж	[ž]	stimmhaftes **sch** wie in *Garage*
З з	[z]	stimmhaftes **s** wie in *Sonne*
И и	[i]	in offenen unbetonten Silben kurz wie in *Riss*; in geschlossenen betonten Silben lang wie in *Schiene*
Ӣ Ӣ	[i]	das akzentuierte **i**; kommt nur am Wortende vor
Й й	[j]	wie deutsches **j**
К к	[k]	wie deutsches **k**
Қ қ	[q]	Kehlkopflaut; keine Entsprechung im Deutschen
Л л	[l]	wie deutsches **l**
М м	[m]	wie deutsches **m**
Н н	[n]	wie deutsches **n**

Buchstabe	Laut	Aussprache
О о	[o]	offen wie in *kommen*, jedoch ein wenig länger
П п	[p]	wie deutsches **p**
Р р	[r]	Zungenspitzen-**r** (gerollt)
С с	[s]	stimmloses **s** wie in *Kasse*
Т т	[t]	wie deutsches **t**
У у	[u]	deutsches **u** wie in *Glut*
Ӯ ӯ	[ů]	zwischen **ü** und **ö**; keine Entsprechung im Deutschen
Ф ф	[f]	wie deutsches **f**
Х х	[x]	deutsches **ch** wie in *lachen*
Ҳ ҳ	[h]	wie deutsches **h**
Ч ч	[č]	deutsches **tsch** wie in *tschüss*
Ҷ ҷ	[ǧ]	stimmhaftes **dsch** wie in engl. *James*
Ш ш	[š]	wie deutsches **sch**
Ъ ъ	'	Härte- und Trennzeichen; nach Konsonanten Stimmabsatz, nach Vokalen Stimmabsatz oder Verlängerung des Vokals
Э э	[e]	offenes **e** wie in *ernst*; kommt nur am Wortanfang vor
Ю ю	[ju]	Lautkombination **ju** wie in *jung*
Я я	[ja]	Lautkombination **ja** wie in *Jahr*

машқи 1 Lesen Sie die folgenden Wörter. Achten Sie auf die unterschiedliche Aussprache von **а** und **о**.

бад	schlecht	бод	Wind	кар	taub	кор	Arbeit
дар	Tür	дор	Galgen	хар	Esel	хор	Dorn
нам	feucht	ном	Name	ман	ich	мо	wir

машқи 2 Lesen Sie die folgenden Wörter. Achten Sie auf die unterschiedliche Aussprache von **с** und **з**.

сар	Kopf	зар	Gold	сард	kalt	зард	gelb
суд	Gericht	зуд	schnell	сер	satt	зер	unter
саҳар	Morgenfrühe	заҳар	Gift	мис	Kupfer	миз	Tisch

машқи 3 Lesen Sie die folgenden Wörter. Achten Sie auf die richtige Aussprache von **ғ**.

ғам	Wehmut	нағз	gut	дағал	grob	боғ	Garten
ғор	Höhle	уйғур	Uigure	сағира	Waise	чароғ	Licht
ғоз	Gans	оғоз	Anfang	луғат	Wörterbuch	дурӯғ	Lüge

машқи 4 Lesen Sie die folgenden Wörter. Achten Sie auf die richtige Aussprache von **қ**.

қудрат	Macht, Kraft	тоқӣ	Kappe	мақола	Artikel	машқ	Übung
қанд	Würfelzucker	тоқа	einzeln, einsam	қазоқ	Kasache	шарқ	Osten
қарз	Schulden	тоқат	Geduld	қаймоқ	Sahne	шавқ	Interesse

машқи 5 Lesen Sie die folgenden Wörter. Achten Sie auf die richtige Aussprache von **ҳ**.

ҳашт	acht	баҳор	Frühling	раҳмат	danke	кӯҳ	Berg
ҳафт	sieben	чаҳор	vier	саёҳат	Reise	моҳ	Mond; Monat
ҳафта	Woche	хоҳар	Schwester	эҳтиром	Respekt	сиёҳ	schwarz

машқи 6 Lesen Sie die folgenden Wörter. Achten Sie auf die richtige Aussprache von **ӯ**.

ӯзбек	Usbeke	рӯй	Gesicht	имрӯз	heute	кӯча	Straße
ӯгай	Stief-	бӯй	Geruch	дирӯз	gestern	мӯза	Stiefel
ӯрда	Horde	гӯй	sage	рӯзнома	Zeitung	кӯмак	Hilfe

машқи 7 Lesen Sie die folgenden Wörter. Achten Sie auf die richtige Aussprache von **ҷ**.

ҷавон	jung	завҷа	Ehefrau	панҷ	fünf	биринҷ	Reis
ҷевон	Schrank	маҷалла	Zeitschrift	ганҷ	Schatz	издивоҷ	Ehe
ҷаноб	Herr	хориҷӣ	ausländisch	кунҷ	Ecke	мавҷ	Welle

машқи 8 Lesen Sie die folgenden Wörter. Achten Sie auf die richtige Aussprache von **у** und **ӯ**.

сум	Huf	сӯм	Sum (*Geld*)	мул	Wein	мӯл	viel
хурд	klein	хӯрд	aß	руҳ	Zink	рӯҳ	Geist
гул	Blume	гӯл	Dummkopf	руд	*Musikinstrument*	рӯд	Fluß

машқи 9 Lesen Sie die folgenden Wörter. Beachten Sie, dass die Buchstabenverbindung ***ав*** als [***au***] und ***ай*** als [***ai***] ausgesprochen wird.

нав	neu	мавҷ	Welle	май	Mai	хайр	tschüss
рав	gehe	мавзӯъ	Thema	кай?	wann?	сайр	Spaziergang
дав	laufe	завқ	Interesse	най	Flöte	айб	Schuld

машқи 10 Lesen Sie die folgenden Wörter. Beachten Sie, dass die Doppelkonsonanten in einem Wort stärker ausgesprochen werden.

амма	Tante (*väterlicherseits*)	оббозӣ	Baden	мутахассис	Fachmann	раққоса	Tänzerin
аммо	aber	миллӣ	national	муҷаррад	ledig	таваллуд	Geburt
ассалом	Guten Tag	ташаккур	danke	муаллим	Lehrer	тӯппӣ	Kappe

машқи 11 Diese tadschikischen Wörter kennen Sie wahrscheinlich. Lesen Sie die Wörter und erraten Sie ihre Bedeutung.

бозор	адрес	факс	троллейбус
мулло	телефон	ислом	ЮНЕСКО
футбол	видео	толиб	экскурсия
такси	теннис	волейбол	самовор
физика	интернет	муҷоҳид	трамвай
химия	биология	демократӣ	ҷиҳод
кино	салат	конститутсия	парламент
филм	мотор	федералӣ	сигор

машқи 12 Lesen Sie die folgenden Personennamen und achten Sie auf die richtige Betonung (auf der letzten Silbe):

♀		♂	
	Мунира		Раҳмон
	Азиза		Музаффар
	Насиба		Баҳром
	Зулфия		Далер
	Гулрухсор		Рустам
	Раъно		Сӯҳроб
	Зебо		Амин
	Зӯҳро		Анвар
	Гуландом		Аъзам
	Дилафрӯз		Мирзо
	Мусаддас		Парвиз

машқи 13 Ordnen Sie jedem Land die richtige Hauptstadt zu:

Афғонистон	Ашқобод
Ироқ	Улан-Ботур
Лубнон	Димишқ

Муғулистон	Бағдод
Озарбойҷон	Душанбе
Олмон	Исломобод
Покистон	Бишкек
Сурия	Бейрут
Тоҷикистон	Деҳлӣ
Туркманистон	Боку
Хитой	Берлин
Эрон	Кобул
Қазоқистон	Пекин
Ӯзбекистон	Остона
Ҳиндустон	Теҳрон
Қирғизистон	Тошканд

машқи 14

Schreiben Sie nach:		Wie heißt die Hauptstadt von …?	
Афғонистон	....	Афғонистон	....
Ироқ	....	Ироқ	....
Лубнон	....	Лубнон	....
Муғулистон	....	Муғулистон	....
Озарбойҷон	....	Озарбойҷон	....
Олмон	....	Олмон	....
Покистон	....	Покистон	....
Сурия	....	Сурия	....

Тоҷикистон	....	Тоҷикистон	....
Туркманистон	....	Туркманистон	....
Хитой	....	Хитой	....
Эрон	....	Эрон	....
Қазоқистон	....	Қазоқистон	....
Ӯзбекистон	....	Ӯзбекистон	....
Ҳиндустон	....	Ҳиндустон	....
Қирғизистон	....	Қирғизистон	....

Redemittel

Салом!	Guten Tag! Hallo!
Раҳмат!	Danke!
Марҳамат!	Bitte!

Луғат

адрес	Adresse
Афғонистон	Afghanistan
биология	Biologie
бозор	Markt, Basar
видео	Video
волейбол	Volleyball
демократӣ	Demokratie; demokratisch
интернет	Internet
Ироқ	Irak
ислом	Islam
кино	Kino
конститутсия / сарқонун	Grundgesetz
Қазоқистон	Kasachstan

Қирғизистон	Kirgisistan
Лубнон	Libanon
марҳамат!	bitte!
мотор	Motor
мулло	Mullah
муҷоҳид	Mudschahed
Муғулистон	Mongolei
Озарбойҷон	Aserbaidschan
Олмон	Deutschland
парламент	Parlament
Покистон	Pakistan
раҳмат	danke
салат / хӯриш	Salat
салом!	Guten Tag!, Hallo!
самовор	Samowar
сигор	Zigarette, Zigarre
Сурия	Syrien
такси	Taxi
телефон	Telefon
теннис	Tennis
толиб	Talib *(Angehöriger der Bewegung der Taliban)*
Тоҷикистон	Tadschikistan
трамвай	Straßenbahn
троллейбус	Oberleitungsbus
Туркманистон	Turkmenistan
Ӯзбекистон	Usbekistan
факс	Fax
федералӣ	föderativ
физика	Physik
филм	Film
футбол	Fußball
химия	Chemie
Хитой	China
Ҳиндустон	Indien
ҷиҳод	Dschihad
экскурсия	Exkursion
Эрон	Iran
ЮНЕСКО	UNESCO

Lektion 2

Grammatikthemen

- Genus der Nomina § 3
- Demonstrativpronomen § 4
- Personalpronomen § 5
- Präsensformen des Verbs будан – „sein“ § 6
- Höflichkeitsformen § 7

машқи 1 Lesen Sie die folgenden Berufsbezeichnungen:

коргар	Arbeiter, ~in
деҳқон	Bauer, Bäuerin
донишҷӯ(й)	Student, ~in
духтур	Arzt, Ärztin
фурӯшанда	Verkäufer, ~in
ошпаз	Koch, Köchin
нонвой	Bäcker
омӯзгор	Pädagoge, Pädagogin
шоир	Dichter
шоира	Dichterin
раққос	Tänzer
раққоса	Tänzerin
муаллим	Lehrer
муаллима	Lehrerin
адиб	Schriftsteller
адиба	Schriftstellerin

машқи 2 Sprechen Sie die fettgedruckten Wörter nach und lesen Sie die Sätze anschließend mit Ihrem Partner vor:

Амин **коргар** аст.	Зулфия **низ** коргар аст.
Сӯҳроб **духтур** аст.	Зебо **ҳам** духтур аст.
Далер **фурӯшанда** аст.	Мунира **низ** фурӯшанда аст.
Раҳмон **донишҷӯ** аст.	Насиба **ҳам** донишҷӯ аст.
Анвар **раққос** аст.	Азиза **низ** раққоса аст.
Рустам **адиб** аст.	Гулрухсор **ҳам** адиба аст.
Баҳром **муаллим** аст.	Гуландом **низ** муаллима аст.
Мирзо **ошпаз** аст.	Мусаддас **ҳам** ошпаз аст.
Парвиз **нонвой** аст.	Зӯҳро **низ** нонвой аст.

машқи 3 Sprechen Sie mit Ihrem Partner nach dem Muster:

Намуна:

✓ Амин **коргар** аст. Зулфия **низ** коргар аст.

Зулфия **ҳам** коргар аст.

Сӯҳроб **духтур** аст.	Зебо …
Далер **фурӯшанда** аст.	Мунира …
Анвар **раққос** аст.	Азиза …
Раҳмон **донишҷӯ**ст.	Насиба …
Рустам **адиб** аст.	Гулрухсор …
Баҳром **муаллим** аст.	Гуландон …
Аъзам **ошпаз** аст.	Зулфия ...
Парвиз **нонвой** аст.	Зӯҳро ...

машқи 4 Sprechen Sie mit Ihrem Partner nach dem Muster:

Намуна:

✓ Раҳмон донишҷӯст? – Бале, Раҳмон донишҷӯст.

Раъно ҳам донишҷӯст? – Бале, Раъно низ донишҷӯст.

Амин коргар аст? – …

Зулфия ҳам коргар аст? – …

Раҳмон духтур аст? – …

Зебо ҳам духтур аст? – …

Далер фурӯшанда аст? – …

Мунира низ фурӯшанда аст? – …

✓ Аъзам адиб аст? – Не, Аъзам адиб нест.

Мирзо омӯзгор аст? – …

Баҳром нонвой аст? – …

Азиза адиба аст? – …

Гулрухсор муаллима аст? – …

Гуландом шоира аст? – …

Саид ошпаз аст? – …

Die Personalpronomen

Person	Singular		Plural	
1.	ман	ich	мо	wir
2.	ту	du	шумо	ihr, Sie
3.	вай, ӯ	er, sie, es	онҳо	sie

Konjugation des Verbs будан („sein“)

Ман	донишҷӯ	ҳастам.	Ich	bin	Student.
Ту	деҳқон	ҳастӣ.	Du	bist	Bauer.
Вай / Ӯ	коргар	аст.	Er / Sie	ist	Arbeiter/in .
Мо	омӯзгор	ҳастем.	Wir	sind	Lehrer.
Шумо	духтур	ҳастед.	Ihr	seid	Arzt.
Онҳо	фурӯшанда	ҳастанд.	Sie	sind	Verkäufer.

Verneinungsform

Ман	донишҷӯ	нестам.	Ich	bin	kein	Student.
Ту	деҳқон	нестӣ.	Du	bist	kein	Bauer.
Вай / Ӯ	коргар	нест.	Er / Sie	ist	kein/e	Arbeiter/in.
Мо	омӯзгор	нестем.	Wir	sind	kein	Lehrer.
Шумо	духтур	нестед.	Ihr	seid	kein	Arzt.
Онҳо	фурӯшанда	нестанд.	Sie	sind	kein	Verkäufer.

машқи 5 Sprechen Sie mit Ihrem Partner nach dem Muster:

✓ Ту донишҷӯ ҳастӣ? – Бале, ман донишҷӯ ҳастам.

духтур, адиб, муаллим, коргар, фурӯшанда, ошпаз

✓ Вай донишҷӯ аст? – Бале, вай донишҷӯ аст.

муаллима, адиб, коргар, духтур, фурӯшанда, нонвой

✓ Онҳо донишҷӯ ҳастанд? – Онҳо донишҷӯ нестанд.

муаллима, адиб, коргар, духтур, фурӯшанда, ошпаз

машқи 6 Verwenden Sie nun die Höflichkeitsformen.

шумо Sie sind Lehrer ...

ин кас dieser Herr / diese Frau ist … кас Person

он кас jener Herr / jene Frau ist …

Намуна:

✓ Шумо донишҷӯ ҳастед? – Не, ман донишҷӯ нестам.

коргар, адиб, муаллим, духтур, фурӯшанда, ошпаз

✓ Ин кас муаллима ҳастанд? – Оре, ин кас муаллима ҳастанд.

Он кас ҳам муаллима ҳастанд? – Не, он кас духтур ҳастанд.

фурӯшанда, коргар, донишҷӯ, адиб, нонвой

машқи 7 Lesen Sie die folgenden Wörter:

китоб	Buch	миз	Tisch
қалам	Stift	курсӣ	Stuhl
дафтар	Heft	модар	Mutter
падар	Vater	дӯст	Freund

машқи 8 Lesen Sie vergleichend die tadschikischen und deutschen Sätze.

Ин чист (= чӣ аст)?	Was ist das?
Ин китоб аст.	Das ist ein Buch.
Ин қалам аст.	Das ist ein Bleistift.

Ин дафтар аст.	Das ist ein Heft.
Ин (кас) кист (= кӣ аст)?	Wer ist das?
Ин модар аст.	Das ist die Mutter.
Ин падар аст.	Das ist der Vater.
Ин дӯст аст.	Das ist ein Freund.
Ин китоб аст? – Бале, ин китоб аст.	Ist das ein Buch? – Ja, das ist ein Buch.
Ин қалам аст? – Бале, ин қалам аст.	Ist das ein Bleistift? – Ja, das ist ein Bleistift.
Ин дафтар аст? – Бале, ин дафтар аст.	Ist das ein Heft? – Ja, das ist ein Heft.

Ин (кас) модар аст? – Оре, ин (кас) модар аст.

Ин (кас) падар аст? – Оре, ин (кас) падар аст.

Ин дӯст аст? – Оре, ин дӯст аст.

Гуфтугӯ

Азиза: Ассалому алайкум, Зебо! Ту чӣ хел ҳастӣ?

Зебо: Ташаккур, ман хуб ҳастам. Аммо Рустам монда аст.

Рустам: Бале, ман монда ҳастам. Ту чӣ хел ҳастӣ, Азиза? монда müde

Азиза: Ман ҳам монда ҳастам. Ин кас кистанд? Ин кас муаллима ҳастанд?

Зебо: Не, ин кас донишҷӯ ҳастанд..

Азиза: Номи шумо чист?

Лола: Номи ман Лола аст.

Азиза: Номи ман Азиза аст. Хеле хурсандам, Лола.

Лола: Ман ҳам.

Redemittel

Ассалому алайкум! – Ваалайкум ассалом!	Guten Tag! – Guten Tag! *(Antwort)*
Субҳ ба хайр! Рӯз ба хайр! Шом ба хайр! Шаб ба хайр!	Guten Morgen! Guten Tag! Guten Abend! Gute Nacht!
Шумо хуб ҳастед? Шумо чӣ хел?	Wie geht es Ihnen? Wie geht es Ihnen?
Номи шумо чист? – Номи ман …	Wie heißen Sie? – Ich heiße …
Хеле хурсандам. – Ман ҳам.	Sehr angenehm. – Ebenso.

Луғат

адиб	Schriftsteller, Literat
адиба	Schriftstellerin
бале	ja
вай	er, sie, es
дафтар	Heft
деҳқон	Bauer, Bäuerin
донишҷӯ	Student, ~in
духтур / пизишк	Arzt, Ärztin
дӯст	Freund
ин кас	dieser Herr, diese Frau
ин	diese, dieser, dieses
кас	Person
китоб	Buch
коргар	Arbeiter, ~in
курсӣ	Stuhl
қалам	Stift
ман	ich

миз	Tisch
мо	wir
модар	Mutter
монда	müde
муаллим	Lehrer
муаллима	Lehrerin
не	nein
низ	auch
нонвой	Bäcker
ошпаз	Koch, Köchin
омӯзгор	Pädagoge, Pädagogin
он	jene, jener jenes
он кас	jener Herr, jene Frau
онҳо	sie *pl*
оре	ja
падар	Vater
раққос	Tänzer
раққоса	Tänzerin
ту	du
ӯ	er, sie, es
фурӯшанда	Verkäufer, ~in
хуб	gut
хурсанд	froh; angenehm
ҳам	auch
шоир шоира	Dichter Dichterin
шумо	ihr, Sie

Lektion 3

Grammatikthemen

- Einfache Sätze mit будан – „sein“ § 6
- Fragepronomen § 8
- Einige Konjunktionen § 9

Fragepronomen

кӣ	wer?
чӣ	was?

машқи 1 Wiederholen Sie die Höflichkeitsformen.

Шумо донишҷӯ ҳастед? – Бале, ман донишҷӯ ҳастам.
Шумо омӯзгор ҳастед?
Шумо хуб ҳастед?
Шумо бемор ҳастед? бемор krank
Он кас духтур ҳастанд?
Он кас муаллима ҳастанд?
Ин кас ошпаз ҳастанд?
Шумо нонвой ҳастед?
Ин кас омӯзгор ҳастанд. – Он кас ҳам омӯзгор ҳастанд.
Он кас донишҷӯ ҳастанд.
Ин кас муаллима ҳастанд.
Он кас духтур ҳастанд.
Ин кас коргар ҳастанд.
Он кас фурӯшанда ҳастанд.
Ин кас нонвой ҳастанд.

машқи 2 Lesen Sie die Formen der Fragepronomen кӣ und чӣ:

Ман	кист	ам?
Ту	кист	ӣ?
Вай	кист	?
Мо	кист	ем?
Шумо	кист	ед?
Онҳо	кист	анд?
Ин	чист	?

машқи 3 Beantworten Sie die Fragen. Gebrauchen Sie die Kurzform des Verbs „sein“.

Намуна:

✓ Шумо кистед? (коргар) – Ман коргарам.

Ту кистӣ ? (ошпаз)
Вай кист? (фурӯшанда)
Онҳо кистанд? (донишҷӯ)
Мо кистем? (деҳқон)
Ин чист? (китоб)
Ин кас кистанд? (муаллима)

машқи 4 Verneinen Sie die Fragen und verwenden Sie bei der positiven Aussage die Kurzform des Verbs „sein“.

Намуна:

✓ Шумо коргаред? (омӯзгор) Не, ман коргар нестам, омӯзгорам.

Ту омӯзгорӣ? (коргар)
Вай фурӯшанда аст? (муаллим)
Онҳо донишҷӯянд? (духтур)
Шумо низ духтуред? (фурӯшанда)
Азиз ошпаз аст? (нонвой)

машқи 5 Ersetzen Sie die Konjunktion **ва** durch die angebundene Form **-у**:

Намуна:

✓ падар ва модар ➔ падару модар

коргар ва деҳқон ➔ …
адиба ва омӯзгор ➔ …
мард ва зан ➔ …
китоб ва қалам ➔ …
писар ва духтар ➔ …
ман ва шумо ➔ …
ман ва ту ➔ …

писар	Sohn
духтар	Tochter

машқи 6 Sprechen Sie mit Ihrem Partner nach dem folgenden Muster:

Намуна:

✓ Далер, муаллим, фурӯшанда ➔ Далер муаллим аст ё фурӯшанда?

– Далер муаллим аст.

Раҳмон, донишҷӯ, коргар
Мирзо, деҳқон, духтур
Азиза, муаллима, адиба
Шумо, коргар, донишҷӯ
Ин кас, муаллима, адиба
Ту, шоир, омӯзгор
Онҳо, деҳқон, духтур
Аҳмад, нонвой, ошпаз

машқи 7 Ergänzen Sie die Personalpronomen.

… тоҷик ҳастам.
… қирғиз ҳастӣ.
… ӯзбек ҳастем.
… озарӣ ҳастанд.
… олмонӣ ҳастед.
… рус аст.

тоҷик	Tadschike
қирғиз	Kirgise
ӯзбек	Usbeke
озарӣ	Aserbaidschaner
олмонӣ	Deutscher
рус	Russe

машқи 8 Bilden Sie Sätze nach folgendem Muster:

Намуна:

✓ Зулфия, тоҷик, ӯзбек ➔ Зулфия тоҷик аст ё ӯзбек? – Зулфия тоҷик аст.

Ту, олмонӣ, рус
Шумо, қирғиз, ӯзбек
Он кас, озарӣ, тоҷик

машқи 9 Üben Sie die Sätze mit der Konjunktion ё … ё – „entweder … oder“.

Намуна:

✓ Собир, тоҷик, ӯзбек ➔ Собир ё тоҷик аст ё ӯзбек.

Аскар, қирғиз, қазоқ ➔ …

Иброҳим, тоҷик, озарӣ ➔ …

Надя, рус, олмонӣ ➔ …

Асад, ӯзбек, қирғиз ➔ …

Карина, олмонӣ, англис ➔ …

Мунира, тоҷик, эронӣ ➔ …

қазоқ	Kasache
англис	Engländer
эронӣ	Iraner

машқи 10 Üben Sie die Sätze mit der Konjunktion ҳам … ҳам – „sowohl als auch“.

Намуна:

✓ ман, муаллима, фурӯшанда ➔ Ман ҳам муаллима ҳастам, ҳам фурӯшанда.

Саидов, духтур, омӯзгор ➔ …

Собир, ҷавон, таҷрибанок ➔ …

ин кас, рус, олмонӣ ➔ …

ту, олмонӣ, англис ➔ …

Саидов, донишҷӯ, коргар ➔ …

Мунира, тоҷик, афғон ➔ …

ҷавон	jung
таҷрибанок	erfahren
афғон	Afghane

Redemittel

Ман	аз	…	ҳастам.		Ich komme	aus	…
Шумо	аз	…	ҳастед?		Kommen Sie	aus	… ?
Не, ман	аз	…	Нестам.		Nein, ich komme nicht	aus	…
Ман	аз	…	ҳастам.		Ich komme	aus	…

машқи 11 Bilden Sie die Sätze nach dem Muster:

Намуна:

✓ Ман тоҷик ҳастам. (= Ман тоҷикам.) ➔ Ман аз Тоҷикистон ҳастам.

тоҷик – Тоҷикистон
ӯзбек – Ӯзбекистон
қирғиз – Қирғизистон
қазоқ – Қазоқистон
рус – Русия
олмонӣ (*auch:* немис) – Олмон (Германия)
озарбойҷонӣ / озарӣ – Озарбойҷон
фаронсавӣ – Фаронса (Франсия)
англис – Англия
афғон – Афғонистон
туркман – Туркманистон
эронӣ – Эрон

машқи 12 Bilden Sie mit Ihrem Gesprächspartner kleine Dialoge nach dem vorgegebenen Muster. Verwenden Sie dabei die Ihnen bekannten Personalpronomen, Personen- und Ländernamen oder Herkunftsbezeichnungen.

Намуна:

✓ Шумо тоҷик ҳастед? – Не, ман тоҷик нестам, ман ӯзбек ҳастам

Шумо аз Тоҷикистон ҳастед? – Не, ман аз Тоҷикистон нестам, ман аз Ӯзбекистон ҳастам.

машқи 13 Lesen Sie. Beachten Sie die fettgedruckten Wörter.

1.	Ман **хуб** ҳастам.	Es geht mir gut.
2.	Ту **касал** ҳастӣ.	Du bist krank.
3.	Вай **бемор** аст.	Er ist krank.
4.	Ҳасан **монда** аст.	Hasan ist müde.
5.	Мо **хушбахт** ҳастем.	Wir sind glücklich.
6.	Шумо **ғамгин** ҳастед.	Sie sind traurig.
7.	Онҳо **хурсанд** ҳастанд.	Sie sind fröhlich.
8.	Шумо чӣ хел ҳастед? – **Як навъ**.	Wie geht es Ihnen? – So lala.

машқи 14 Ordnen Sie den Sätzen links die richtigen Übersetzungen rechts zu.

1.	Шумо чӣ хел ҳастед?	□	Ich bin krank.
2.	Ту чӣ хел ҳастӣ? - Як навъ.	□	Dieser Herr (diese Frau) ist Verkäufer (in).
3.	Онҳо чӣ хел ҳастанд?	□	Wie geht es dir? – So lala.
4.	Далер чӣ хел аст?	□	Sie sind glücklich.
5.	Ин модар ғамгин аст.	□	Jene Frau (jener Mann) ist fröhlich.
6.	Он кас хурсанд ҳастанд.	□	Wie geht es Ihnen?
7.	Муаллима монда аст.	□	Diese Mutter ist traurig.
8.	Онҳо хушбахт ҳастанд.	□	Die Lehrerin ist müde.
9.	Ман бемор ҳастам.	□	Wie geht es Daler?
10.	Ин кас фурӯшанда аст.	□	Wie geht es ihnen?

Гуфтугӯ

Анвар: Рӯз ба хайр, муаллим! Шумо чӣ хел ҳастед?

Муаллим: А... а, Анвар! Ташаккур, ман хуб ҳастам. Ту чӣ хел ҳастӣ?

Анвар: Ташаккур, муаллим, ман як навъ ҳастам.

Муаллим: Мирзо чӣ хел аст? Оё вай ҳоло ҳам бемор аст? — ҳоло ҳам immer noch

Анвар: Бале, Мирзо ҳоло ҳам бемор аст. Вай хеле ғамгин аст.

машқи 15 Beantworten Sie die Fragen

1. Муаллим чӣ хел аст?
2. Анвар чӣ хел аст?
3. Мирзо чӣ хел аст?

Луғат

аз	aus
англис	Engländer, Engländerin
Англия	England
афғон	Afghane, Afghanin
бемор / касал	krank
ва, -у	und
Германия	Deutschland
ғамгин	traurig
духтар	Tochter
ё	oder
ё … ё …	entweder … oder …
кӣ?	wer?
қазоқ	Kasache, Kasachin
қирғиз	Kirgise, Kirgisin
озарбойҷонӣ / озарӣ	Aserbaidschaner, Aserbaidschanerin
олмонӣ / немис	Deutscher, Deutsche
писар	Sohn
рус	Russe, Russin
Русия, Россия	Russland
таҷрибанок	erfahren
тоҷик	Tadschike, Tadschikin
туркман	Turkmene, Turkmenin
Фаронса / Франсия	Frankreich
фаронсавӣ	Franzose, Französin
хушбахт	glücklich
ҳам … ҳам …	sowohl … als auch …
ҳоло ҳам	immer noch
чӣ?	was?
ҷавон	jung
эронӣ	Iraner, Iranerin

Lektion 4

Grammatikthemen

- Das Verb § 10
- Personalendungen der Verben § 11
- Das einfache Präteritum § 12
- Verneinung § 18

Infinitiv der Verben

хонд	ан
Präteritalstamm	*Infinitivendung*

Konjugation der Verben im Präteritum

Ман	китоб	хонд	ам.	Мо	китоб	хонд	ем.
Ту	китоб	хонд	ӣ.	Шумо	китоб	хонд	ед.
Вай	китоб	хонд	.	Онҳо	китоб	хонд	анд.

Verneinungsform

Ман	китоб	на	хондам.	Мо	китоб	на	хонд	ем.
Ту	китоб	на	хондӣ.	Шумо	китоб	на	хонд	ед.
Вай	китоб	на	хонд.	Онҳо	китоб	на	хонд	анд.

Einige wichtige Verben

хондан	lesen (*auch:* lernen, studieren)
навиштан	schreiben
харидан	kaufen
хӯрдан	essen (*auch:* trinken)
пухтан	kochen, backen (*auch*: reifen)
омадан	kommen

машқи 1 Sprechen Sie mit Ihrem Partner:

✔ Шумо дирӯз чӣ навиштед? – Ман дирӯз мактуб навиштам.	дирӯз gestern мактуб Brief
шумо, ин кас, ту мактуб, ариза, ҳикоя	ариза Antrag ариза навиштан einen Antrag stellen ҳикоя Erzählung
✔ Ту дирӯз чӣ хондӣ? – Ман дирӯз китоб хондам.	
ту, Азиза, шумо, он кас китоб, афсона, ҳикоя, мактуб	афсона Märchen ҳикоя Erzählung
✔ Ӯ дирӯз чӣ харид? – Ӯ дирӯз миз харид.	
ӯ. мо, онҳо, Парвиз миз, китоб, дафтар, курсӣ	
✔ Онҳо дирӯз чӣ хӯрданд? – Онҳо дирӯз палав хӯрданд.	палав *Reisgericht mit Fleisch und Möhren*
онҳо, ӯ, мо, ту палав, чой, салат, мастоба	чой Tee мастоба Reissuppe
✔ Вай кай омад? – Вай имрӯз омад.	кай? wann? имрӯз heute
вай, ту, шумо, онҳо дирӯз, имрӯз, пешин, шаб	пешин Mittag шаб Nacht
✔ Азиза чӣ пухт? – Азиза мастоба пухт.	
Азиза, шумо, онҳо, ту мастоба, палав, нон	

машқи 2 Geben Sie eine verneinende Antwort.

Намуна:

✓ Шумо дирӯз мактуб навиштед?
– Не, ман дирӯз мактуб нанавиштам.

Онҳо дирӯз китоб хонданд?
Саид курсӣ харид?
Ту имрӯз чой хӯрдӣ?
Онҳо ариза навиштанд?
Парвиз имрӯз омад?
Ту дирӯз палав хӯрдӣ? (мастоба)
Шумо дирӯз мастоба пухтед? (палав)
Насиба мактуб навишт? (ариза)
Шумо дирӯз омадед? (имрӯз)
Модар дирӯз палав пухт? (мастоба)

Einige wichtige Verben

гирифтан	nehmen (*auch:* greifen)
доштан	haben
кардан	machen

Redemittel

Чӣ кор	кардӣ?	Was	hast du gemacht?
	кардед?		haben Sie gemacht?

машқи 3 Beantworten Sie die Frage: Ту дирӯз чӣ кор кардӣ? ...

Намуна:

✓ Ту дирӯз чӣ кор кардӣ?
– Ман дируз мактуб навиштам, палав пухтам, китоб хондам.

Ту дирӯз чӣ кор кардӣ? ...

мактуб / ариза навиштан
палав / мастоба пухтан
китоб / афсона хондан
курсӣ / миз харидан

машқи 4 Lesen Sie den folgenden Dialog und setzen Sie das Verb гирифтан in der richtigen Form ein.

Шумо чӣ гирифтед? – Ман дафтар гирифтам.	-ку doch
Шумо дафтар доштед-ку. – Не, ман дафтар надоштам.	
Ту ҳам дафтар …? – Бале, ман ҳам дафтар …	
Китоб ҳам ... ? – Не, китоб	
Анвар чӣ …? – Анвар китоб … .	
Онҳо ҳам китоб …? – Не, онҳо қаламу дафтар … .	

машқи 5 Beantworten Sie die Fragen, verwenden Sie bei der Antwort die Konjunktion ҳам … ҳам … – „sowohl ... als auch“.

Намуна:

✓ Шумо дирӯз китоб харидед ё дафтар?
– Ман дирӯз ҳам китоб харидам, ҳам дафтар.

Шумо палав хӯрдед ё мастоба?
Гуландон нон пухт ё палав?
Ту қалам харидӣ ё дафтар?
Шумо мактуб навиштед ё ариза?
Рустам муаллим буд ё фурӯшанда?
Шумо китоб гирифтед ё дафтар?
Акрам нонвой буд ё ошпаз?

нон	Brot

Einige wichtige Verben

будан	sein
шудан	werden
фаҳмидан	verstehen

Матн

як ein
шавқовар interessant
рӯз Tag
шаб Nacht
бегоҳ Abend
субҳ Morgen; morgens, am Morgen
лекин aber
гурусна hungrig
хӯрок Essen

Саид омӯзгор аст. Вай дирӯз як китоб харид. Ин китоб шавқовар буд. Ӯ китоб хонд. Бегоҳ шуд, лекин вай нафаҳмид. Саид гурусна шуд, лекин вай хӯрок нахӯрд. Субҳ шуд, лекин вай нафаҳмид. Ӯ шабу рӯз китоб хонд.

машқи 6 Beantworten Sie die folgenden Fragen.

Саид кист?
Саид дирӯз чӣ кор кард?
Китоб шавқовар буд?
Саид гурусна шуд?
Саид шабу рӯз китоб хонд?

Redemittel

Хуш омадед!	Willkommen!

Луғат

ариза	Antrag; Bewerbung
ариза навиштан	einen Antrag stellen
афсона	Märchen
бегоҳ бегоҳӣ	Abend am Abend
будан	sein
гирифтан	nehmen, greifen; kaufen
гурусна	hungrig
дирӯз	gestern
доштан	haben, besitzen
имрӯз	heute
кай?	wann?
кардан	machen
лекин	aber
мактуб	Brief
мастоба	Reissuppe
навиштан	schreiben
нон	Brot
омадан	kommen
палав	Reisgericht mit Fleisch und Möhren
пешин	Mittag
пухтан	kochen, backen; reifen
рӯз	Tag
субҳ	Morgen; morgens, am Morgen
фаҳмидан	verstehen
харидан	kaufen
хондан	lesen; lernen, studieren
хуш	angenehm, froh
хӯрдан	essen; trinken
хӯрок	Essen
ҳикоя	Erzählung, Geschichte
чой	Tee
чӣ кор?	was (für eine Arbeit)?
шаб	Nacht
шавқовар	interessant
шудан	werden
як	ein

Lektion 5

Grammatikthemen

- Präsens-Futur § 13
- Zusammengesetzte Verben § 15

Konjugation der Verben im Präsens-Futur

ман	мактуб	ме	навис	ам		мо	мактуб	ме	навис	ем
ту	мактуб	ме	навис	ӣ		шумо	мактуб	ме	навис	ед
ӯ	мактуб	ме	навис	ад		онҳо	мактуб	ме	навис	анд

Negation der Verben im Präsens-Futur

ман	мактуб	на	ме	навис	ам		мо	мактуб	на	ме	навис	ем
ту	мактуб	на	ме	навис	ӣ		шумо	мактуб	на	ме	навис	ед
ӯ	мактуб	на	ме	навис	ад		онҳо	мактуб	на	ме	навис	анд

Wichtige Verben und ihre Präsensstämme

гирифтан	гир	nehmen, greifen		овардан	овар	bringen
шудан	шав	werden		омадан	о	kommen
навиштан	навис	schreiben		рафтан	рав	gehen
доштан	дор	haben		фаҳмидан	фаҳм	verstehen
донистан	дон	kennen, wissen		харидан	хар	kaufen
задан	зан	schlagen		хондан	хон	lesen
кардан	кун	machen		додан	диҳ	geben

машқи 1 Sprechen Sie mit Ihrem Partner.

Намуна:

✔ навиштан [навис]	
Шумо чӣ менависед? – Ман мактуб менависам.	
мактуб, ариза, шеър	шеър Gedicht

хондан [хон]
Ту чӣ ... ?
ҳикоя, мактуб, афсона, китоб

харидан [хар]	
Ӯ чӣ ... ?	
китоб, дафтару қалам, курта, миз	курта Kleid

хӯрдан [хӯр]	
Онҳо чӣ ... ?	
палав, мастоба, нон, себ	себ Apfel

чидан [чин]	чидан [чин] pflücken
Анвар чӣ …? себ, нок, анор, пахта	нок Birne ангур Weintraube пахта Baumwolle

рафтан [рав]	
Ту кай …? имрӯз, пагоҳ, шаб, субҳ, пешин	пагоҳ morgen

омадан [о]
Вай кай …? имрӯз, пагоҳ, бегоҳӣ, шаб, субҳ

пухтан [паз]
Гуландон чӣ …? хӯрок, палав, нон, мастоба

машқи 2 Verneinen Sie die folgenden Fragen nach dem Muster:

Намуна:

✓ Музаффар китоб мехонад ? (мактуб)

– Не, Музаффар китоб намехонад. Вай мактуб мехонад.

Ту субҳ меоӣ? (шаб)
Зарина мактуб менависад? (ариза)
Онҳо китоб мехаранд? (дафтару қалам)
Шумо палав мехӯред? (мастоба)
Анвар анор мечинад? (себ)
Мо субҳ меравем? (бегоҳӣ)

Wichtige zusammengesetzte Verben

кор	Arbeit	➔	кор кардан	arbeiten
зиндагонӣ	Leben, Wohnen	➔	зиндагонӣ кардан	leben, wohnen
гӯш	Ohr	➔	гӯш кардан	zuhören
таҳсил	Studium	➔	таҳсил кардан	studieren
гап	Rede	➔	гап задан	reden
нақл	Erzählung	➔	нақл кардан	erzählen

Konjugation zusammengesetzter Verben

кор кардан – arbeiten						
Ман	имрӯз	кор мекунам.		Мо	имрӯз	кор мекунем.
Ту	имрӯз	кор мекунӣ.		Шумо	имрӯз	кор мекунед.
Вай	имрӯз	кор мекунад.		Онҳо	имрӯз	кор мекунанд.

машқи 3 Konjugieren Sie die folgenden Sätze.

Ман дар Олмон зиндагонӣ намекунам.	дар	in
Ту … …		
Ман дар Душанбе таҳсил мекунам.		
Ту … …		
Ман дар Кӯлоб кор мекунам.	Кӯлоб	Kulob *(Stadt im Süden Tadschikistans)*
Ту … …		

машқи 4 Setzen Sie das passende Verb ein:

гӯш кардан, таҳсил кардан, кор кардан, гап задан, зиндагонӣ кардан, нақл кардан

Парвина афсона	…			
Омӯзгор дар мактаб	…		мактаб	Schule
Ин донишҷӯ ҳам англисӣ	…	ҳам олмонӣ.		
Саид ва Комил дар донишгоҳ	…		донишгоҳ	Universität
Муаллим ҳикоя	…			
Мо дар Тоҷикистон	…			

машқи 5 Bilden Sie die Sätze nach dem Muster.

Намуна:

✓ Ман тоҷик ҳастам. (Ман тоҷикам.).
➔ Ман аз Тоҷикистон ҳастам.
➔ Ман ба забони тоҷикӣ гап мезанам. ба забони тоҷикӣ Tadschikisch

тоҷик – Тоҷикистон – тоҷикӣ
ӯзбек – Ӯзбекистон – ӯзбекӣ
қирғиз – Қирғизистон – қирғизӣ
қазоқ – Қазоқистон – қазоқӣ
рус – Русия – русӣ
олмонӣ – Олмон / Германия – олмонӣ
озарбойҷонӣ/озарӣ – Озарбойҷон – озарӣ
фаронсавӣ – Фаронса / Франсия – фаронсавӣ
англис – Англистон / Англия – англисӣ
афғон – Афғонистон – дарӣ
туркман – Туркманистон – туркманӣ

Гуфтугӯ

Herr Frank Weber und Herr Said Kosimow haben sich zufällig auf einer Konferenz in Duschanbe kennengelernt.

гуфтугӯ	Gespräch, Dialog	дар куҷо?	wo?
хуб	gut	яъне	also
кам-кам	etwas		

Вебер: Шумо тоҷик ҳастед?
Қосимов: Не, ман тоҷик нестам, ӯзбек ҳастам.
Вебер: Ба забони тоҷикӣ гап мезанед?
Қосимов: Бале, кам-кам ба забони тоҷикӣ гап мезанам.
Вебер: Шумо дар Душанбе зиндагонӣ мекунед ?
Қосимов: Ман дар Душанбе таҳсил ва кор мекунам. Падару модар дар Ӯзбекистон зиндагонӣ мекунанд.
Вебер: Дар куҷо кор мекунед?
Қосимов: Дар мактаб кор мекунам.
Вебер: Яъне, шумо ҳам донишҷӯ, ҳам омӯзгор ҳастед?
Қосимов: Бале, ман ҳам донишҷӯ, ҳам омӯзгор ҳастам.

машқи 6 Schreiben Sie aus dem folgenden Dialog die zusammengesetzten Verben im Infinitiv heraus.

машқи 7 Beantworten Sie folgende Fragen:

1. Оё Қосимов тоҷик аст?
2. Оё Қосимов ба забони узбекӣ гап мезанад?
3. Қосимов дар куҷо зиндагонӣ мекунад?
4. Оё Қосимов донишҷӯ аст?
5. Қосимов дар куҷо таҳсил мекунад?
6. Оё Қосимов омӯзгор аст?
7. Қосимов дар куҷо кор мекунад?

оё denn? etwa

Матн

оила Familie
бибӣ Großmutter
бобо Großvater
хоҳар Schwester
бародар Bruder
хешу ақрабо Verwandte
амма Tante *(väterlicherseits)*
амак Onkel *(väterlicherseits)*
тағо Onkel *(mütterlicherseits)*
хола Tante *(mütterlicherseits)*

Оила

Оила калон аст. Ман падару модар, бобову бибӣ, хоҳару бародар дорам. Мо дар Ҳисор зиндагӣ мекунем. Падар муаллим аст. Вай дар мактаб кор мекунад. Модар фурӯшанда аст. Бародар духтур аст. Хоҳар донишҷӯ аст. Вай дар донишгоҳ таҳсил мекунад. Ман омӯзгорам.
Мо хешу ақрабо ҳам дорем. Аммаву амак дар Ҳисор ва холаву тағо дар Душанбе зиндагонӣ мекунанд.

машқи 8 Schreiben Sie die Sätze mit zusammengesetzten Verben aus dem Text heraus.

машқи 9 Lesen Sie die folgenden Dialoge:

Оила калон аст ё майда?
– Оила калон аст.
Шумо хоҳар доред?
– Ду хоҳар дорам.
Бародар ҳам доред?
– Бале, се бародар дорам.

Падар чӣ кор мекунад?

– Падар коргар аст.

Модар чӣ кор мекунад?

– Модар муаллима аст.

Шумо дар куҷо таҳсил мекунед?

– Ман дар донишгоҳ таҳсил мекунам.

Бародар ҳам дар донишгоҳ таҳсил мекунад?

– Не, бародар дар мактаб мехонад.

машқи 10 Beantworten Sie die folgenden Fragen:

1. Шумо дар куҷо таҳсил мекунед?
2. Шумо дар куҷо кор мекунед?
3. Шумо падару модар доред?
4. Шумо бародар доред?
5. Шумо хоҳар доред?
6. Шумо хешу ақрабо доред?
7. Шумо аммаву амак доред?
8. Шумо холаву тағо доред?
9. Шумо бобову бибӣ доред?

Луғат

амак	Onkel (*väterlicherseits*)
амма	Tante (väterlicherseits)
анор	Granatapfel
бародар	Bruder
баъд	danach
бибӣ	Großmutter; Mütterchen *(auch als Anrede)*
бобо	Großvater
гап	Rede
гап задан	reden, sich unterhalten
гуфтугӯ	Gespräch, Dialog
гӯш кардан	hören, lauschen
гӯш	Ohr
дар	in
додар	Bruder (*jüngerer*)
донистан	wissen, kennen

донишгоҳ	Universität
ду	zwei
задан [зан]	schlagen
зиндагонӣ	Wohnen, Leben
зиндагонӣ кардан	wohnen, leben
калон	groß
кам-кам	etwas
кор	Arbeit; Sache
кор кардан	arbeiten
курта	Kleid, Hemd
куҷо?, дар куҷо?	wo?
майда	klein
мактаб	Schule
нақл кардан	erzählen, berichten
нақл	Erzählung, Bericht
нок	Birne
овардан [овар]	bringen
оё	denn? etwa? (*in Fragen*)
оила	Familie
пагоҳ	morgen
пахта	Baumwolle
рафтан [рав]	gehen
се	drei
себ	Apfel
тағо	Onkel (*mütterlicherseits*)
таҳсил	Studium
таҳсил кардан	studieren
хешу ақрабо	Verwandtschaft
хола	Tante (*mütterlicherseits*)
хоҳар	Schwester
чидан [чин]	pflücken
шеър	Gedicht
яъне	also

Lektion 6

Grammatikthemen

- Attributverbindungen mit изофа-Konstruktion § 16

машқи 1 Lesen Sie:

зани тоҷик	die tadschikische Frau	зан	Frau
шоири тоҷик	der tadschikische Dichter	шоир	Dichter
забони тоҷикӣ	die tadschikische Sprache	забон	Sprache
марди ҷавон	der junge Mann	мард	Mann
марди пир	der alte Mann	пир	alt
оилаи калон	große Familie		
шаҳри Душанбе	die Stadt Duschanbe	шаҳр	Stadt
пойтахти Тоҷикистон	die Hauptstadt von Tadschikistan	пойтахт	Hauptstadt
луғати тоҷикӣ-олмонӣ	tadschikisch-deutsches Wörterbuch	луғат	Wörterbuch

машқи 2 Vergleichen Sie die folgenden Sätze:

Ин	донишгоҳ нав	аст.	Diese Universität ist neu.	нав	neu
Ин	донишгоҳи нав	аст.	Dies ist eine neue Universität.		
Ин	хона калон	аст.	Dieses Haus ist groß.		
Ин	хонаи калон	аст.	Dies ist ein großes Haus.		
Ин	мактаб кӯҳна	аст.	Diese Schule ist alt.	кӯҳна	alt
Ин	мактаби кӯҳна	аст.	Dies ist eine alte Schule.		

Ин	мард пир	аст.	Dieser Mann ist alt.	
Ин	марди пир	аст.	Dies ist ein alter Mann.	

машқи 3 Beantworten Sie die Fragen nach dem Muster:

Намуна:

✓ Ин кас кист?
модар, ман ➔ Ин кас модари ман ҳастанд.

падар, мо
хола, Далер
муаллим, бародар, ман
амак, модар, ман
хоҳар, ту
дӯст, бародар, шумо

✓ Ин чист?
дафтар, нав ➔ Ин дафтари нав аст.

миз, нав
донишгоҳ, Тоҷикистон
курта, кӯҳна
палав, тоҷикӣ
луғат, олмонӣ - тоҷикӣ
китоб, шавқовар

машқи 4 **Beachten Sie einige Sonderfälle der Verwendung der изофа:**

Ҷумҳурии Тоҷикистон	Republik Tadschikistan	ӣ > ии
аҳолии Ҷумҳурии Тоҷикистон	die Bevölkerung der Republik Tadschikistan	аҳолӣ Bevölkerung ҷумҳурӣ Republik
пойтахти Ҷумҳурии Тоҷикистон	Die Hauptstadt der Republik Tadschikistan	

aber*: ҷаноб Орифӣ	Herr Orifi	ҷаноб	Herr *(Anrede)*
хонум Шарифова	Frau Scharifowa		
шоир Рӯдакӣ	der Dichter Rudaki	ака	älterer Bruder *(auch als Anrede)*
Хуршедака	Bruder Chursched		
Зебоапа	Schwester Zebo	апа	ältere Schwester *(auch als Anrede)*
Мунирахола	Tante Munira		
Рустамамак	Onkel Rustam		

* *Im Oktober 2011 wurden neue Regeln der tadschikischen Rechtschreibung eingeführt. Bis dahin galt:* ҷаноби Орифӣ, акаи Хуршед, апаи Зебо, холаи Мунира, амаки Рустам

машқи 5 Bilden Sie Attributverbindungen nach dem vorgegebenen Muster.

Намуна

✓ мактаб, нав, шаҳр ➔ мактаби нави шаҳр

мактуб, падар, ман
муаллим, мактаб, шумо
пойтахт, ҷумҳурӣ, Тоҷикистон
театр, калон, Айнӣ
аҳолӣ, шаҳр, Бухоро
хона, хонум, Шарифова
китоб, шоир, Рӯдакӣ

машқи 6 Sprechen Sie mit Ihrem Partner nach dem vorgegebenen Muster.

✓ Номи шумо чист? – Номи ман Анвар (аст). Насаби шумо чист? – Насаби ман Мӯсоев (аст).	ном насаб	Name, Vorname Familienname

Музаффар Шарифзода Баҳодур Орифӣ Зебо Аминова	
✓ Номи ту чист? – Номи ман Далер (аст). Насаби ту чист? – Насаби ман Раҳимов (аст).	
Мунира Акрамова Раъно Орифзода Гуландом Каримова	
✓ Миллати шумо чист? – Ман тоҷикам. Шумо ҳам тоҷик ҳастед? – Не, ман ӯзбек ҳастам.	миллат Nationalität
қазоқ, қирғиз фаронсавӣ, олмонӣ	

машқи 7 Beantworten Sie die folgenden Fragen.

1. Дӯсти шумо чӣ ном дорад?
2. Насаби ӯ чист?
3. Ӯ аз куҷост?
4. Миллати ӯ чист?

Redemittel

<table>
<tr><td rowspan="2">Ман дар…</td><td>зиндагӣ</td><td rowspan="2">мекунам.</td><td rowspan="2">Ich</td><td>wohne</td><td rowspan="2">in …</td></tr>
<tr><td>кор</td><td>arbeite</td></tr>
<tr><td colspan="3">Шумо ба забони тоҷикӣ гап мезанед?</td><td colspan="3">Sprechen Sie Tadschikisch?</td></tr>
<tr><td colspan="3">– Бале, каме ба забони тоҷикӣ гап мезанам.</td><td colspan="3">– Ja, ich spreche etwas Tadschikisch.</td></tr>
<tr><td colspan="3">Шумо-чӣ?</td><td colspan="3">Und Sie?</td></tr>
</table>

Гуфтугӯ

хеле	sehr
нағз	gut
кадом	welcher
зебо	schön
хурсанд	froh
чӣ хел	wie?
чандон	so viel, so sehr

Томас: Ассалому алайкум!
Фуркат: Ваалайкум ассалом! Шумо ба забони тоҷикӣ гап мезанед?
Томас: Бале, каме ба забони тоҷикӣ гап мезанам.
Фуркат: Номи шумо чист?
Томас: Номи ман Томас аст. Номи шумо чист?
Фуркат: Номи ман Фуркат. Шумо аз куҷоед?
Томас: Ман аз Олмон ҳастам. Шумо аз Тоҷикистон ҳастед?
Фуркат: Бале, ман аз Тоҷикистон ҳастам.
Томас: Хеле хурсандам, Фуркат.
Фуркат: Ман ҳам.

Томас: Салом, Фуркат.
Фуркат: Салом, Томас. Шумо чӣ хел?
Томас: Нағз, раҳмат. Шумо-чӣ?
Фуркат: Ман ҳам нағз.
Томас: Фуркат, шумо дар кадом шаҳр зиндагӣ мекунед?
Фуркат: Ман дар шаҳри Душанбе зиндагӣ мекунам. Душанбе пойтахти Тоҷикистон аст. Оё шумо дар Душанбе будед?
Томас: Не, ман набудам. Душанбе шаҳри калон аст?
Фуркат: Душанбе шаҳри чандон калон нест, лекин зебо ва ҷавон аст. Шумо дар кадом шаҳр зиндагӣ мекунед?
Томас: Ман дар Берлин зиндагӣ мекунам.

машқи 8 Antworten Sie auf die folgenden Fragen:

1. Фуркат дар кадом шаҳр зиндагӣ мекунад?
2. Томас дар куҷо зиндагӣ мекунад?
3. Оё Душанбе шаҳри калон аст?

машқи 9 Fragen Sie Ihren Gesprächspartner auf Tadschikisch:

1. In welcher Stadt wohnen Sie?
2. Ist Ihre Stadt jung?
3. Ist Ihre Stadt schön?

машқи 10 Lesen und übersetzen Sie die folgenden Sätze:

1. Пойтахти Ҷумҳурии Тоҷикистон Душанбе аст.
2 Душанбе шаҳри зебо аст.
3. Аҳолии шаҳри Душанбе зиёд нест.
4. Душанбе шаҳри ҷавон аст.
5. Душанбе шаҳри калон нест.
6. Ҷумҳурии Тоҷикистон се вилоят дорад.
7. Онҳо: Вилояти Суғд, Вилояти Хатлон ва Вилояти Мухтори Кӯҳистони Бадахшон мебошанд.
8. Пойтахти Вилояти Суғд - Хуҷанд аст.
9. Пойтахти Вилояти Хатлон - Қурғонтеппа аст.
10. Пойтахти Вилояти Мухтори Кӯҳистони Бадахшон - Хоруғ аст.

зиёд viel, mehr
вилоят Gebiet
ноҳия Bezirk, Kreis
мухтор autonom
кӯҳистон Bergland

машқи 11 Übersetzen Sie die folgenden Sätze:

1. Das ist eine alte Schule.
2. Das ist ein tadschikischer Dichter.
3. Duschanbe ist die Hauptstadt von Tadschikistan.
4. Duschanbe ist keine große, aber eine schöne Stadt.
5. Das ist das Buch meines Bruders.
6. Das ist Frau Scharifsoda.
7. Tadschikische Repulik hat drei Gebiete.
8. Die Hauptstadt des Chatlongebiets ist Kurgonteppa.

Зарбулмасал

Кори шаб, хандаи рӯз. Über Nacht kommt guter Rat.

ханда	Lachen
зарбулмасал	Sprichwort

Тезгӯяк

Чой рехтам ба пиёла,
ба пиёлаи Ҳилола.

тезгӯяк	Zungenbrecher
рехтан [рез]	gießen
пиёла	Teeschale

Луғат

ака / ако	älterer Bruder *(auch als Anrede)*
аҳолӣ	Bevölkerung
вилоят	Gebiet
забон	Sprache; Zunge
зан	Frau
зебо	schön
зиёд	viel, mehr
кӯҳистон	Bergland / Gebirge
кӯҳна	alt (*Sachen*)
луғат	Wörterbuch
мард	Mann
мухтор	autonom
нав	neu
насаб	Familienname
нағз	gut
ном	Name
ноҳия	Bezirk, Kreis
пиёла	Teeschale
пир	alt (*Lebewesen*)
пойтахт	Hauptstadt
рехтан [рез]	gießen, schütten; fließen
театр	Theater
фамилия / фомил	Familienname
хеле	sehr
хонум	Frau *(auch als Anrede)*
чандон калон нест	nicht so groß
шаҳр	Stadt
шоир	Dichter
ҷаноб	Herr *(auch als Anrede)*
ҷумҳурӣ	Republik

Lektion 7

Grammatikthemen

- Das direkte Objekt § 17
- Enklitische Personalpronomen § 33
- Kardinalzahlen § 29

машқи 1 Lesen Sie:

Ин китоб шавқовар аст. Ин китобро ман мехонам.	Dieses Buch ist interessant. Dieses Buch werde ich lesen.	
Мактубро хондед? – Не, мактубро нахондам.	Haben Sie den Brief gelesen? – Nein, ich habe den Brief nicht gelesen.	
Фурқатро шумо дидед? – Не, Фурқатро надидам.	Haben Sie Furqat gesehen? – Nein, ich habe Furqat nicht gesehen.	дидан [бин] sehen
Шумо Қосимовро мешиносед? – Бале, ман ӯро мешиносам. Вай дар Душанбе зиндагӣ мекунад.	Kennen Sie Herrn Kosimow? – Ja, ich kenne ihn. Er wohnt in Duschanbe.	шинохтан [шинос] kennen
Шумо ана он мардро мешиносед? – Не, он мардро намешиносам.	Kennen Sie jenen Mann da? – Nein, jenen Mann kenne ich nicht.	ана hier, da
Суоли маро фаҳмидӣ? – Не, онро нафаҳмидам.	Hast du meine Frage verstanden? – Nein, ich habe sie nicht verstanden.	суол/савол Frage
Матнро тарҷума кардӣ? – Бале, онро тарҷума кардам.	Hast du den Text übersetzt? – Ja, ich habe ihn übersetzt.	матн /текст Text тарҷума кардан übersetzen

машқи 2 Ergänzen Sie:

1.	– Ин ... шавқовар аст. – Шумо ин ... ба ман медиҳед? Ман ... мехонам.	китоб
2.	– Ту суоли ... фаҳмидӣ? – Бале, суоли ... фаҳмидам.	ман
3.	– Шумо имрӯз ... дидед? – Не, ... надидам.	Азим
4.	– Ту ин ... мешиносӣ? – Бале, ман ин ... мешиносам. Вай сиёсатшинос аст.	муаллим
5.	– Шумо хонаи ... медонед? – Не, хонаи ... намедонам.	Карим
6.	– Саид ... тарҷума кард? – Не, Саид ... тарҷума накард?	матн

Гуфтугӯ

бад schlecht
омӯхтан [омӯз] lernen
ихтисос Fachrichtung
сиёсатшинос Politologe
даъват Einladung
даъват кардан einladen
ба nach, zu
ташаккур danke

Фуркат:	Салом, Томас.
Томас:	Салом. Шумо чӣ хел? Нағз-мӣ?
Фуркат:	Раҳмат, нағз. Шумо чӣ хел?
Томас:	Ташаккур, бад не.
Фуркат:	Томас, шумо ба забони тоҷикӣ хуб гап мезанед. Шумо забони тоҷикиро дар куҷо омӯхтед?
Томас:	Ман забони тоҷикиро дар донишгоҳ хондам.
Фуркат:	Ихтисоси шумо чист?
Томас:	Ман сиёсатшинос ҳастам.
Фуркат:	Шумо дар Тоҷикистон будед?
Томас:	Не, набудам.
Фуркат:	Ман шуморо ба Тоҷикистон даъват мекунам.
Томас:	Ташаккур.

машқи 3 Beantworten Sie die folgenden Fragen:

1. Томас забони тоҷикиро хуб медонад?
2. Томас забонро дар куҷо омӯхт?
3. Оё Томас донишҷӯ аст?
4. Ихтисоси Томас чӣ аст?
5. Оё Томас дар Тоҷикистон буд?
6. Фурқат киро ба Тоҷикистон даъват кард?

машқи 4 Ergänzen Sie:

Аҳмад … хуб медонад.	(забони англисӣ)		
Мирзо … дар донишгоҳ омӯхт.	(забони олмонӣ)		
… ба Душанбе таклиф кардам.	(дӯсти ман)		
Оё шумо … мешиносед?	(ана он мард)		
Далер … ба меҳмонӣ даъват кард.	(ман)	меҳмонӣ	Besuch
Оё шумо пойтахти … медонед?	(Тоҷикистон)		
… мехӯред?	(себ)		
Собир … мехонад.	(китоб)		
Оё ту … мехӯрӣ?	(хӯрок)		
Шумо чӣ гуна … мехӯред?	(гӯшт)	чӣ гуна гӯшт	was für? Fleisch
Ман … мехӯрам.	(гӯшти гов)	гов	Rind, Kuh
Азиза ва Парвина … мехонанд.	(афсона)		
Шумо имрӯз Рустам… дидед?			
– Не, надидам.			
Оё шумо нишонии Рустам… медонед?		нишонӣ	Adresse
– Бале, нишонии вай… медонам. Рустам дар кӯчаи Рӯдакӣ, хонаи як зиндагонӣ мекунад.		кӯча	Straße хона Haus

Redemittel

Шумо чӣ хел? Нағз-мӣ? / Хуб ҳастед? – Раҳмат, бад не.	Wie geht es Ihnen? Gut? – Danke, nicht schlecht.
Ихтисоси шумо чист? – Ман … ҳастам.	Was ist Ihre Fachrichtung? – Ich bin …
Ман шуморо ба … даъват мекунам.	Ich lade Sie nach / zu … ein.

Nützliche Verben

нағз	дидан	mögen, lieben
бад		verachten, hassen

машқи 5 Sagen Sie, welche Speisen Sie mögen und welche Speisen Sie nicht mögen.

мастоба, палав, хӯриш, нон, себ, нок, анор

машқи 6 Beantworten Sie die folgenden Fragen:

Оё шумо нишонии хонум Шарифоваро медонед?
Хонум Шарифова дар кучо зиндагонӣ мекунад?

Душанбе, кӯчаи Сомонӣ, хонаи 2 (ду) Зебо Шарифова

Оё шумо нишонии ҷаноби Аминзодаро медонед?
Ҷаноби Аминзода дар кучо зиндагонӣ мекунад?

Кӯлоб, кӯчаи Турсунзода, хонаи 3 (се) Мирзои Аминзода

Оё шумо нишонии Каримро медонед?
Карим дар куҷо зиндагонӣ мекунад?

Ҳисор, кӯчаи Рӯдакӣ, хонаи 4 (чор) Карим Мӯсоев

Enklitische Personalpronomen

китоби	ман		китоб	ам		китоби	мо		китоб	амон
китоби	ту	➔	китоб	ат		китоби	шумо	➔	китоб	атон
китоби	вай		китоб	аш		китоби	онҳо		китоб	ашон

машқи 7 Ersetzen Sie die Personalpronomen durch die enklitischen Personalpronomen.

хонаи ту	➔	....	хешу ақрабои онҳо	➔	....
аммаи ман	➔	....	падару модари ӯ	➔	....
амаки вай	➔	....	нишонии нави ман	➔	....
шаҳри шумо	➔	....	мактуби шумо	➔	....
донишгоҳи мо	➔	....	оилаи ту	➔	....

машқи 8 Ersetzen Sie die Personalpronomen durch die enklitischen Personalpronomen und setzen Sie die Postposition -ро dort ein, wo Sie es für notwendig erachten.

1. – Саид, шумо китоби ман ________ овардед?
2. – Бубахшед, китоби шумо _______ фаромўш кардам. Китоби шумо_________ пагоҳ меоварам.
3. – Анвар, шумо мактуб ба дўсти мо ________ навиштед?
4. – Бале, мактуб ба дўсти мо _________ навиштам, лекин мактуб_________ фаромўш кардам.
5. – Саид, шумо кассетаи ман________ гўш кардед?
6. – Кассетаи шумо _________ гўш кардам, аммо ҳеҷ чиз__________ нафаҳмидам.

фаромўш кардан	vergessen
кассета	Kassette
аммо	aber
ҳеҷ чиз	gar nichts

машқи 9 Übersetzen Sie die in Klammern stehenden Wörter.

1. Бачаам … (dieses Märchen) бо завқ мехонад.
2. … (Äpfel) мехўрӣ?
3. Дўсти ман … (Tadschikisch) мехонад.
4. Мо … (ein Buch) мехонем.
5. Ман … (den Brief) фаромўш кардам.
6. Рустам … (meine Kassette) гўш мекунад.
7. Фурқат ... (seinen Freund) ба Тоҷикистон даъват мекунад.

бача	Kind
бозавқ	mit Interesse

Merken Sie sich:

Як	пиёла	чой	нӯшидам.
Як	чалак	равған	овард.
Як	каф	орд	гирифт.
Ду	коса	шӯрбо	хӯрд.
Се	халта	орд	харид.

пиёла	Teeschale
чалак	Kübel
равған	Öl
каф	Handvoll
орд	Mehl
коса	Schale
шӯрбо	Suppe
халта	Sack

машқи 10 Lesen Sie die folgenden Dialoge.

Шумо чӣ мехӯред?

– Як коса шӯрбо мехӯрам.

Чӣ менӯшед?

– Як пиёла чой менӯшам.

Собир дар бозор чӣ мехарад?

бозор Basar

– Як халта орд, се чалак равған мехарад.

Шумо дар бозор чӣ мехаред?

– Ман як халта орд ва як чалак равған мехарам.

машқи 11 Übersetzen Sie die folgenden Sätze ins Tadschikische und achten Sie dabei auf die Verwendung der Postposition -ро:

1. Haben Sie Zarina gesehen? – Ja, ich habe Zarina gesehen. Sie ist heute gekommen.
2. Wen hat Furkat nach Tadschikistan eingeladen?
3. Essen Sie Äpfel? – Nein, ich esse keine Äpfel.
4. Isst dieses Mädchen Birnen? – Ja, es isst Birnen, aber Äpfel mag es auch.

   Mädchen духтар
5. Kennt ihr diesen Dichter? – Ja, wir kennen diesen Dichter.
6. Was haben Sie auf dem Basar gekauft? – Ich habe einen Sack Mehl gekauft.
7. Was trinkst du? – Ich trinke Tee.
8. Mein Sohn liest die tadschikischen Märchen mit großer Interesse.
9. Was hat er zu Hause vergessen? – Er hat sein Buch zu Hause vergessen.
10. Zarina hat deine Kassette mitgebracht.

Die Kardinalzahlen

0	сифр / нол	11	ёздаҳ	21	бисту як
1	як				
2	ду	12	дувоздаҳ	22	бисту ду
3	се	13	сездаҳ	23	бисту се
4	чор / чаҳор	14	чордаҳ	24	бисту чор / бисту чаҳор
5	панҷ	15	понздаҳ	25	бисту панҷ
6	шаш	16	шонздаҳ	26	бисту шаш
7	ҳафт	17	ҳабдаҳ / ҳафтдаҳ	27	бисту ҳафт
8	ҳашт	18	ҳаждаҳ	28	бисту ҳашт
9	нӯҳ	19	нуздаҳ	29	бисту нӯҳ
10	даҳ	20	бист	30	сӣ

40	чил	600	шашсад
50	панҷоҳ	700	ҳафтсад
60	шаст	800	ҳаштсад
70	ҳафтод	900	нӯҳсад
80	ҳаштод	1 000	ҳазор / як ҳазор
90	навад	5 000	панҷ ҳазор
100	сад / як сад	10 000	даҳ ҳазор
200	дусад	101	як саду як
300	сесад	124	як саду бисту чор
400	чорсад	1 957	як ҳазору нӯҳсаду панҷоҳу ҳафт
500	панҷсад	10 001	даҳ ҳазору як

Луғат

аммо	aber
ана	hier, da
ба	zu, nach
бад	schlecht
бад дидан	verachten, hassen
бача	Kind; Junge
бо	mit
гов	Rind, Kuh
гуна хона	Art, Weise Haus
гӯшт	Fleisch
даъват	Einladung
даъват кардан	einladen
дидан [бин]	sehen
духтар	Mädchen, Tochter
завқ	Interesse
ихтисос	Fachrichtung
сиёсатшинос	Politologe
кассета	Kassette
каф	Handfläche, Handvoll
коса	Schale
кӯча	Straße, Gasse
матн	Text
меҳмонӣ	Besuch
нағз дидан	mögen
орд	Mehl
пиёла	Teeschale
равған	Öl
суол/савол	Frage
тарҷума кардан	übersetzen
ташаккур	danke
фаромӯш кардан	vergessen
халта	Sack
ҳеҷ чиз	nichts
чалак	Kübel
чӣ гуна?	was für?
шинохтан [шинос]	kennen
шӯрбо	Suppe

Lektion 8

Grammatikthemen

- Verneinung § 18
- Einfache Präpositionen § 19

машқи 1 Geben Sie auf die folgenden Fragen verneinende Antworten nach dem vorgegebenen Muster.

Намуна:

✓ Ман пирам. (ҷавон). – Ман пир нестам, ҷавонам.

1. Ин кас ҳамшираи шафқат аст. (духтур)
2. Дӯсти ман рус аст. (тоҷик)
3. Ту омӯзгор ҳастӣ. (донишҷӯ)
4. Ин шаҳри Бухорост. (Самарқанд)

ҳамшираи шафқат	Krankenschwester

Намуна:

✓ Оё имрӯз Саид кор мекунад? – Не, Саид имрӯз кор намекунад.

1. Оё шумо дар донишгоҳ таҳсил мекунед?
2. Оё Томас дар Тоҷикистон зиндагонӣ мекунад?
3. Чой менӯшӣ?
4. Оё шумо ин мардро мешиносед?

машқи 2 Fragen Sie Ihren Partner, ob diese Behauptungen richtig sind. Verwenden Sie dabei den Fragesatz:

Оё ин ҷумла дуруст аст?

ҷумла	Satz
дуруст	richtig

1. Душанбе шаҳри калон аст.
2. Дар он ҷо 2 миллион аҳолӣ зиндагонӣ мекунад.
3. Пойтахти Тоҷикистон Тошкант аст.
4. Тоҷикистон 10 миллион аҳолӣ дорад.
5. Душанбе шаҳри ҷавон аст.

Гуфтугӯ

код Telefonvorwahl
индекси почта Postleitzahl
ҳа ja
рақам Nummer
почта Post
чанд wie viel?
намеарзад! keine Ursache!

Наргис:	Азиза, шумо индекси почтаи шаҳри Душанберо медонед?
Азиза:	Не, намедонам.
Зебо:	Ман медонам, 734000.
Наргис:	Шумо коди шаҳри Душанберо ҳам медонед?
Зебо:	Ҳа, медонам, 00992 372.
Наргис:	Ҳазор раҳмат!
Зебо:	Намеарзад!

машқи 3 Lesen und beantworten Sie folgende Fragen:

1. Оё шумо индекси почтаи шаҳри Кӯлобро медонед? (735360)
2. Оё шумо индекси почтаи шаҳри Хуҷандро медонед? (735700)
3. Индекси почтаи шаҳри шумо чанд (аст)?
4. Шумо телефон доред?
5. Рақами телефони шумо чанд (аст)? (24 37 45)
6. Оё шумо коди шаҳри Берлинро медонед?

Матн

хабар Nachricht
аз von
канӣ und? *(in Fragen und Aufforderungen)*
ҷон Seele; lieber *(nachgestellt)*
азиз lieb, teuer
барои für
осон einfach
истодан [ист] stehen, bleiben; anhalten
ҳоло jetzt
манзара Aussicht, Anblick
салом гуфтан grüßen
атроф Umgebung
кӯҳсор Gebirge
расм Foto
фиристодан [фирист] schicken
хайр Wohl; Tschüss!
боз wieder
писар Sohn; Junge
қалъа Festung
дара Schlucht
мақбара Grabmal
расондан *hier*: ausrichten

Хабари хуш

Карина:	Хабари хуш!
Модар:	Чӣ шуд?
Карина:	Мактуб омад.
Модар:	Аз куҷо?
Карина:	Аз Душанбе.
Модар:	Аз Алекс?
Карина:	Бале, аз Алекси мо.
Модар:	Канӣ, чӣ менависад?

Салом модарҷони азиз,

ман ба шумо аз шаҳри Душанбе мактуб менависам. Дӯсти ман Рустам маро ба Душанбе даъват кард. Шумо ӯро мешиносед. Ӯ дар Берлин, дар хонаи мо буд. Ҳоло дар оилаи ӯ зиндагӣ мекунам. Оилааш дар хона ба забони тоҷикӣ гап мезанад. Онҳоро фаҳмидан барои ман осон нест. Як ҳафта дар Душанбе меистам. Рустам дар донишгоҳ кор мекунад. Вай аз забони олмонӣ дарс медиҳад. Шаҳри Душанбе манзараи зебо дорад. Атрофи шаҳр кӯҳсор аст.
Ба шумо расмҳои Тоҷикистонро ҳам мефиристам. Хайр, модарҷони азиз. Ман ба шумо боз менависам. Ба Карина аз ман салом расонед.

Писари шумо
Алекс.

Душанбе, 25.10. 2018

Ҳайкали Исмоили Сомонӣ

Кохи Миллат

Искандаркӯл

машқи 4 Beantworten Sie folgende Fragen:

1. Алекс аз кучо ба модараш мактуб менависад?
2. Ӯро кӣ ба Душанбе даъват кард?
3. Дӯсташ дар кучо кор мекунад?
4. Оё Рустам донишҷӯ аст?
5. Алекс дар Душанбе чанд ҳафта меистад?
6. Оё модари Алекс Рустамро мешиносад?

Präpositionen

Lesen Sie die folgenden Sätze und achten Sie auf die Übersetzung der Präpositionen.

ба – nach, zu, in		
Қосим ба хона рафт.	Kosim ging nach Hause.	
Ба шумо расми Душанберо мефиристам.	Ich schicke Ihnen ein Foto von Duschanbe.	
Мо ба забони тоҷикӣ гап мезанем.	Wir sprechen Tadschikisch.	

дар – in, innerhalb		
Ин бача дар мактаб мехонад.	Dieser Junge lernt in der Schule.	
Шаҳри Исфара дар шимоли Тоҷикистон ҷойгир аст.	Die Stadt Isfara liegt im Norden Tadschikistans.	шимол Norden ҷойгир будан liegen
Китоби шумо дар ҷевон аст.	Ihr Buch ist im Schrank.	ҷевон Schrank

бар/ дар– auf		
Бар сари ӯ тӯппии нав буд.	Er hatte eine neue Kappe auf dem Kopf.	сар Kopf тӯппӣ Kappe
Бар тани Қодир куртаи кӯҳна буд.	Kodir trug ein altes Hemd auf dem Leib.	тан Körper

аз – aus, von, seit		
Вай аз мактаб омад.	Er kam aus der Schule.	
Дар мактаб дарс аз имрӯз сар мешавад.	Der Unterricht in der Schule beginnt heute.	дарс Unterricht сар шудан anfangen

Ин хонаро аз хишт сохтанд.	Dieses Haus wurde aus Ziegeln gebaut.	хишт – Ziegel сохтан [соз] – bauen, errichten

то – bis, zu; аз … то – von … bis

Онҳо то дирӯз дарс доштанд.	Sie hatten bis gestern Unterricht.	моҳ – Monat июл – Juli
Дар Душанбе то моҳи июл мешавем.	Bis Juli bleiben wir in Duschanbe.	
Китобхона аз субҳ то бегоҳӣ кор мекунад.	Die Bibliothek ist von früh bis spät geöffnet.	

бо – mit

Мо бо Собир ба мактаб рафтем.	Wir gingen mit Sobir zur Schule.	
Зарина бо қалам менависад.	Zarina schreibt mit dem Bleistift.	
Бо гирифтани ин мактуб ман шод шудам.	Als ich diesen Brief erhielt, freute ich mich.	шод – froh шод шудан – sich freuen

бе – ohne

Далер бе падару модар монд.	Daler blieb ohne Eltern.	мондан [мон] – bleiben
Ман бе ту ба хона намеравам.	Ohne dich gehe ich nicht nach Hause.	

барои – für

Ин китобро барои шумо харидам.	Ich habe dieses Buch für Sie gekauft.	чойхона – Teehaus
Барои хӯрок хӯрдан ба чойхона рафтем.	Zum Essen gingen wir in ein Teehaus.	
Барои дидани шумо омадем.	Wir sind gekommen, um Sie zu sehen.	

Merken Sie sich:

пурсидан [пурс] аз ...	*jdn* fragen

Зарбулмасал

Бе меҳнат роҳат намебинӣ.

Ohne Fleiß kein Preis. (*wörtl.:* Ohne Mühe siehst du keine Ruhe.)	меҳнат роҳат	Fleiß, Mühe Ruhe

Redemittel

<table>
<tr><td colspan="3">Ҳазор раҳмат!
– Намеарзад!</td><td>Tausend Dank!
– Keine Ursache!</td><td colspan="2" rowspan="4"></td></tr>
<tr><td colspan="3">Чӣ шуд?</td><td>Was ist passiert?</td></tr>
<tr><td colspan="3">Чӣ хабар аст?</td><td>Was ist los?</td></tr>
<tr><td colspan="3">Барои чӣ?</td><td>Wofür? Weshalb?</td></tr>
<tr><td rowspan="3">Ба</td><td>ман</td><td rowspan="3">… даркор аст.</td><td>Ich brauche …</td><td rowspan="4">даркор</td><td rowspan="4">nötig</td></tr>
<tr><td>ту</td><td>Du brauchst …</td></tr>
<tr><td>ӯ</td><td>Er, sie, es braucht …</td></tr>
<tr><td rowspan="4">дар</td><td>шимол</td><td>ҷойгир будан</td><td>im Norden gelegen sein</td></tr>
<tr><td>ҷануб</td><td>… …</td><td>im Süden gelegen sein</td><td>ҷануб</td><td>Süden</td></tr>
<tr><td>ғарб</td><td>… …</td><td>im Westen gelegen sein</td><td>ғарб</td><td>Westen</td></tr>
<tr><td>шарқ</td><td>… …</td><td>im Osten gelegen sein</td><td>шарқ</td><td>Osten</td></tr>
</table>

машқи 5 Sprechen Sie mit Ihrem Partner nach dem vorgegebenen Muster.

Намуна: ✓ Ба Зарина курта даркор аст. (бозор) ➔Куртаро аз бозор мехарад.	
Ба Карим компютер даркор аст. (мағоза)	компютер Computer мағоза Laden
Ба падар рӯзнома даркор аст. (киоск)	рӯзнома Zeitung киоск Kiosk
Ба модар орд даркор аст. (бозор)	

Намуна: ✓ Барои кӣ рӯзнома овардед? (муаллим) ➔Барои муаллим.	
Барои кӣ курта овардед? (духтар)	
Барои кӣ компютер овардед? (хоҳар)	
Барои кӣ гул овардед? (шумо)	гул Blume

Намуна: ✓ Ба хона рафтем. (хӯрок хӯрдан) ➔Барои хӯрок хӯрдан ба хона рафтем.	
Ба донишгоҳ омадем. (забони тоҷикӣ омӯхтан)	
Ба хонаи хоҳарам рафтем. (видео тамошо кардан)	видео тамошо кардан Video anschauen
Саид ба китобхона рафт. (китоби Айниро гирифтан)	китобхона Bibliothek

машқи 6 Setzen Sie die richtigen Präpositionen ein.

1. Ман … донишгоҳ таҳсил мекунам.
2. Мактуби шуморо … модарам додам.
3. Ман … хонаи ӯ зиндагонӣ мекунам.
4. Вай … забони олмонӣ дарс медиҳад.
5. … меҳнат роҳат намебинӣ.
6. Мағоза … субҳ … бегоҳ кор мекунад.
7. Пагоҳ … хонаи Қосим меравем.

8. Ту ҳам … мо меравӣ?
9. Дараи Варзоб ... шимоли шаҳри Душанбе ҷойгир аст.
10. Ҷаноб Шарифзода моро … меҳмонӣ даъват кард.
11. … Карина … ман салом!
12. Мо се рӯз … Душанбе меистем.
13. Вай тӯпии нав … сар дошт.
14. Ин китобро … кӣ гирифтӣ? – Карим … ман дод.
15. ... хӯрок хӯрдан ба чойхона меравем.

машқи 7 Beantworten Sie die folgenden Fragen.

1. Вилояти Суғд дар куҷо ҷойгир аст?
2. Вилояти Хатлон дар куҷо ҷойгир аст?
3. Вилояти Мухтори Кӯҳистони Бадахшон дар куҷо ҷойгир аст?
4. Шаҳри Хуҷанд дар куҷо ҷойгир аст?
5. Шаҳри Хоруғ дар куҷо ҷойгир аст?
6. Шаҳри Қурғонтеппа дар куҷо ҷойгир аст?

Луғат

аз	von, ab, seit
азиз	lieb, teuer
атроф	Umgebung
ба	zu, nach
ба … даркор будан	brauchen
бар	auf
бар тан доштан	anhaben, tragen *(Kleidung)*
барои	für
боз	wieder, noch
гул	Blume
ғарб	Westen
даркор	nötig
дарс додан	unterrichten
дарс	Unterricht, Lektion
дуруст	richtig
индекс (-и почта)	Postleitzahl
истодан [ист]	bleiben, stehen
июл	Juli
канӣ	und? *(in Fragen und Aufforderungen)*
киоск	Kiosk
китобхона	Bibliothek
код	Vorwahl
компютер	Computer
Кохи миллат	Nationalpalast

кӯҳсор	Gebirge
манзара	Aussicht
мағоза	Geschäft
меҳнат	Mühe, Fleiß, Arbeit
мондан [мон]	bleiben
моҳ	Monat; Mond
осон	einfach
писар	Sohn, Junge
почта	Post
пурсидан [пурс]	fragen
расм	Bild, Foto
рақам	Nummer
роҳат	Ruhe
рӯзнома	Zeitung
салом гуфтан	Grüße ausrichten
сар	Kopf; Anfang
сар шудан	anfangen, beginnen
сохтан [соз]	bauen, schaffen
тамошо кардан	anschauen
тан	Körper
то	bis
тӯппӣ	Kappe
фиристодан [фирист]	schicken
хабар	Nachricht
хайр	Wohl; auf Wiedersehen!
хишт	Ziegel
чанд	wie viel?
чойхона	Teehaus
ҷануб	Süden
ҷевон	Schrank
ҷойгир будан	gelegen sein, liegen
ҷон	Seele, lieber *(nachgestellt)*
ҷумла	Satz
шарқ	Osten
шимол	Norden
шод	froh
шод шудан	sich freuen
ҳа	ja
ҳайкал	Denkmal
ҳамшираи шафқат	Krankenschwester
ҳоло	jetzt

Lektion 9

Grammatikthemen

- Ordnungszahlen § 31
- Pluralbildung der Substantive § 23
- Datumsangabe § 32

Ordnungszahlen

Beachten Sie die Bildung der Ordnungszahlen!

як	➔	якум	бисту ду	➔	бисту дуюм
ду	➔	дуюм	бисту се	➔	бисту сеюм
се	➔	сеюм	сӣ	➔	сиюм
чор	➔	чорум	сию чор	➔	сию чорум

Jahreszeiten und Monatsnamen

Фаслҳои сол ва номҳои моҳҳо die Jahreszeiten und Monatsnamen фасли сол Jahreszeit

баҳор	тобистон	тирамоҳ	зимистон
март	июн	сентябр	декабр
апрел	июл	октябр	январ
май	август	ноябр	феврал

Wochentage Рӯзҳои ҳафта Die Wochentage ҳафта Woche

	шанбе	Sonnabend
як	шанбе	Sonntag
ду	шанбе	Montag
се	шанбе	Dienstag
чор	шанбе	Mittwoch
панҷ	шанбе	Donnerstag
	ҷумъа	Freitag

январ						
						1
2	3	4	5	6	7	8
9	10	11	12	13	14	15
16	17	18	19	20	21	22
23	24	25	26	27	28	29
30	31					

феврал						
		1	2	3	4	5
6	7	8	9	10	11	12
13	14	15	16	17	18	19
20	21	22	23	24	25	26
27	28					

март						
		1	2	3	4	5
6	7	8	9	10	11	12
13	14	15	16	17	18	19
20	21	22	23	24	25	26
27	28	29	30	31		

апрел						
					1	2
3	4	5	6	7	8	9
10	11	12	13	14	15	16
17	18	19	20	21	22	23
24	25	26	27	28	29	30

май						
1	2	3	4	5	6	7
8	9	10	11	12	13	14
15	16	17	18	19	20	21
22	23	24	25	26	27	28
29	30	31				

июн						
			1	2	3	4
5	6	7	8	9	10	11
12	13	14	15	16	17	18
19	20	21	22	23	24	25
26	27	28	29	30		

июл						
					1	2
3	4	5	6	7	8	9
10	11	12	13	14	15	16
17	18	19	20	21	22	23
24	25	26	27	28	29	30
31						

август						
	1	2	3	4	5	6
7	8	9	10	11	12	13
14	15	16	17	18	19	20
21	22	23	24	25	26	27
28	29	30	31			

сентябр						
						1
2	3	4	5	6	7	8
9	10	11	12	13	14	15
16	17	18	19	20	21	22
23	24	25	26	27	28	29
30						

октябр						
		1	2	3	4	5
6	7	8	9	10	11	12
13	14	15	16	17	18	19
20	21	22	23	24	25	26
27	28	29	30	31		

ноябр						
				1	2	3
4	5	6	7	8	9	10
11	12	13	14	15	16	17
18	19	20	21	22	23	24
25	26	27	28	29	30	

декабр						
				1	2	3
4	5	6	7	8	9	10
11	12	13	14	15	16	17
18	19	20	21	22	23	24
25	26	27	28	29	30	31

Redemittel

Имрӯз	кадом рӯзи ҳафта	аст?	Welchen Wochentag haben wir heute?
	чандум		Den wievielten haben wir heute?
Имрӯз	панҷуми июн	аст.	Heute haben wir den 5. Juni.

машқи 1 Wählen Sie ein Datum auf dem nebenstehenden Kalender aus und fragen Sie Ihren Partner:

Намуна:

- ✓ Имрӯз чандум аст? – Имрӯз панҷуми октябр аст.
- ✓ Имрӯз кадом рӯзи ҳафта аст? – Имрӯз панҷшанбе аст.

машқи 2 Fragen Sie Ihren Gesprächspartner nach dem vorgegebenen Muster.

Намуна:

Зодрӯзи шумо кай (аст)?
– Бисту сеюми май (аст).

Шумо кадом сол таваллуд шудед?
– Ман соли 1985 таваллуд шудам.

Шумо кай таваллуд шудед?
– Ман бисту сеюми майи соли 1985 таваллуд шудам.

зодрӯз	Geburtstag
таваллуд	Geburt
таваллуд шудан	geboren werden

Redemittel

соати	чанд?	um	wieviel	Uhr?
	як		ein	Uhr
	ду		zwei	
	се		drei	
	…		…	

<table>
<tr><td rowspan="4">ба назари</td><td>ман</td><td rowspan="4"></td><td>meiner</td><td rowspan="4">Meinung nach</td></tr>
<tr><td>ту</td><td>deiner</td></tr>
<tr><td>ӯ / вай</td><td>seiner</td></tr>
<tr><td>…</td><td>…</td></tr>
</table>

Гуфтугӯ

Лола: Салом, Зӯҳроҷон!
Зӯҳро: Салом! Ту чӣ хел ҳастӣ?
Лола: Раҳмат, нағз. Ту-чӣ?
Зӯҳро: Ман ҳам нағз.
Лола: Зӯҳроҷон, ман пагоҳ ба хонаи Зебо меравам.
Зӯҳро: Пагоҳ чандум аст?
Лола: Пагоҳ бисту сеюми май.
Зӯҳро: А…а медонам, пагоҳ рӯзи таваллуди Зебо аст.
Лола: Ту ҳам меравӣ?
Зӯҳро: Бале, ӯ маро ҳам даъват кард. Ба назари ман, ту ҳам дар моҳи май таваллуд шудӣ.
Лола: Ҳа, ман ҳам дар моҳи май таваллуд шудам. Рӯзи сиюми май. Ту-чӣ? Ту кай зодрӯз дорӣ?
Зӯҳро: Ман дар зимистон, бисту дуюми декабр зодрӯз дорам. Пагоҳ соати чанд меравем?
Лола: Соати дувоздаҳ.
Зӯҳро: Хайр, то пагоҳ!
Лола: Хайр!

машқи 3 Kreuzen Sie ausgehend vom Text die richtige Antwort an.

<table>
<tr><th></th><th>Зебо</th><th>Лола</th><th>Зӯҳро</th></tr>
<tr><td>а</td><td>дар зимистон</td><td>дар зимистон</td><td>дар тирамоҳ</td></tr>
<tr><td>б</td><td>дар баҳор</td><td>дар тобистон</td><td>дар зимистон</td></tr>
<tr><td>в</td><td>дар тобистон</td><td>дар тирамоҳ</td><td>дар тобистон</td></tr>
<tr><td>г</td><td>бисту дуюми декабр</td><td>рӯзи сиюми май</td><td>бисту сеюми май</td></tr>
<tr><td></td><td colspan="3">таваллуд шуд.</td></tr>
</table>

машқи 4 Stellen Sie Fragen zu folgenden Aussagen.

1	…	Ман дар баҳор таваллуд шудам.
2	…	Имрӯз бисту панҷуми моҳи март аст.
3	…	Пагоҳ якуми декабр аст.
4	…	Бародари ман дуюми декабр таваллуд шуд.
5	…	Модари ман дар зимистон таваллуд шуд.
6	…	Зебо дар моҳи май рӯзи таваллуд дорад.

Pluralbildung

-ҳо		-(г)он	
мактубҳо	Brief	писарон	Junge
номҳо	Name	модарон	Mutter
занҳо	Frau	дастон	Hand
қаламҳо	Stift	лабон	Lippe
шаҳрҳо	Stadt	чашмон	Auge
тӯппиҳо	Kappe	бачагон	Kind
кӯчаҳо	Straße		
гулҳо	Blume	нависандагон	Schriftsteller
афсонаҳо	Märchen	хонандагон	Leser
		ситорагон	Stern
-ён / -вон		**-(ҷ)от**	
бобоён	Großvater	ҳосилот	Ernte
доноён	Weiser	боғот	Garten
донишҷӯён	Student	деҳот имконот	Dorf Möglichkeit
гумрукчиён	Zöllner	навиштаҷот	Schrift
абрӯвон	Braue		
оҳувон	Reh		

Beachten Sie folgende Sonderformen:

ҳозирин	die Anwesenden
муаллимин	die Lehrer
тарафайн	die (beiden) Seiten
қавсайн	die (beiden) Klammern
давлатайн	die (beiden) Staaten

машқи 5 Setzen Sie die passende Pluralendung ein.

1. Бача__________и деҳаи мо ба мактаб бо автобус мераванд, чунки дар деҳаи мо мактаб нест.
2. Дӯст__________и туро мешиносам.
3. Алекс расм________и Душанберо ба модараш мефиристад.
4. Китобхона__________и шаҳрамон аз соати 9 то соати 18 кор мекунанд.
5. Донишҷӯ_______ дар тобистон дар қишлоқ________ мактаб__________ нав сохтанд.
6. Бар сари духтар__________и тоҷик тӯппӣ __________и нав буданд.

автобус	Bus
чунки	weil
қишлоқ	Dorf, Weiler

машқи 6 Entscheiden Sie, ob die in Klammern stehenden Wörter im Singular oder im Plural einzusetzen sind.

1. (Бача)и ман ҳар рӯз дар соати ҳафт мехезанд.	хестан [хез]	aufstehen
2. Мо ҳар рӯз панҷ (истакон) чой менӯшем.	истакон	Glas
3. Ман имрӯз рӯзномаи «Садои мардум» ва «Чархи гардун»ро хондам.* – Ин (рӯзнома)ро аз куҷо гирифтӣ? Аз Исмат гирифтам. Вай рафиқи ман аст.	рафиқ Садои мардум Чархи гардун	Freund Volkstimme Firmament
4. (Донишҷӯ)и рус забони тоҷикиро меомӯзанд.		
5. Дар хона (себ)у (анор) ҳаст? – Не, (себ)у (анор) нест, аммо (нок) ҳаст.		
6. Чанд (килограмм) ангур мегиред? – Ду (килограмм) бас аст.	ангур бас	Weintraube genug
7. Забони тоҷикиро аз куҷо медонӣ? – Ман (дӯст)и тоҷик дорам. Онҳо ба ман ёд доданд.	ёд додан	lehren, vermitteln
8. Вай дар кадом сол таваллуд шуд? – Намедонам, ба назарам, дар (сол)и 1960 таваллуд шуд.	кадом сол сомонӣ	welcher Jahr Somoni (Währungseinheit)

* „Садои мардум" (*Die Stimme des Volkes*) ist das offizielle Organ des Parlaments Tadschikistans und „Чархи гардун" (*Das Firmament*) ist eine wöchentlich erscheinende Informations-, Kultur- und Analysezeitung in Tadschikistan.

Redemittel

…	чанд пул	аст? меистад?	Wie viel kostet …?
	… сомонӣ	меистад.	… kostet … Somoni.

машқи 7 Führen Sie Dialoge nach dem vorgegebenen Muster.

Намуна:

✓ китоб, ҷевон ➔ Китобҳо дар куҷоянд?
– Китобҳо дар ҷевонанд.

бача, мактаб
донишҷӯ, донишгоҳ

✓ китоб, панҷ сомонӣ ➔ Китоб чанд сомонӣ меистад?
– Китоб панҷ сомонӣ меистад.

ангур, се сомонӣ
як кило себ, ду сомонӣ

✓ додари ту, 1990 ➔ Додари ту кай таваллуд шуд?
– Ба фикрам, солҳои 1990 таваллуд шуд.

падари ӯ, 1945
модари мо, 1952
хоҳари ту, 1965

Матн

ширкат Unternehmen
зардӯзӣ Goldstickerei
зардӯз Goldsticker(in)
занона Frauen-
дӯхтан [дӯз] sticken, nähen
ёд Gedächtnis, Erinnerung
ёд гирифтан lernen, sich aneigenen
либос Kleidung
либосдӯз Schneider(in)
либосдӯзӣ Schneiderei
тӯппидӯзӣ Kappenstickerei
усто Meister
устозан Meisterin
туппидӯз Kappensticker
либосдӯз Kleidungssticker
касб Beruf

Ширкати зардӯзӣ

Дӯсти ман Рустам чор хоҳар дорад. Хоҳаронаш мехонанд ва кор мекунанд. Хоҳари калониаш Гуландом ном дорад. Вай дар ширкати зардӯзӣ кор мекунад. Дар ин ширкат зардӯзон тӯппиҳои занона медӯзанд. Барои ёд гирифтани касби либосдӯзӣ ва тӯппидӯзӣ духтарон ба ин ширкат меоянд. Ин касбро ба онҳо устозанони тӯппидӯз ва либосдӯз ёд медиҳанд.

машқи 8 Schreiben Sie alle Wörter, die im Plural stehen, aus dem Text heraus.

машқи 9 Schreiben Sie die Pluralformen der folgenden Wörter auf.

мактуб	....	нависанда	....
одам	....	қалам	....
писар	....	қишлоқ	....
хонум	....	устозан	....
модар	....	рӯз	....
моҳ	....	оҳу	....
зан	....	муаллим	....
китоб	....	донишгоҳ	....
деҳа	....	китобхона	....
бача	....	доно	....
дарахт	....	боғ	....
ситора	....	донишҷӯ	....
лаб	....	гов	....
чашм	....	гул	....
даст	....	тоҷик	....
бобо	....	адиб	....
миз	....	курсӣ	....

Тезгӯяк

Шаби шанбе шамол шуд,
шамолак аз шимол шуд.

шамол	Wind
шамолак	leichter Wind

Луғат

абрӯ	Braue
ангур	Weintraube
бас	genug
баҳор	Frühling
бобо	Großvater
боғ	Garten
гумрукчӣ	Zöllner

даст	Hand, Arm
деҳа	Dorf
доно	klug
душанбе	Montag
дӯхтан [дӯз]	nähen
ёд додан	beibringen (jemandem etwas)
ёд гирифтан	erlernen (etwas)
ёд	Gedächtnis, Erinnerung
зимистон	Winter
зодрӯз	Geburtstag
имкон	Möglichkeit
истакон	Glas
кадом	welcher
касб	Beruf
қишлоқ	Dorf, Weiler
лаб	Lippe
либос	Kleidung
нависанда	Schriftsteller(in)
навиштаҷот	Schriften
назар	Meinung, Ansicht
панҷшанбе	Donnerstag
рафиқ	Freund
рӯзи таваллуд	Geburtstag
сешанбе	Dienstag
ситора	Stern
соат	Uhr, Stunde
сол	Jahr
сомонӣ	Somoni (*Währungseinheit*)
таваллуд	Geburt
таваллуд шудан	geboren werden
тараф	Seite
тирамоҳ	Herbst
тобистон	Sommer
усто	Meister
фасли сол	Jahreszeit
хестан [хез]	aufstehen
ҳафта	Woche
чашм	Auge
чоршанбе	Mittwoch
чунки	weil
ҷумъа	Freitag
шанбе	Sonnabend
якшанбе	Sonntag

Lektion 10

Grammatikthemen

- Imperativ § 24

машқи 1 **Beachten Sie die Imperativformen in den folgenden Sätzen.**

Ду килограмм себ **баркашед!**

Wiegen Sie zwei Kilo Äpfel ab.

Се килограмм ангур **харед!**

Kaufen Sie drei Kilo Weintrauben.

Пули ангурро **гиред!**

Nehmen Sie das Geld für die Weintrauben.

Себро **чашида бин!**

Koste den Apfel!

Хонаҳоро **рӯбучин кун!**

Räum die Zimmer auf!

Зебо, имрӯз **нон напаз!**

Zebo, back heute kein Brot!

баркашидан [баркаш]	(ab)wiegen
пул	Geld
чашида дидан	kosten, probieren
рӯбучин кардан	aufräumen, putzen
хона	*hier:* Zimmer

Матн

тайёрӣ дидан sich vorbereiten
ин ҷо hier
рӯйхат Liste
харид Einkauf
рӯйхати харид Einkaufsliste

сабзӣ Möhre
реза кардан schneiden
ҳамроҳи zusammen mit
тарбуз Wassermelone

Рустам чор хоҳар дорад: Ситора, Гуландом, Зебо ва Азиза. Имрӯз ба хонаи онҳо меҳмон меоянд. Хоҳарон тайёрӣ мебинанд. Модарашон мегӯяд:

– Азиза, ту хонаҳоро рӯбучин кун. Зебо, ту нон паз. Гуландом, ту барои палав сабзӣ реза кун. Ситора, ту ҳамроҳи ман ба бозор меравӣ.
Рустам:
– Не, модарҷон, шумо ба бозор наравед. Ман ҳамроҳи Ситора меравам.
Модар:
– Хеле хуб. Дар ин ҷо рӯйхати харид аст.
Ситора:
– Канӣ, чӣ харидан даркор (аст)?

Рӯйхати харид	
тарбуз	як дона
ангур	3 кило (кг)
себ	2 кило (кг)
нок	3 кило (кг)
сабзӣ	2 кило (кг)
гӯшт	3 кило (кг)
биринҷ	2 кило (кг)
чойи кабуд	500 грамм (ним кило)

дона Stück

Redemittel

Хизмат!		Was kann ich für Sie tun?
Нархи … чанд пул аст?		Was kostet …?
Лутфан ҳаминро баркашед!		Wiegen Sie das bitte ab!
Чашида бинед!		Kosten Sie!
Арзон	**намекунед?**	Geht es nicht billiger?
	намешавад?	
Майлаш! Ман розӣ.		Okay! Ich bin einverstanden.
Чанд пул шуд?		Was macht das zusammen?
Марҳамат, пулро гиред!		Bitte sehr, das Geld!
Ош шавад!		Wohl bekomms!
Саломат бошед!		Leben Sie wohl!

хизмат Dienst
нарх Preis
лутфан bitte
арзон billig
розӣ zufrieden
саломат gesund

Гуфтугӯ

Дар бозор

ширин süß
қиммат teuer
турш sauer
бомаза schmackhaft
ҳисоб кардан zählen
биринҷ Reis
хонаҳоро рӯбучин кардан aufräumen
ним Hälfte; halb
дирам Diram *(kleine Währungseinheit)*
оқпар, девзира (*Reissorten*)
вазн Gewicht
тайёрӣ дидан (sich) vorbereiten

Рустам: Нархи себ чанд пул аст?
Фурӯшанда: Нархи себ чор сомонӣ аст.
Рустам: Себ ширин ё турш аст?
Фурӯшанда: Себ ширин аст.
Рустам: Ду кило себ баркашед.

Рустам: Нок чанд пул аст?
Фурӯшанда: Нок шаш сомонӣ.
Рустам: Қиммат аст. Арзон намекунед?
Фурӯшанда: Чанд кило мегиред?
Рустам: Се кило мегирам.
Фурӯшанда: Барои се кило 15 сомонӣ диҳед.
Рустам: Ман розӣ ҳастам.

Рустам: Ангур чанд сомонӣ аст?
Фурӯшанда: Ҳафт сомонӣ аст.
Ангури бомаза аст, чашида бинед.

Рустам ангурро чашида мебинад.

Рустам: Ангури ширин аст. Ба ман се кило баркашед.
Фурӯшанда: Марҳамат, гиред.
Рустам: Чанд пул мешавад?
Фурӯшанда: 21 сомонӣ.
Рустам: Марҳамат, пулро ҳисоб кунед.

Фурӯшанда: Раҳмат.
Рустам: Саломат бошед.

Рустам: Нархи тарбуз чанд пул аст?
Фурӯшанда: Як кило тарбуз ду сомонӣ аст.
Рустам: Ҳамин тарбузро баркашед.
Фурӯшанда: Як кило тарбуз ду сомонӣ аст. Ин тарбуз 5 кило вазн дорад.
Рустам: Арзон мешавад?
Фурӯшанда: Барои шумо арзон мешавад. Ҳашт сомонӣ диҳед.
Рустам: Майлаш, ман розӣ.

Рустам: Ассалому алайкум!
Фурӯшанда: Ваалайкум ассалом! Марҳамат, биринҷи нағз дорем.
Рустам: Биринҷ чанд пул шуд?
Фурӯшанда: Биринҷи оқпар ҳафт сомонӣ, биринҷи девзира ҳашту ним сомонӣ.
Рустам: Барои палав кадом биринҷ нағз аст?
Фурӯшанда: Барои палав биринҷи девзира хуб аст. Чанд кило мегиред?
Рустам: Ду кило баркашед.
Фурӯшанда: Сабзӣ ҳам мегиред?
Рустам: Сабзӣ чанд пул?
Фурӯшанда: Барои шумо ду сомонӣ.
Рустам: Майлаш, ду кило сабзӣ ҳам баркашед.
Фурӯшанда: Марҳамат.
Рустам: Ташаккур.

Дар мағоза

Фурӯшанда: Ассалому алайкум!
Рустам: Ваалайкум ассалом!
Фурӯшанда: Хизмат!
Рустам: Ба ман 3 кило гӯшт баркашед. Чанд пул шуд?
Фурӯшанда: Ҳозир ҳисоб мекунам. Сад сомонӣ.
Рустам: Марҳамат, пулро гиред.
Фурӯшанда: Ташаккур. Ош шавад!
Рустам: Саломат бошед!

машқи 2 Beantworten Sie die Fragen.

1. Рустам аз бозор чиҳо харид?
2. Рустам аз бозор чанд кило себ харид?
3. Рустам аз бозор чанд кило нок харид?
4. Рустам аз бозор чанд кило ангур харид?
5. Рустам аз бозор чанд дона тарбуз харид?
6. Рустам аз мағоза чанд кило гӯшт харид?

машқи 3 Bilden Sie den Imperativ Singular und Plural von folgenden Verben.

Намуна:

баркашидан ➔ баркаш! баркашед!

пулро ҳисоб кардан	нон пухтан
пулро гирифтан	ба бозор рафтан
пулро додан	тарбуз харидан
чашида дидан	сабзӣ реза кардан
саломат будан	себ баркашидан

машқи 4 Setzen Sie passende Verben im Imperativ ein.

Гӯштро аз мағоза … Рустам, ба ман рӯйхати харидро … Ба ман чор кило гӯшт … Дӯстатро ба хона … Як пиёла чой … Марҳамат, ба хона …	
даъват кардан, баркашидан, додан, даромадан, нӯшидан, харидан	нӯшидан [нӯш] trinken

машқи 5 Lesen Sie die Sätze und nennen Sie die Verben, die im Imperativ stehen.

1. Як коса шӯрбо хӯред.
2. Саид ин корро намекунад.
3. Шуморо ба хона таклиф мекунам.
4. Даҳ кило орд баркашед.
5. Як пиёла чой нӯшед.
6. Далер як халта орд харид.

машқи 6 Bringen Sie die Sätze in eine sinnvolle Ordnung, achten Sie dabei auch auf die obige Abbildung und lesen Sie die Geschichte anschließend vor.

1	Падар китобро мебинад ва мехонад. Китоб шавқовар аст.		
2	Падар сари дастархон менишинад. Модар хӯрокро меоварад. Хӯрок гарм аст. Сари дастархон писар нест. Далер дар куҷост? «Равед, Далерро фарёд кунед!», гуфт модар.	сари дастархон нишастан [(ни)шин]	an Tafeltuch, Tisch sich setzen
3	Далер ба ғазаб омад. Ӯ дарро мекушояд ва …	ғазаб кушодан [кушо]	Zorn öffnen
4	Далер дар хона китоб мехонад. Падар мегӯяд: «Биё, Далер, хӯрок мехӯрем.» Далер ғамгин аст.	ғамгин	traurig
5	Модар ба Далер мегӯяд: «Рав, падаратро фарёд кун, хӯрок хунук шуд.»		
6	Далер ва модари ӯ сари дастархон менишинанд. Акнун падар нест.	акнун	jetzt

Тезгӯяк

Як хар харбуза хар,
буза хар бе харбуза.

хар	Esel
харбуза	Zuckermelone
буз	Ziege
буза	= бузро

Зарбулмасал

Гапро калон назан, луқмаро калон нагир.

Schwing keine großen Reden, (und) nimm (beim Essen) kein großes Stück.	луқма Stück (*Brot u.ä.)*

Луғат

акнун	jetzt
арзон	billig
ба ғазаб омадан	zornig werden
биринҷ	Reis
бомаза	schmackhaft
буз	Ziege
вазн	Gewicht
вазн кардан/баркашидан	wiegen (tr)
вазн доштан	wiegen (itr)
ғазаб	Zorn
ғамгин	traurig
дастархон	Speisetuch
дона	Stück
ин ҷо	hier
кушодан [кушо]	öffnen
қиммат	teuer
лутфан	bitte!
луқма	Stück (*Brot u. ä.*)
майлаш	Okay! In Ordnung! Einverstanden!
нарх	Preis
ним	halb; Hälfte
нишастан [(ни)шин]	sich setzen
нӯшидан [нӯш]	trinken
Ош шавад!	Wohl bekomms!
ош	Essen (warm); Reisgericht
пул	Geld

реза кардан	schneiden, zerkleinern
розӣ	zufrieden, einverstanden
рӯбучин кардан	aufräumen, saubermachen
рӯйхат	Liste
сабзӣ	Möhre
саломат бошед	Leben Sie wohl!
саломат	gesund
сари	an, auf
тайёрӣ дидан	(sich) vorbereiten
тарбуз	Wassermelone
турш	sauer
фарёд кардан (*касеро)*	rufen (jdn)
фарёд	Ruf, Schrei
хар	Esel
харбуза	Zuckermelone
харид	Einkauf
хизмат	Dienst
ҳамроҳи …	zusammen mit …
ҳисоб	Rechnung
ҳисоб кардан	zählen, rechnen
чашида дидан	kosten, probieren
ширин	süß

Lektion 11

Grammatikthemen

- Indefinitpronomen § 25, 27

Indefinitpronomen

<table>
<tr><td colspan="2">баъзе</td><td>manche, einige</td></tr>
<tr><td colspan="2">касе</td><td>jemand</td></tr>
<tr><td colspan="2">чизе</td><td>etwas</td></tr>
<tr><td colspan="3"></td></tr>
<tr><td rowspan="2">як</td><td>кас</td><td>jemand</td></tr>
<tr><td>чиз</td><td>etwas</td></tr>
<tr><td colspan="2">якчанд</td><td>einige, ein paar</td></tr>
<tr><td colspan="3"></td></tr>
<tr><td colspan="2" rowspan="2">ким-чӣ</td><td>irgend jemand</td></tr>
<tr><td>irgend etwas</td></tr>
<tr><td colspan="3"></td></tr>
<tr><td colspan="2">кадом як</td><td>irgend ein</td></tr>
<tr><td colspan="3"></td></tr>
<tr><td colspan="2">ягон</td><td>irgend</td></tr>
<tr><td rowspan="3">ягон</td><td>кас</td><td>irgend jemand</td></tr>
<tr><td>чиз</td><td>irgend etwas</td></tr>
<tr><td>вақт</td><td>irgend wann, einmal</td></tr>
<tr><td colspan="3"></td></tr>
<tr><td colspan="2">фалон</td><td>dieser gewisse</td></tr>
<tr><td colspan="2">фалон кас</td><td rowspan="2">dieser gewisse Jemand</td></tr>
<tr><td colspan="2">фалонӣ</td></tr>
</table>

машқи 1 Lesen Sie die folgenden Sätze mit Indefinitpronomen.

1. Имрӯз баъзе донишҷӯёни мо ба театр рафтанд.
2. Касе маро фарёд кард.
3. Рустам ба Алекс чизе гуфт, вай нафаҳмид.
4. Ман якчанд рӯз дар деҳаи Гулписта будам.
5. Ӯ бо кадом як мард ба хонаи мо омад.

Латифа

латифа Anekdote
бегона fremd
ҷавоб Antwort
бахшидан [бахш] verzeihen
мусофир Reisender
ҳаминҷоӣ hiesig, einheimisch

Рӯзҳои ин ҷоро намедонам

Афандӣ ба як шаҳри бегона рафт. Вай шаҳрро тамошо кард. Касе аз вай пурсид:

– Имрӯз кадом рӯз аст?

Афандӣ ҷавоб дод:

– Бародар, мебахшед, ман дар ин ҷо мусофир ҳастам, рӯзҳои ин ҷоро намедонам. Аз ягон каси ҳаминҷоӣ пурсед.

Redemittel

<table>
<tr><td colspan="3">Бубахшед, …</td><td colspan="3">Entschuldigen Sie, …</td></tr>
<tr><td colspan="2" rowspan="2">То …</td><td>чӣ хел рафтан мумкин?</td><td colspan="3">Wie kommt man zu …?</td></tr>
<tr><td>дур аст?</td><td colspan="3">Ist es weit bis zu …?</td></tr>
<tr><td rowspan="2">Ин</td><td>автобус</td><td rowspan="2">то … меравад?</td><td rowspan="2">Fährt</td><td>dieser Bus</td><td rowspan="2">bis …</td></tr>
<tr><td>маршрутка</td><td>dieses Linientaxi</td></tr>
<tr><td colspan="3">Рост равед.</td><td colspan="3">Gehen Sie geradeaus.</td></tr>
<tr><td rowspan="2">Ба тарафи</td><td>рост</td><td rowspan="2">гардед.</td><td colspan="2" rowspan="2">Gehen Sie nach</td><td>rechts.</td></tr>
<tr><td>чап</td><td>links.</td></tr>
<tr><td colspan="3">Ташаккури зиёд.</td><td colspan="3" rowspan="2">Vielen Dank!</td></tr>
<tr><td colspan="3">Ҳазор раҳмат.</td></tr>
<tr><td colspan="3">Намеарзад.</td><td colspan="3">Keine Ursache.</td></tr>
</table>

Гуфтугӯ

осорхона / музей Museum
гум кардан verlieren
роҳ Weg
роҳро гум кардан sich verirren
дақиқа Minute
мумкин möglich
инҷоӣ hiesig
дигар anderer
маршрутка Linientaxi
баъди nach
торик dunkel
гум verloren
гузаштан [гузар] hinübergehen, durchgehen
зиёд viel
арзидан [арз] sich lohnen, wert sein
омӯзгорӣ pädagogisch
хато Fehler, Irrtum
хато кардан sich irren
албатта natürlich

Даниел бо донишҷӯёни олмонӣ ба Душанбе омад. Вай дар ин ҷо се ҳафта забони тоҷикиро меомӯзад. Имрӯз баъзе донишҷӯён ба осорхона рафтанд. Даниел шаҳрро тамошо мекунад. Баъди чанд соат торик шуд. Даниел роҳро гум кард. Дар кӯча ягон кас набуд. Баъди якчанд дақиқа Даниел аз марде пурсид:

Даниел: Бубахшед, ако, то кӯчаи Айнӣ чӣ хел рафтан мумкин аст?
Мард: Намедонам, ман инҷоӣ нестам. Аз ягон каси дигар пурсед.
Даниел: Бубахшед, оё ин маршрутка то кӯчаи Айнӣ меравад?
Зан: Не, ин маршрутка намеравад. Шумо ба он тарафи роҳ гузаред ва ба маршруткаи 8 шинед.
Даниел: Ташаккури зиёд.
Зан: Намеарзад.

Даниел: Бубахшед, хонум, Донишгоҳи омӯзгорӣ аз ин ҷо дур аст?
Хонум: Не, дур нест. Рост равед, баъд ба тарафи чап гардед.
Бубахшед, хато кардам. Ба тарафи чап не, ба тарафи рост гардед.
Даниел: Ҳазор раҳмат.
Хонум: Намеарзад.

Даниел: Мебахшед, то бозори «Баракат» ягон автобус меравад?
Духтар: Албатта, то он ҷо якчанд автобус меравад. Автобусҳои 3, 1, 41.
Маршруткаҳо ҳам мераванд. Маршруткаҳои 8, 17, 22.
Даниел: Ташаккури зиёд ба шумо.
Духтар: Саломат бошед.

машқи 2 Wohin möchte Daniel? Kreuzen Sie die richtige Antwort an.

кӯчаи Айнӣ	Донишгоҳи омӯзгорӣ	бозори «Саховат»	
кӯчаи Рӯдакӣ	Донишгоҳи тиббӣ	бозори «Шоҳмансур»	тиббӣ medizinisch
кӯчаи Турсунзода	Донишгоҳи иқтисодӣ	бозори «Баракат»	иқтисодӣ wirtschaftlich

машқи 3 Was ist richtig?

1. Даниел бо донишҷӯёни рус ба Душанбе омад.
2. Имрӯз Даниел бо кадом як мард ба музей рафт.
3. Даниел роҳро гум кард.
4. Вай аз хонуме роҳро пурсид.
5. Торик шуд. Дар кӯча ягон кас набуд.
6. «Ман инҷоӣ нестам. Аз ягон каси дигар пурсед», гуфт хонум.

машқи 4 Ergänzen Sie.

1. Имрӯз _______________ донишҷӯён ба бозор рафтанд.
2. Даниел баъди _______________ соат роҳашро гум кард.
3. – Бубахшед, то бозори «Баракат» ягон автобус меравад?

   – Албатта, то он ҷо _______________ автобус меравад.
   Автобусҳои 3, 1, 41
4. Мебахшед, то Донишгоҳи омӯзгорӣ _______________ автобус меравад?
5. Намедонам. Ман инҷоӣ нестам, аз _______________ и дигар пурсед.
6. Торик шуд. Дар кӯча _______________ набуд.

машқи 5 Lesen Sie den Dialog.

Мусофир: Мебахшед амак, ман ин ҷо мусофир ҳастам. То бозори „Корвон“ чӣ хел равам? Ягон автобус аз ин ҷо меравад?

Амак: То бозори „Корвон“? Ин роҳ хеле дур аст. Шумо ҳозир ба троллейбуси 1 савор шавед. Ана он ҷо истгоҳи троллейбус аст. Бо троллейбус то истгоҳи „Ватан“ равед. Баъд аз он ҷо ба маршруткаи ҳафт ёки як савор шавед. Маршруткаҳо то бозори „Корвон“ мераванд.

Мусофир: Аз он ҷо боз пиёда рафтан лозим аст?

Амак: Бале, аммо аз истгоҳ бозор дур нест. Дар он ҷо худатон мебинед.

Мусофир: Ташаккури зиёд, амак.

Амак: Намеарзад.

машқи 6 Üben Sie nach dem vorgegebenen Muster.

Намуна:

✓ Мебахшед, роҳро гум кардам. То … чӣ хел рафтан мумкин (аст)?

кӯчаи Айнӣ
Донишгоҳи омӯзгорӣ
меҳмонхонаи Тоҷикистон
чойхонаи Роҳат
театри Лоҳутӣ

Намуна:

✓ То … рост равед, баъд ба тарафи чап гардед.
То … рост равед, баъд ба тарафи рост гардед.

чорроҳа
бозор
чойхонаи Роҳат
театри Лоҳутӣ
мағоза

Намуна:

✓ Мебахшед, то бозори Саховат чӣ хел рафтан мумкин (аст)?
– То бозори Саховат бо … рафтан мумкин (аст).

маршруткаи 8 (-ум)
троллейбуси 1 (-ум)
автобуси 41 (-ум)
пиёда

меҳмонхона	Hotel
чорроҳа	Kreuzung
пиёда	zu Fuß

машқи 7 Formulieren Sie Fragen zu den folgenden Antworten:

1. Мебахшед, бародар, ман инҷоӣ нестам.
2. То Донишгоҳи иқтисодӣ дур нест. Рост равед, баъд ба тарафи чап гардед.
3. То бозори Саховат бо маршруткаи 2 рафтан мумкин аст.
4. Не, то чойхонаи Роҳат дур нест, пиёда рафтан мумкин аст.
5. Меҳмонхонаи Душанбе дур аст. Бо маршруткаи 1 равед.
6. Бале, то бозори Шоҳмансур пиёда рафтан мумкин аст.

машқи 8 Lesen und übersetzen Sie die folgenden Sätze.

Баъзе талабаҳо дар тобистон ба Русия мераванд.

Ягон вақт барои тамошо кардан ба ширкати зардӯзӣ меравем.

Кадом як устозан касби либосдӯзиро ба Гуландом ёд дод.

Якчанд духтарони деҳа барои ёд гирифтани касби зардӯзӣ ба ширкати зардӯзӣ омаданд

Дар кӯчаи мо Акрамако зиндагӣ мекунад. Он кас пойкори маҳаллаанд. Имрӯз Акрамако ҳамаро ба тӯй хабар мекунад:

– ... фалонӣ, рӯзи шанбе дар хонаи фалон кас тӯй мешавад, ба тӯй гузаред!

Шумо ба Собир гӯед, ки дар фалон ҷо китоб мефурӯшанд, вай ба он ҷо албатта меравад.

талаба	Schüler
пойкор	Herold, Ausrufer
маҳалла	Wohnviertel
хабар кардан	benachrichtigen

машқи 9 Übersetzen Sie ins Tadschikische.

сафар кардан	eine Reise machen

1. Welcher Bus fährt bis zum Hotel „Duschanbe“?
2. Welches Linientaxi fährt bis zur Universität?
3. Es wurde dunkel. Niemand war auf der Straße.
4. Manche Studenten fahren im Sommer nach Usbekistan.
5. Irgendwann mache ich eine große Reise.
6. Akram fragte irgend einen Mann: „Entschuldigung, mein Bruder, wie kann man zum Markt „Barakat“ fahren? “
7. „Ich weiß es nicht. Ich bin hier fremd. Fragen Sie jemanden anderen“, antwortete er.
8. Eine gewisse Familie hat vier Töchter. Die vier Töchter arbeiten in der Firma für Goldstickerei.
9. Ich habe mich verirrt.
10. Gehen Sie geradeaus bis zur Kreuzung, dann biegen Sie nach links ab.

Луғат

албатта	natürlich
арзидан [арз]	lohnen, sich; wert sein
бахшидан [бахш]	verzeihen
баъди	nach … *(zeitl.)*
бегона	fremd
гузаштан [гузар]	hinübergehen, durchgehen
гум	verloren
гум кардан	verlieren
дақиқа	Minute
дигар	anderer
дур	weit
зиёд	viel
инҷоӣ	hiesiger, Einheimischer
иқтисодӣ	wirtschaftlich; wirtschaftswissenschaftlich
ки	dass
латифа	Anekdote
маршрутка	Linientaxi
маҳалла	Wohnviertel
меҳмонхона	Hotel
мусофир	Reisender
омӯзгорӣ	pädagogisch
осорхона / музей	Museum
пиёда	zu Fuß
пойкор	Herold, Ausrufer
рост	rechts; gerade aus
роҳ	Weg
сафар кардан	reisen
сафар	Reise
талаба	Schüler
тиббӣ	medizinisch
торик	dunkel
торик шудан	dunkel werden
хабар кардан	benachrichtigen
хато кардан	irren, sich
ҳаминҷоӣ	hiesiger; Einheimischer
чап	links
чорроҳа	Kreuzung
чӣ хел?	wie?
ҷавоб	Antwort
ҷавоб додан (ба)	antworten (jdm)

Lektion 12

Grammatikthemen

- Das durative Präteritum
- Optativ § 26

Das durative Präteritum

Ман	дар Бухоро зиндагӣ	ме	кард	ам.
		на ме	кард	ам.
Ту	дар Бухоро зиндагӣ	ме	кард	ӣ.
		наме	кард	ӣ.
Ӯ	дар Бухоро зиндагӣ	ме	кард.	
		наме	кард.	
Мо	дар Бухоро зиндагӣ	ме	кард	ем.
		наме	кард	ем.
Шумо	дар Бухоро зиндагӣ	ме	кард	ед.
		наме	кард	ед.
Онҳо	дар Бухоро зиндагӣ	ме	кард	анд.
		наме	кард	анд.

машқи 1 Lesen Sie den folgenden Dialog.

Шумо дар куҷо зиндагӣ мекунед?

– Ман дар Берлин зиндагӣ мекунам.

Шумо пеш дар куҷо зиндагӣ мекардед?

– Пеш ман дар Душанбе зиндагӣ мекардам.

пеш	früher

Оё шумо дар Донишгоҳи Ҳумболд таҳсил мекунед?

– Не, ман пеш дар он ҷо таҳсил мекардам.

Ҳоло ман дар Донишгоҳи техникӣ таҳсил мекунам.

техникӣ technisch

Матн

-сола -jährig
оиладор verheiratet, Familie habend
завҷа Gattin
фарзанд Kind
колхоз Kolchose
шифохона Krankenhaus
дер spät
танҳо allein
гузарондан [гузарон] verbringen
бозӣ Spiel
бозӣ кардан spielen
кашидан [каш] ziehen
расм кашидан malen
лӯхтак Puppe
дӯст доштан mögen, gern haben, lieben
бибӣ Großmutter; Mütterchen (auch als Anrede)

Оилаи Саид

Номи ман Саид, насабам Акрамов. Ман 30 солаам. Оиладор ҳастам. Завҷаам 28 сола аст.
Ман аз Тоҷикистон ҳастам. Пеш дар Ҳисор зиндагӣ мекардам. Оиламон калон аст.
Мо дар оила шаш фарзанд ҳастем. Падарам дар колхоз кор мекард. Модарам дар шифохона кор мекард. Падару модарам ба хона дер меомаданд. Лекин мо танҳо набудем. Мо бобову бибӣ доштем, рӯзҳоро бо онҳо мегузарондем. Бобоям боғи калон доштанд. Мо дар боғ бозӣ мекардем. Ман расм кашиданро нағз медидам. Хоҳарони ман лӯхтакбозӣ карданро дӯст медоштанд.
Завҷаам ҳам аз Ҳисор аст. Аз соли 1990 то соли 1995 мо дар Ҳисор зиндагонӣ кардем. Аз соли 1996 оилаи ман дар Москав зиндагӣ мекунад.

Redemittel

Ин гап	дуруст	аст.	Das	stimmt.	нодуруст falsch
	нодуруст			stimmt nicht.	

машқи 2 Lesen Sie die folgenden Sätze und sagen Sie mit Bezug auf den obigen Text, ob die Aussage richtig ist oder nicht.

1. Саид Акрамов аз Душанбе аст.
2. Падари Саид дар мактаб кор мекард.
3. Модари Саид дар донишгоҳ кор мекард.
4. Саид бобову бибӣ надошт.
5. Падари Саид боғи калон дошт
6. Дар боғи падар онҳо бозӣ мекарданд.
7. Саид дар Тошканд зиндагонӣ мекунад.

машқи 3 Setzen Sie die Verben in der Form des durativen Präteritums ein.

1. Саид пеш дар Ҳисор … (зиндагӣ кардан)
2. Падари ӯ дар колхоз … (кор кардан)
3. Саид ва хоҳарони ӯ дар боғ … (бозӣ кардан)
4. Саид рӯзҳоро бо бобову бибӣ … (гузарондан)
5. Падару модари Саид ба хона … (дер омадан)
6. Саид расм кашиданро … (дӯст доштан)

машқи 4 Sprechen Sie nach dem folgenden Muster.

Намуна:

✓ Дар айёми бачагӣ шумо чиро дӯст медоштед ва чиро дӯст намедоштед?
– Дар айёми бачагӣ …ро дӯст (на)медоштам.

лӯхтакбозӣ кардан

бо бозичаҳо бозӣ кардан

бо бачагони гузар бозӣ кардан

телевизор тамошо кардан

бо велосипед сайр кардан

сафар кардан

китоб хондан

оббозӣ кардан

шир

шӯла

ба мактаб рафтан

айём	Tage, Zeit
бачагӣ	Kindheit
бозича	Spielzeug
гузар	Wohnviertel
телевизор	Fernsehen
велосипед/ дучарха	Fahrrad
дар ... сайр кардан	umherfahren; umherreisen
оббозӣ кардан	baden
шир	Milch
шӯла	Brei

барвақт хоб рафтан

футболбозӣ кардан

ба кино рафтан

шеър хондан

шеър хондан	Gedichte vortragen

машқи 5 Beantworten Sie die Fragen.

1. Шумо пеш дар кадом мактаб мехондед?
2. Оё шумо сафар карданро дӯст медоштед?
3. Оё шумо шӯларо дӯст медоштед?
4. Оё шумо ширро дӯст медоштед?
5. Оё шумо дар мактаб нағз мехондед?
6. Оё шумо дар айёми бачагӣ китоб хонданро дӯст медоштед?

машқи 6 Formulieren Sie Fragen zu den folgenden Antworten.

1. Саид пеш дар мактаби деҳа мехонд.
2. Модари ман пеш кор намекард.
3. Бале, ман бо бачагони гузар бисёр бозӣ мекардам.
4. Дар айёми бачагӣ телевизор тамошо карданро дӯст медоштам.
5. Не, ман шӯларо дӯст намедоштам.
6. Хоҳари ман лӯхтакбозиро дӯст медошт.

машқи 7 Sprechen Sie mit Ihrem Partner. Was haben Sie als Kind gern gemacht?

бо бозичаҳо бозӣ кардан

телевизор тамошо кардан

лӯхтакбозӣ кардан

расм кашидан

китоб хондан

хӯрок пухтан

Das durative Präteritum dient auch zur Bildung einer Höflichkeitsform.

машқи 8 Lesen und übersetzen Sie die folgenden Sätze.

1. Илтимос, тирезаро мепӯшидед.
2. Илтимос, сумкаамро аз мошин мефаровардед.
3. Муаллимаи азиз, дар бораи кори илмиатон ба мо нақл мекардед.
4. Хона гарм шуд. Илтимос, дарро мекушодед.
5. Ба ман қаламатонро медодед.
6. Илтимос, ба ман аз бозор мева мехаридед.
7. Илтимос, ба мо як шиша об меовардед.

Optativ

кошки …	wenn doch …

Mit der Konjunktion **кошки** bringt das durative Präteritum einen Wunsch des Sprechers zum Ausdruck. Vgl. S. 36, §26(4)

машқи 9 Lesen und übersetzen Sie.

Кошки падар меомад.	Wenn doch der Vater käme!
Кошки фарзандонам дар мактаб нағз мехонданд.	....
Кошки шумо ба ман ёрӣ мерасондед.	....
Кошки ман забони олмониро мефаҳмидам.	....
Кошки Саид мошин медошт.	....
Кошки ман саг медоштам.	....

ёрӣ ~ расондан [расон]	Hilfe helfen
мошин	Auto
саг	Hund

Redemittel

он	вақт	damals
як	вақт	einmal
ягон	вақт	irgendwann
ҳеҷ	вақт	niemals

се моҳ	пеш	vor	drei Monaten
се моҳ	баъд	in	drei Monaten

машқи 10 Übersetzen Sie.

1. Mein Vater arbeitete vor zehn Jahren in Usbekistan.
2. Die Schüler gingen damals zur Schule nicht.
3. Wenn der Vater heute nach Hause käme.
4. Wenn ich wüßte ...
5. Damals besuchte ich die Mittelschule. Mittelschule мактаби миёна
6. Meine Mutter arbeitete damals Tag und Nacht.
7. Würden Sie bitte die Tür zumachen?
8. Würden Sie uns bitte noch eine Flasche Wasser bringen?

Чистон

Як суфача, панҷ бибича. – Ин чист?	чистон суфача	Rätsel kleines Sitzpodest
дасту панҷа		eine Hand und fünf Finger

Зарбулмасал

Фарзанди нағз, боғи падар
Фарзанди бад, доғи падар.

доғ Schandfleck

wörtl.: Ein gutes Kind ist der Garten des Vaters,
ein schlechtes Kind ist der Schandfleck des Vaters.

Луғат

айём	Tage, Zeit
барвақт	früh, zeitig
бачагӣ	Kindheit
бибӣ	Großmutter; Mütterchen (auch als Anrede)
бозича	Spielzeug
бозӣ	Spiel
вақт	Zeit
велосипед / дучарха	Fahrrad
гузар	Viertel, Gasse
гузарондан [гузарон]	verbringen
дер	spät
доғ	Fleck, Schandfleck
ёрӣ / кӯмак	Hilfe
ёрӣ расондан / кӯмак кардан	helfen

завҷа	Gattin, Ehefrau
кашидан [каш]	ziehen
колхоз	Kolchose
лӯхтак	Puppe
лӯхтакбозӣ	Puppenspiel
бозӣ кардан	spielen
миёна	mittlerer; Mittel-
мошин	Auto
нодуруст	falsch
оббозӣ кардан	baden
оиладор	verheiratet, Familie habend
он вақт	damals
панҷа	fünf Finger einer Hand
пеш	vor; früher
расм	Zeichnung
расм кашидан	malen, zeichnen
расондан [расон]	hinbringen, zuführen
саг	Hund
сайр кардан	umhergehen, umherfahren; reisen
-сола	-jährig
суфа	Sitzpodest
танҳо	allein
телевизор	Fernsehen; Fernseher
техникӣ	technisch
фарзанд	Kind
хоб	Schlaf
хоб рафтан	schlafen gehen, zu Bett gehen
ҳеҷ вақт	nie(mals)
чистон	Rätsel
шеър хондан	Gedichte vortragen
шир	Milch
шифохона	Krankenhaus
шӯла	Brei
ягон	irgendein
ягон вақт	irgendwann
як вақт	einmal

Lektion 13

Grammatikthemen

- Pronomina mit den Bedeutungen „alle“, „jeder“, „kein“ § 27
- Das Wörtchen дигар § 28
- Die Uhrzeit § 57

Uhrzeit

Соат	чанд	аст? / шуд?	Wie spät ist es?

06:00	Соат шаш (-и пагоҳӣ).	пагоҳӣ	morgens
19:00	Соат ҳафт (-и бегоҳӣ).		
12:00	Соат дувоздаҳ.		
13:00	Соат як.		
10:30	Соат даҳу ним.		
15:30	Соат сею ним.		
09:15	Соат аз нӯҳ понздаҳ дақиқа гузашт. / Соат аз нӯҳ понздаҳта гузашт.	-та	Stück
11:10	Соат аз ёздаҳ даҳ дақиқа гузашт. / Соат аз ёздаҳ даҳта гузашт.		
19:45	Соат понздаҳ дақиқа кам ҳашт. / Соат понздаҳта кам ҳашт.	кам	wenig
21:50	Соат даҳ дақиқа кам даҳ. / Соат даҳта кам даҳ.		
00:00	Ними шаб аст.		

машқи 1 Sagen Sie, wie spät es ist.

<table>
<tr><td colspan="2">ношито / ноништа</td><td>Frühstück</td><td rowspan="3">хӯрок Essen
шом Abend</td></tr>
<tr><td rowspan="2">хӯроки</td><td>пешин</td><td>Mittagessen</td></tr>
<tr><td>шом</td><td>Abendessen</td></tr>
</table>

машқи 2 Lesen Sie.

Саид аз моҳи сентябр дар донишгоҳи Душанбе хонданро сар мекунад.

Ҷадвали рӯзи кории ӯ чунин аст:

сар кардан	anfangen, beginnen (tr)
ҷадвал	Zeitplan
корӣ	Arbeits-
чунин	folgendermaßen, derartig
истироҳат	Erholung

07:00	аз хоб хестан	**Рӯзҳои ҷумъа:** соати 16 (ба) оббозӣ рафтан
07:30	ношито кардан	
08:00	ба дарс рафтан	**Рӯзҳои чоршанбе:** соати 14.30 ба дарси компютер рафтан
13:30	хӯроки пешин хӯрдан	**Ҳар ҳафта:** ба интернет-кафе рафтан
14:00–15:30	истироҳат кардан	
16:00–18:00	дар китобхона кор кардан	
19:00	хӯроки шом хӯрдан	
23:00	хоб рафтан	

машқи 3 Antworten Sie.

1. Саид ҳар рӯз соати чанд аз хоб мехезад?
2. Саид кай ношито мекунад?
3. Саид кай хӯроки пешинро мехӯрад?
4. Саид кай хӯроки шомро мехӯрад?
5. Саид ҳар ҳафта рӯзҳои ҷумъа ба куҷо меравад?

машқи 4 Fragen Sie Ihren Partner.

1. Шумо имрӯз соати чанд аз хоб хестед?
2. Шумо соати чанд ба донишгоҳ омадед?
3. Шумо то соати чанд дарс доред?
4. Шумо кай ношито мекунед?

5. Шумо соати чанд ба хона меоед?
6. Чанд дақиқа роҳ аст?
7. Шумо кай хӯроки пешинро мехӯред?
8. Шумо кай хоб меравед?

Redemittel:

<table>
<tr><td rowspan="2">ҳама</td><td colspan="2">вақт</td><td>immer</td></tr>
<tr><td colspan="2">ҷо</td><td>überall</td></tr>
<tr><td rowspan="4">ҳеҷ</td><td>вақт</td><td rowspan="4">… на-</td><td>niemals</td></tr>
<tr><td>кас</td><td>niemand</td></tr>
<tr><td>чиз</td><td>nichts</td></tr>
<tr><td>ҷо</td><td>nirgends</td></tr>
<tr><td rowspan="5">ҳар</td><td colspan="2">вақт</td><td>jedes Mal, immer</td></tr>
<tr><td colspan="2">кас</td><td>jeder</td></tr>
<tr><td colspan="2">чиз</td><td>alles</td></tr>
<tr><td colspan="2">ҷо</td><td>überall</td></tr>
<tr><td colspan="2">хел / гуна</td><td>jederart</td></tr>
</table>

машқи 5 Lesen Sie.

ҳама / ҳамаи
Ҳамаи бачагони гузари мо оббозӣ мераванд.
Далерро дар ҳама ҷо мешиносанд.
Саид ҳама вақт соати ҳашт мехезад.

ҳар		
Амин ҳар рӯз бо велосипед сайр мекунад.		
Ту ин гапро ба ҳар кас нагӯ - гуфт модар.		
Ҳар як калимаро хонед - гуфт омӯзгор.	калима	Wort
Дар бозори мо ҳар хел мева ҳаст.	мева	Obst

ҳеҷ
Ман ба ҳеҷ кас ин гапро нагуфтам.
Ӯ ҳеҷ гоҳ ба дарс дер намеояд.
Соат даҳ шуд. Имрӯз ту ба ҳеҷ куҷо намеравӣ.
Вай дар ҳеҷ ҷо кор намекунад.

тамоми		
Ин ширкат дар тамоми дунё машҳур аст.	тамом	ganz
Далер тамоми рӯз дар донишгоҳ буд.	дунё машҳур	Welt berühmt
Ман тамоми ҳафта дар қишлоқ будам.		

машқи 6 Setzen Sie passende Indefinitpronomen ein.

1. Дар бозори Душанбе … хел мева ҳаст.
2. Имрӯз … кас ба дарс наомад.
3. Падари Саид … ҷо кор намекунад.
4. … талабагон ба дарс омаданд.
5. … ҳафта дарси забони тоҷикӣ дорем.
6. … вақт Собир дар китобхона аст.

7. Ин шоири тоҷик дар … дунё машҳур аст.
8. Бобои ман … рӯз дар боғ кор мекарданд.
9. Вай дар … ҷо кор намекард.
10. Ман … касро дар ин ҷо намешиносам.
11. Ман … гоҳ ба дарс дер намеомадам.
12. … духтарони мо лӯхтак бозӣ мекарданд.

машқи 7 Übersetzen Sie die Sätze ins Tadschikische.

1. Alle Studenten sind heute zum Unterricht gekommen.
2. Mein Freund arbeitete immer in dieser Firma.
3. Lest jeden Satz vor!
4. Sie kam nie spät zum Unterricht.
5. Diese Firma ist auf der ganzen Welt bekannt.
6. Auf dem Basar von Duschanbe gibt es jede Art Obst.
7. Ich kenne niemanden hier.
8. Rustams Vater arbeitete nirgends.

Redemittel:

<table>
<tr><td>рӯзи</td><td rowspan="4">дигар</td><td rowspan="3"></td><td>am nächsten Tag</td></tr>
<tr><td>бори</td><td>das nächste Mal</td></tr>
<tr><td>ба таври</td><td>auf andere Art</td></tr>
<tr><td></td><td>хел</td><td>anders, andersartig</td></tr>
</table>

машқи 8 Übersetzen Sie:

коргари дигар
ҳафтаи дигар
рӯзи дигар
чойхонаи дигар

тарафи дигари кӯча
бародари дигари ӯ
омӯзгори дигари ин донишгоҳ
кӯчаи дигари гузари мо

Гуфтугӯ

Achten Sie auf die Bedeutung des Wortes дигар in den folgenden Dialogen.

✓ Пул дорӣ?
– Дорам.
Чанд пул дорӣ?
– Даҳ сомонӣ дорам.
Дигар пул надорӣ?
– Не, дигар пул надорам.

✓ Себи сурх доред?
– Себи сурх надорам. Себи дигар хел дорам.
– Не, ба ман себи дигар хел даркор нест. Ба ман себи сурх даркор аст.
– Себи сурхро рӯзи дигар меоварам, имрӯз дигар нест.
– Майлаш, рӯзи дигар меоям.

✓ Чаро имрӯз ба мактаб дер омадӣ?
– Бубахшед маро, муаллим, ман дигар ба мактаб дер намеоям.

машқи 9 Übersetzen Sie.

1. Ҳаво дар ин ҷо ҳар рӯз дигар мешавад. — ҳаво: Wetter
2. Фарзандони ин оила ба ҳамдигар ёрӣ мерасонанд. — ҳамдигар: einander; ёрӣ: Hilfe
3. Бародари ман ва Саид бо ҳамдигар ошно буданд. — ошно: bekannt; ошно будан: befreundet sein
4. Зарина ва Нигора ба якдигар хеш буданд. — якдигар: einander; хеш будан: verwandt sein
5. Онҳо дугониканд. Аз якдигар фарқ надоранд.
6. Собир ба дарс дигар намеояд. Вай дар бозор кор мекунад. — дугоник: Zwilling; фарқ: Unterschied

Луғат

бор	Mal
дар тамоми дунё	in der ganzen Welt
дигар	anderer, nächster; noch (ein), weiterer
дугоник	Zwillinge
дунё	Welt
ёрӣ	Hilfe
ёрӣ расондан (ба)	helfen (jdm)
истироҳат	Erholung

истироҳат кардан	erholen, sich
калима	Wort
кам	wenig
корӣ	Arbeits-
машҳур	berühmt
мева	Obst
ношито / ноништа	Frühstück
ошно	bekannt; Bekannter
ошно будан	befreundet sein
пагоҳӣ	morgens
рӯзи корӣ	Arbeitstag
сар кардан	anfangen, beginnen (tr)
тамом	ganz
-та, -то	Stück
тавр	Art, Weise
фарқ	Unterschied
фарқ доштан	sich unterscheiden
хеш	verwandt; Verwandter; eigener
хӯрок	Essen
хӯроки шом	Abendessen
хӯроки пешин	Mittagessen
ҳаво	Luft; Wetter
ҳама	alle; ganz
ҳама вақт	immer
ҳама ҷо	überall
ҳамдигар	einander
ҳар	jeder
ҳар гуна	jederart
ҳар кас	jede Person, jeder
ҳар хел	jederart
ҳар чиз	alles
ҳар ҷо	überall
ҳеҷ	gar (kein)
ҳеҷ кас (на-)	niemand, keiner
ҳеҷ вақт (на-)	nie
ҳеҷ чиз (на-)	nichts
ҳеҷ ҷо (на-)	nirgends
чунин	folgendermaßen
ҷадвал	Zeitplan
шом	Abend
якдигар	einander

Lektion 14

Grammatikthemen

- Weitere Bedeutungen der enklitischen Personalpronomen § 33
- Das Pronomen худ § 34

машқи 1 Lesen und übersetzen Sie zur Wiederholung.

модарам	бобоям
модарат	бобоят
модараш	бобояш
модарамон	бобоямон
модаратон	бобоятон
модарашон	бобояшон

машқи 2 Beachten Sie die unterschiedliche Bedeutung der enklitischen Personalpronomen in den folgenden Sätzen.

Хонаамон калон аст.	Unser Haus ist groß.
Падару модараш ба хона дер меомаданд.	Seine Eltern kamen immer spät nach Hause.
Бобоям боғи калон доштанд.	Mein Großvater hatte einen großen Garten.
Бародарашон ду писар дорад. Калониашон дар мактаб кор мекунад.	Sein Bruder hat zwei Söhne. Der ältere von ihnen arbeitet an der Schule.
Дӯстамон се духтар дорад. Якеаш дар Русия зиндагонӣ мекунад.	Unser Freund hat drei Töchter. Eine von ihnen lebt in Russland.

Merken Sie sich:

-аш	davon	-ашон	von ihnen

Матн

калонӣ groß (*dem Alter nach*), ältester
хурдӣ klein (*dem Alter nach*), jüngster
нафақахӯр Rentner
набера Enkel
муҷаррад ledig

Номи ман Акрам, насабам Муродов аст. Ман аз Хуҷанд ҳастам. Завҷаву ду писар дорам. Писари калониям дар мактаб кор мекунад. Писари хурдиям дар як ширкат кор мекунад. Ману завҷаам нафақахӯр ҳастем. Писари калониям се фарзанд дорад, яъне ман се набера дорам. Ҳамаи набераҳоям калон ҳастанд. Онҳо дар донишгоҳ мехонанд. Писари хурдиям муҷаррад аст.

машқи 3 Antworten Sie.

1. Писари калониаш дар куҷо кор мекунад?
2. Оё писари калониаш оиладор аст?
3. Писари хурдиаш дар куҷо кор мекунад?
4. Оё писари хурдиаш муҷаррад аст?
5. Набераҳояшон чӣ кор мекунанд?
6. Оё завҷааш нафақахӯр аст?

Гуфтугӯ

қадбаланд groß, von hohem Wuchs
миёнақад mittelgroß
мӯй Haar(e)
сиёҳ schwarz
зард gelb; blond, hell
кабуд blau, grün
шабоҳат / монандӣ Ähnlichkeit
шабоҳат доштан (ба) ähneln (jdm)

Икром: Салом, Акрам.
Акрам: Салом, дӯстам.
Икром: Ана, вай марди ҷавон набераат-мӣ?
Акрам: Кадом ҷавонро мепурсӣ?
Икром: Ана, вай ҷавони қадбаландро.
Акрам: Чашмонаш калону сиёҳ?
Икром: Бале, ҳамон.
Акрам: Не, вай писари Аҳмад аст. Набераам миёнақад, мӯйҳояш зард ва чашмонаш кабуд аст.
Икром: Ба модараш шабоҳат дорад?
Акрам: Бале, ба модараш шабоҳат дорад.

машқи 4 Antworten Sie.

1. Оё набераи Акрам қадбаланд аст?
2. Оё чашмонаш калону сиёҳанд?
3. Набераaш ба кӣ шабоҳат дорад?

Ҳамсоятонро тасвир кунед!

ҳамсоя	Nachbar
тасвир кардан	beschreiben

1. Ҳамсоятон чӣ хел мӯй дорад?
2. Оё ҳамсоятон қадбаланд аст?
3. Чашмони ҳамсоятон чӣ хеланд?
4. Ҳамсоятон ба кӣ шабоҳат дорад?

машқи 5 Ergänzen Sie die Sätze.

Рустам: Он кас кист?
Далер: Он кас мухбири рӯзномаи «Садои мардум».
Рустам: Ном…ро медонӣ?
Далер: Светлана Калонова. Модар… рус, падар… тоҷик аст.
Рустам: Зани хушрӯй, қомат… зебост. Муҷаррад аст?
Далер: Не, шавҳар дорад. Шавҳар… ҳам мухбир аст.
Рустам: Афсӯс.

мухбир	Journalist
хушрӯй	schön
қомат	Gestalt
афсӯс	schade

машқи 6 Antworten Sie.

1. Оё Светлана Калонова кор мекунад?
2. Касбаш чист?
3. Шавҳараш чӣ кор мекунад?

машқи 7 Ergänzen Sie die folgenden Sätze.

1. Хоҳарам ҳама вақт лӯхтак бозӣ мекард. Лӯхтак… кӯҳна буд.
2. Ман бо велосипед сайр мекардам. Велосипед… кӯҳна буд.
3. Мо телевизор тамошо намекардем. Телевизор… вайрон буд. вайрон kaputt
4. Саид ҳар рӯз ба дарси забони олмонӣ мерафт. Дарс… соати нӯҳ сар мешуд.

5. Ту дар кучо кор мекунӣ? – Дар як ширкат. Ширкат… чӣ ном дорад?
6. Падари Далер дар деҳа боғ дошт. Дар боғ… себу анор, ангуру нок буд.
7. Ҳамсоя… се духтар дорад. Хурдӣ… як моҳ пеш таваллуд шуд.
8. Дӯсти падар… ду писар дорад. Калонӣ… мухбир аст.

машқи 8 Sprechen Sie mit Ihrem Partner nach dem vorgegebenen Muster.

✓ Либосро барои кӣ овардед? (духтар, ман) ➔ Барои духтарам.

Велосипедро барои кӣ овардед? (писар, шумо)
Компютерро барои кӣ овардед? (шавҳар, ту)
Гулро барои кӣ овардӣ? (модар, мо)

✓ Ба мо компютер даркор аст. (ширкат, мо) ➔ Барои чӣ? – Барои ширкатамон.

Ба мо китобу дафтар лозим аст. (мактаб, онҳо)
Ба Саид расми шаҳри Душанбе даркор аст. (дарс, вай)
Ба онҳо ягон каси ҳамсинчой даркор аст. (сӯҳбат, онҳо)

сӯҳбат Gespräch

машқи 9 Lesen Sie die Sätze. Achten Sie auf die Verwendung des Personalpronomens худ.

1. Шумо китобро барои мо харидед? Не, ман китобро барои худам харидам.
2. Писари ман дусола аст. Вай худаш хӯрок мехӯрад.
3. Талаба аз худ розӣ нест. Вай бисёр машқ мекунад.
4. Шумо худатон филмро дидед? Афсӯс, худам филмро надидам.
5. Меҳмонони рус ба театр мераванд. Худи шумо ҳам ба театр меравед?
6. Онҳо худашон кор мекунанд ва ба меҳнати худ зиндагӣ мекунанд.

машқ	Übung
машқ кардан	üben

машқи 10 Üben Sie zu zweit nach dem vorgegebenen Muster.

Намуна:

✓ Ба Наргис куртаи сафед даркор аст. (бозор)
– Вай барои худаш як куртаи сафед аз бозор мехарад.

сафед	weiß

Ба Акрам компютер даркор аст. (мағоза)
Ба падарам рӯзнома даркор аст. (киоск)
Ба додарам велосипед даркор аст. (бозор)

✓ Ин куртаи сурхро барои худатон мехаред? (meine Schwester)
– Барои худам не, барои хоҳарам мехарам.

сурх	rot

тӯппии зардӯзӣ (unsere Tochter)
китоб (sein Bruder)
рӯзнома (mein Vater)
компютер (unser Nachbar)
велосипед (mein Sohn)

машқи 11 Lesen Sie.

Ману рафиқам Саид ба бозор рафтем.

Саид барои худаш дар бозор курта интихоб кард.

Лекин пулаш набуд. Саид ҳамёни худро дар хона фаромӯш кард.

Ман аз ҳамёни худам ба Саид пул додам.

Ба хонаи Саид омадем. Саид ҳамёни худро ёфт.

Вай аз ҳамёни худ ба ман пулро дод.

интихоб кардан	auswählen
ҳамён	Geldtasche

машқи 12 Antworten Sie.

1. Саид барои худаш дар бозор чиро интихоб кард?
2. Саид дар хона чиро фаромӯш кард?
3. Оё Саид ҳамёни худро ёфт?

ёфтан [ёб] finden

машқи 13 Übersetzen Sie.

1. Um acht Uhr frühstückt Karim mit seiner Frau.
2. Karim hat seine Geldtasche zu Hause vergessen.
3. Gestern hat meine Schwester für sich einen Computer gekauft.
4. Für wen sind diese Blumen? Für unseren Gast.
5. Ihr Onkel hat zwei Söhne. Der ältere von ihnen arbeitet an der Universität.
6. Unser Freund hat drei Töchter. Eine von ihnen lebt in Duschanbe.

Чистон

Тагаш сангу санг нест,
Рӯяш сангу санг нест,
Чор по дорад, гов нест.
Морсар асту мор нест.

таг	Unten, Unterseite
санг	Stein
рӯ(й)	Gesicht, Oberseite
мор	Schlange
ҷавоб:	*Antwort:*
сангпушт	Schildkröte

Латифа

дутор *Saiteninstrument mit zwei Seiten*
тор Saite

ҷӯра Kumpel

Ҳасан ба Шариф гуфт:
– Падарам ба ман дутор хариданд.
– Ҷӯраҷон, яктоашро ба ман деҳ, – гуфт дар ҷавоб Шариф.

Луғат

афсӯс	schade, leider
вайрон	kaputt
дутор	Dutor (*Saiteninstrument*)
ёфтан [ёб]	finden
зард	gelb; hell (Haar)
интихоб	Wahl
интихоб кардан	wählen
кабуд	blau, grün
калонӣ	ältester; größter (*nach dem Alter*)
қадбаланд	groß, von hohem Wuchs
қомат	Gestalt
машқ	Übung
машқ кардан	üben
миёнақад	mittelgroß
мор	Schlange
мухбир	Journalist
муҷаррад	ledig
мӯй	Haar
набера	Enkel(in)
нафақахӯр / нафақагир	Rentner
рӯ(й)	Gesicht; Vorderseite
санг	Stein
сангпушт	Schildkröte
сафед	weiß
сиёҳ	schwarz
сурх	rot
сӯҳбат	Gespräch
таг	Unterseite
тасвир кардан	beschreiben
тор	Saite
хурдӣ	jüngster; kleinster (*nach dem Alter*)
хушрӯй	schön
ҳамён	Geldtasche, Portemonnaie
ҳамсоя	Nachbar
шабоҳат	Ähnlichkeit
шабоҳат доштан (ба)	ähneln (jmd)
ҷӯра	Kumpel

Lektion 15

Grammatikthemen

- Nebensätze mit der Konjunktion ки § 35

машқи 1 Achten Sie auf Position der Konjunktion **ки** in den folgenden Sätzen.

Азиз шунид, ки касе дарро тақ-так кард.	Aziz hat gehört, dass jemand an die Tür geklopft hat.	тақ-тақ кардан	klopfen
Акрамбобо мегӯяд, ки набераааш ба модараш шабоҳат дорад.	Großvater Akram erzählte, dass seine Enkelin ihrer Mutter sehr ähnlich ist.		
Рустам афсӯс хӯрд, ки Светлана Калонова шавҳар дорад.	Rustam bedauerte, dass Swetlana Kalonowa verheiratet ist.	афсӯс хӯрдан	bedauern
Анвар нақл кард, ки дар шаҳраки Ҳисор ёдгориҳои таърихӣ мавҷуданд.	Anwar erzählte, dass es in der kleinen Stadt Hisor historische Denkmäler gibt.	мавҷуданд	es gibt
Рустам бовар дорад, ки дӯсташ ба ӯ ёрӣ мерасонад.	Er glaubt, dass sein Freund ihm hilft.	бовар доштан	glauben

Redemittel

ман	фикр	мекунам,	ки …	ich denke, dass …
	бовар	дорам,		ich glaube, dass …
	шубҳа	надорам,		ich habe keinen Zweifel, dass …

машқи 2 Bilden Sie Nebensätze mit **ки** nach dem vorgegebenen Muster und finden Sie eigene Ergänzungen.

Намуна:

✓ Вай шунид, … Пагоҳ меҳмонон аз Ӯзбекистон ба Ҳисор меоянд.

➔ Вай шунид, ки пагоҳ меҳмонон аз Ӯзбекистон ба Ҳисор меоянд.

Вай шунид, …		
1. Дар Тоҷикистон банан мерӯяд.	рӯидан [рӯ]	wachsen
2. Нархи орд баланд мешавад.		
3. Касе ба хона даромад ва телефон кард.	даромадан [даро] телефон кардан	hereinkommen anrufen
4. Имшаб дар театри Лоҳутӣ консерти калон мешавад.	консерт	Konzert

✓ Ман фикр мекунам, … Адабиёти тоҷик таърихи ҳазорсола дорад.

➔ Ман фикр мекунам, ки адабиёти тоҷик таърихи ҳазорсола дорад.

Ман фикр мекунам, …		
1. Донишҷӯёни Донишгоҳи славянӣ дар оянда мутахассисони хуб мешаванд.		
2. Ояндаи кишварамон дурахшон мегардад.	дурахшон	glänzend, strahlend
3. Пагоҳ барвақт бедор намешавам. Ман хеле монда ҳастам.	бедор бедор шудан	wach aufwachen
4. Душанбе яке аз пойтахтҳои ҷавон дар ҷаҳон мебошад.		

Намуна:

✓ Бовар дорем, ... Забони хориҷиро бе қоидаи грамматикӣ омӯхтан душвор аст.
➔ Бовар дорем, ки забони хориҷиро бе қоидаи грамматикӣ омӯхтан душвор аст.

Бовар дорем, ...		
1. Онҳо барқияро дар вақташ мегиранд.	барқия	Telegramm
2. Мо дар фурудгоҳ чипта ба Москав мехарем.	фурудгоҳ чипта	Flughafen Ticket
3. Фарзандонамон дар оянда беҳтар зиндагӣ мекунанд.		
4. Ҳамаи падару модарон ба маҷлиси мактаб меоянд.	маҷлис	Versammlung

Redemittel

мавҷуд аст мавҷуданд	es gibt

машқи 3 Antworten Sie nach dem vorgegebenen Muster auf die Frage: Дар шаҳри Душанбе чӣ гуна донишгоҳҳо мавҷуданд?

Намуна:

✓ Раҳмон – Донишгоҳи миллии Тоҷикистон – хиёбони Рӯдакӣ

➔ Раҳмон дар Донишгоҳи миллии Тоҷикистон таҳсил мекунад. Ӯ мегӯяд, ки Донишгоҳи миллии Тоҷикистон дар хиёбони Рӯдакӣ ҷойгир аст.

Баҳром – Донишгоҳи омӯзгорӣ – хиёбони Рӯдакӣ

миллӣ	national
хиёбон	Prospekt
ҷойгир будан	liegen

Саодат – Донишгоҳи тиббӣ – хиёбони Рӯдакӣ

Хуршед – Донишгоҳи техникӣ – хиёбони академикҳо Раҷабовҳо

Лола – Донишгоҳи забонҳои хориҷӣ – микрорайони 102

Ҳайдар – Донишгоҳи славянӣ – кӯчаи Мирзо Турсунзода

академик	Akademiemitglied
хориҷӣ	ausländisch, Fremd-
микрорайон	Wohnkomplex

Гуфтугӯ

дар бораи über
сухан Wort, Rede
таъсис Gründung
таъсис шудан gegründet werden
мутахассис Experte, Spezialist
доро habend
факулта Fakultät
тайёр fertig
тайёр кардан vorbereiten, ausbilden
таърих Geschichte
муносибат Beziehung
байналмилалӣ international
соҳибтаҷриба erfahren
ҳуқуқшиносӣ Rechtswissenschaft

Донишгоҳи славянӣ

Мухбир: Ҳайдар, мо медонем, ки шумо дар Донишгоҳи славянӣ таҳсил мекунед. Дар бораи Донишгоҳи славянии Русия ва Тоҷикистон чанд сухан мегуфтед.

Ҳайдар: Донишгоҳи славянӣ 6-уми апрели соли 1996 таъсис шуд. Имрӯз донишгоҳ дорои чор факулта мебошад. Факултаи якум филология ном дорад. Ин факулта мутахассисони забонҳои хориҷӣ тайёр мекунад. Факултаи дуюми мо таърих ва муносибати байналмилалӣ ном дорад. Факултаи сеюм иқтисодӣ ва факултаи чорум ҳуқуқшиносӣ аст. Омӯзгорони соҳибтаҷриба дар ин донишгоҳ кор мекунанд.

Мухбир: Шумо худатон дар кадом факулта таҳсил мекунед?

Ҳайдар: Дар факултаи таърих ва муносибати байналмилалӣ.

машқи 4 Beantworten Sie die Frage nach dem vorgegebenen Muster.

Аз сухани Ҳайдар шумо дар бораи Донишгоҳи славянӣ чиро фаҳмидед?

Намуна:

✓ Аз сухани Ҳайдар фаҳмидам, ки Донишгоҳи славянӣ ҷавон аст.
Аз сухани Ҳайдар фаҳмидам, ки …

машқи 5 Erzählen Sie über die Nationale Universität von Tadschikistan. Verwenden Sie dazu die folgenden Angaben.

Раҳмон дар Донишгоҳи миллии Тоҷикистон таҳсил менамояд.

Раҳмон мегӯяд, ки **...**

- таъсис гардидан 21.03.1947
- таҳсил дар донишгоҳ сар шудан 01.09.1948
- пеш дорои 3 факулта будан
- ҳоло дорои 14 факулта будан
- омӯзгорони соҳибтаҷриба кор кардан
- мутахассисони хуб тайёр кардан

машқи 6 Beantworten Sie die Frage nach dem vorgegebenen Muster.

Ҷавонон чӣ фикр мекунанд?

Намуна:

✓ Лола: Донистани забонҳои хориҷӣ имрӯз муҳим аст.

➔ Лола фикр мекунад, ки донистани забонҳои хориҷӣ имрӯз муҳим аст.

Ҳайдар: Донишгоҳи славянӣ мутахассисони хуб тайёр мекунад.

Баҳром: Барои таҳсил кардан дар Донишгоҳи славянӣ забони русиро хуб донистан даркор аст.

Саодат: Донишгоҳи славяниро давлати Русия таъсис кард.

Хуршед: Ин донишгоҳро ҳар ду давлат, Тоҷикистон ва Русия, таъсис карданд.

Раҳмон: Бе дониши таърихи худ оянда нест.

фикр	Gedanke, Idee
фикр	кардан denken
муҳим	wichtig
оянда	Zukunft

машқи 7 Sagen Sie, was Sie glauben, denken oder woran Sie keinen Zweifel haben.

Тоҷикистон ояндаи бузург дорад.

Дар Тоҷикистон мутахассисони хуб бисёранд.

Донистани забонҳои хориҷӣ муҳим аст.

…

бузург	groß
бисёр	viel

машқи 8 Lesen und übersetzen Sie die folgenden Sätze.

1. Зани Қурбонов дид, ки шавҳараш бо кадом як зан меояд.
2. Ман шубҳа надорам, ки Мирзо чор фарзанд дорад.
3. Аҳмад бовар дорад, ки фарзандонаш оядаи бузург доранд.
4. Падарам хабар надошт, ки ман дар ширкати зардӯзӣ дигар кор намекунам.
5. Мегӯянд, ки донистани забони англисӣ хеле муҳим аст.
6. Шунидам, ки дар Ӯзбекистон пахта арзон аст.

шавҳар	Ehemann

Луғат

академик	Akademiemitglied
афсӯс	leider
афсӯс хӯрдан	bedauern
байналмилалӣ	international
бедор	wach
бедор шудан	aufwachen
билет	Ticket
бовар доштан	glauben
бузург	groß
дар бораи	über
даромадан [даро]	hereinkommen
дорои	habend
дорои ... будан	haben, verfügen (über etw)
дурахшон	glänzend, strahlend
консерт	Konzert
мавҷуд	vorhanden, existent

мавҷуд будан	vorhanden sein, existieren
маҷлис	Versammlung
микрорайон	Wohnkomplex
миллӣ	national
муносибат	Beziehung
мутахассис	Experte, Spezialist
муҳим	wichtig
оянда	Zukunft
рӯидан [рӯ]	wachsen
славянӣ	slawisch
соҳибтаҷриба	erfahren
сухан	Rede, Worte
тайёр	fertig
тайёр кардан	vorbereiten, ausbilden
таърих	Geschichte
таъсис	Gründung
таъсис шудан	gegründet werden
тақ-тақ кардан	klopfen
телеграмма	Telegramm
телефон кардан (ба)	anrufen (jdn)
факулта	Fakultät
фикр	Gedanke, Idee
фикр кардан	denken
фурудгоҳ	Flughafen
хиёбон	Prospekt
хориҷӣ	ausländisch, fremd
ҳуқуқшиносӣ	Rechtswissenschaft
чипта	Ticket
шавҳар	Ehemann
шубҳа	Zweifel
шубҳа доштан	zweifeln, Zweifel haben
ҷойгир	gelegen
ҷойгир будан	gelegen sein, liegen

Lektion 16

Grammatikthemen

- Aorist § 37

Aorist

	навиштан	будан	доштан
ман	**нависам**	**бошам**	**дошта бошам**
ту	**нависӣ**	**бошӣ**	**дошта бошӣ**
вай	**нависад**	**бошад**	**дошта бошад**
мо	**нависем**	**бошем**	**дошта бошем**
шумо	**нависед**	**бошед**	**дошта бошед**
онҳо	**нависанд**	**бошанд**	**дошта бошанд**

машқи 1 Setzen Sie das Verb доштан in der Form des Aorist ein.

Намуна:

✓ Донишгоҳи миллӣ факултаи иқтисодӣ ..., ман дар он ҷо мехонам.
➔ Донишгоҳи миллӣ факултаи иқтисодӣ дошта бошад, ман дар он ҷо мехонам.

Wenn die Nationale Universität eine wirtschaftswissenschaftliche Fakultät hat, werde ich dort studieren.

1. Ту китоби Айниро ...., ман ба китобхона имрӯз намеравам.
2. Шумо сабзию биринҷ ...., имрӯз палав мепазем.
3. Себ ...., ба ман ду кило баркашед.
4. Шумо пул ...., харид кунед.
5. Акрам мошин ...., бо мошинаш ба деҳа меравем.
6. Шумо фикри хуб ...., гап занед.

Redemittel

Хезед, … Биёед, …	Kommt, lasst uns …
Бошад!	Gut!; Okay!; So soll es sein!

машқи 2 Bilden Sie höfliche Aufforderungen nach dem vorgegebenen Muster.

Намуна:

✓ Хезед, …! (кор кардан) ➔ Хезед, кор кунем!
Kommt, lasst uns weiterarbeiten!

1. Хезед, …… ! (хӯрок пухтан)
2. Хезед, хонаро …… ! (рӯбучин кардан)
3. Хезед, ба хона …… ! (рафтан)
4. Хез, …… ! (хӯрок хӯрдан)
5. Хез, дар боғ …… ! (кор кардан)
6. Хез, бо велосипед …… ! (сайр кардан)

✓ Биё, …… ! (харид кардан) ➔ Биё, харид кунем.
Komm, lass uns einkaufen gehen.

1. Биёед, ба чойхона …… ! (рафтан)
2. Биёед, палав …… ! (пухтан)
3. Биёед, телевизор …… ! (тамошо кардан)
4. Биё, харбуза …… ! (харидан)
5. Биё, …… ! (ношито кардан)
6. Биё, ба хонаи Зебо …… ! (рафтан)

машқи 3 Üben Sie den Aorist in Fragesätzen, die deutschen Fragesätzen mit „sollen“ entsprechen.

Намуна:

✓ Сабзиро ……? (реза кардан, *1. P. Sg.*)

➔ Сабзиро реза кунам?

Soll ich die Möhren schneiden?

1. Дӯсти ман ҳам ……? (омадан, *3. P. Sg.*)
2. Дигар ……? (чой кашидан, *1. P. Sg.*)
3. Чӣ ……? (кор кардан, *1. P. Pl.*)
4. Ба вай ҳам курта ……? (харидан, *1. P. Pl.*)
5. Ба ту афсона ……? (хондан, *1. P. Sg.*)
6. Палав ба шумо ……? (пухтан, *1. P. Sg.*)

чой кашидан	Tee eingießen

машқи 4 Achten Sie auf die Bedeutung des Aorists von будан „was … anbelangt“, „aber“ in den folgenden Sätzen.

Комил ду бародар дорад. Калониаш дар мактаб кор мекунад. Хурдиаш бошад, дар ҳеҷ ҷо кор намекунад.

Komil hat zwei Brüder. Der ältere Bruder arbeitet in einer Schule. Was den Jüngsten anbelangt, der arbeitet nirgends.

Übersetzen Sie:

1. Вай ду духтар дорад. Калониаш дар донишгоҳ мехонад. Хурдиаш бошад, дар мактаб мехонад.
2. Мо дар вақташ ба кор рафтем, онҳо бошанд, дер омаданд.
3. Мо дар вақташ мактуб навиштем, онҳо бошанд, ҷавоб надоданд.
4. Ҳама ба кино рафтанд, ӯ бошад дар хона монд.

дар вақташ	rechtzeitig

5. Аҳмад се рафиқ дорад. Ду рафиқаш дар Русияанд. Сеюмаш бошад, дар Амрикост

6. Дар донишгоҳи мо ду омӯзгори хориҷӣ кор мекунанд. Якумаш аз Франсия. Дуюмаш бошад аз Олмон аст.

Redemittel

бояд + Aorist	müssen, sollen (im Präsens)
бояд + Dur. Präteritum	*Vergangenheit von müssen und sollen*
шояд + Aorist	es kann sein, vielleicht, wahrscheinlich
мумкин + Aorist	es kann sein, vielleicht, wahrscheinlich

машқи 5 Setzen Sie die Prädikate in die richtige Form:

Намуна:

✓ Ман бояд ……. (ба хона рафтан) ➔ Ман бояд ба хона равам.
Ich muss nach Hause gehen.

Ман бояд ба хона мерафтам.
Ich musste nach Hause gehen.

1. Ту бояд ба дигарон ……. (ёрӣ расондан)
2. Парвиз бояд шир ……. (хӯрдан)
3. Мард бояд дар кори хона ба занаш …….(ёрӣ расондан)
4. Ман бояд ин филмро ……. (дидан)
5. Мо бояд имрӯз ба дарс барвақт ……. (рафтан)
6. Саид бояд дар бозор ……. (кор кардан)

машқи 6 Verneinen Sie die Sätze aus der vorherigen Übung nach dem vorgegebenen Muster.

Намуна:

✓ Ман бояд ба хона равам. ➔ Ӯ мегӯяд, ки ман набояд ба хона равам.
Er sagt, dass ich nicht nach Hause gehen soll.

машқи 7 Bilden Sie Sätze mit шояд oder мумкин.

Намуна:

✓ Шояд онҳоро дар бозор … (дидан, 1. P. Pl.)

➔ Шояд онҳоро дар бозор бинем.
Мумкин онҳоро дар бозор бинем.
Vielleicht sehen wir sie auf dem Basar.

Ҳайдар имрӯз ба дарс наомад. Вай шояд касал …

Аҳмад имрӯз оҳиста кор мекунад.
Вай шояд монда … (будан)

Алекс кай ба Душанбе меравад?
– Шояд дар тобистон … (рафтан)

Оё Гуландом шавҳар дорад?
– Ман намедонам. Шояд Лола ... (донистан)

Рустам дар куҷост?
– Намедонам. Шояд вай дар чойхона … (будан).

оҳиста	langsam

машқи 8 Ergänzen Sie die folgenden Sätze.

Соат нӯҳ шуд. Дарс … соати ҳашту ним сар шавад, аммо омӯзгор то ҳол наомад.
– … он кас касал бошанд.
Агар касал бошад, … хабар диҳад.

Азиза дар куҷост?
– Вай … дар хонаи Зебо бошад. Зебо ӯро имрӯз ба хонааш таклиф кард.

машқи 9 Übersetzen Sie die folgenden Sätze ins Tadschikische.

1. Soll ich noch Tee einschenken?
2. Soll Said auch kommen?

3. Steh auf, lass uns weiterarbeiten!
4. Er hat zwei Töchter. Die ältere ist Ärztin. Was die jüngste anbelangt, so ist sie 15 Jahre alt und geht in die Schule.
5. Er muss morgen kommen.
6. Vielleicht sehen wir sie in der Universität.

Латифа

илтимос кардан bitten
фурсат Gelegenheit
зеро denn
хат Linie, Schrift; Brief

Бояд худам ҳамроҳи хат равам

Касе аз Мулло Афандӣ илтимос кард, ки барои ӯ ба номи дӯсташ як хат нависад. Афандӣ пурсид:

– Дӯстатон дар куҷо ва ин хатро ба куҷо мефиристонед?
– Дӯстам дар Бағдод аст, ин хатро ҳам ҳамин рӯз ба он ҷо мефиристонам, – гуфтанд он кас дар ҷавоб.
– Мебахшед, ки ман фурсати Бағдод рафтан надорам, он ҷо бисёр дур аст, барои рафтуомади он ҷо ду моҳ вақт лозим аст, – гуфт Афандӣ.
– Хатро дар ҳамин ҷо менависед, ман худам мефиристонам. Ба Бағдод рафтани шумо лозим нест.
– Хатеро, ки ман нависам, бояд худам хонда диҳам, зеро каси дигаре хати маро намефаҳмад.

Redemittel

Монда набошед!
Hallo! Gutes Gelingen! *wörtl*: Seien Sie nicht müde!

Латифа

ширинӣ Einwohner des Dorfes Schirin (nördlich von Buchara)
сӯфӣ Sufi, Mystiker
боло oben
назди an, bei
манора Minarett
азон Aufruf zum Gebet
дод Geschrei, Klage
ҳол jetzt; то ~ bis jetzt
поин unten
фаровардан [фаровар] herunterholen
назди an, bei

Ширинӣ ба Вобканд омада мебинад, ки сӯфӣ аз болои манора азон мегӯяд. Ширинӣ бозорӣ карда бегоҳӣ аз назди манор мегузарад, ки боз сӯфӣ азон мегӯяд. Ширинӣ ба сӯфӣ мегӯяд:
– Эй ҷӯра, аз пагоҳ то бегоҳ доду фарёд кардӣ, то ҳол ҳеҷ кас ба ту ёрӣ надод магар? Биё, ман туро ба поин фароварам.

Луғат

азон	Gebetsaufruf
азон гуфтан	zum Gebet aufrufen
боло	oben
болои	auf
бояд	müssen, sollen
дар вақташ	rechtzeitig
дод	Geschrei, Klage
зеро	denn, weil
илтимос	Bitte
илтимос кардан	bitten
манора	Minarett
мумкин	vielleicht, kann sein
назди	an, bei
оҳиста	langsam
поин	unten
сӯфӣ	Sufi, Mystiker
то ҳол	bis jetzt
фаровардан [фаровар] (= фурор)	herunterholen, herunterbringen
фурсат	Gelegenheit
шояд	sollen
ҳол	Lage, Zustand

Lektion 17

Grammatikthemen

- Das Verb хостан – „möchten“ § 40
- Das Verb тавонистан – „können“ § 50

Die Modalverben хостан – „möchten“ und тавонистан – „können“

ман	**мехоҳам** / **метавонам**	**равам.**
ту	**мехоҳӣ** / **метавонӣ**	**равӣ.**
вай	**мехоҳад** / **метавонад**	**равад.**
мо	**мехоҳем** / **метавонем**	**равем.**
шумо	**мехоҳед** / **метавонед**	**равед.**
онҳо	**мехоҳанд** / **метавонанд**	**раванд.**

машқи 1 Bilden Sie einfache Sätze mit dem Verb рафтан.

Ман мехоҳам	ба чойхона	…
Ту мехоҳӣ	ба театр	…
Вай мехоҳад	ба кино	…
Мо мехоҳем	ба хонаи Аҳмад	…
Шумо мехоҳед	ба боғи ҳайвонот	…
Онҳо мехоҳанд	ба Донишгоҳи миллӣ	…

ҳайвон(от) Tier(e)

машқи 2 Bilden Sie verneinende Aussagen mit dem Verb рафтан.

Ман намехоҳам	ба чойхона	…
Ту …	ба театр	…
Вай …	ба кино	…
Мо …	ба хонаи Аҳмад	…
Шумо …	ба боғи ҳайвонот	…
Онҳо …	ба Донишгоҳи миллӣ	…

машқи 3 Bestimmen Sie den Infinitiv des Hauptverbs in den folgenden Sätzen.

1. Дӯсти ман мехоҳад ба Ӯзбекистон сафар кунад.
2. Бачаҳо мехоҳанд ба боғи ҳайвонот раванд.
3. Нигина мехоҳад китоб харад.
4. Вай мехоҳад забони олмониро омӯзад.
5. Онҳо мехоҳанд дар ширкати зардӯзӣ кор кунанд.
6. Ман мехоҳам дар Донишгоҳи миллӣ таҳсил кунам.

машқи 4 Fragen Sie Ihren Partner, was er möchte.

Шумо чӣ мехоҳед?

- ба чойхона рафтан
- оби хунук нӯшидан
- дар ширкати зардӯзӣ кор кардан
- хӯрок хӯрдан

машқи 5 Antworten Sie.

Шумо рӯзи таваллуд доред. Дар рӯзи таваллудатон чӣ мехоҳед, ки ба шумо тӯҳфа кунанд?

тӯҳфа	Geschenk
тӯҳфа кардан	schenken

– Ман мехоҳам, ки …

Дар рӯзи соли нав чӣ мехоҳед, ки ба шумо тӯҳфа кунанд?

– Ман мехоҳам, ки …

– Ман тӯҳфа гирифтанро нағз намебинам. Аз ин сабаб намехоҳам, ки ягон кас ба ман тӯҳфа кунад.

сабаб	Grund

машқи 6 Beachten Sie die Verwendung des Verbs хостан in den folgenden Sätzen. Lesen und übersetzen Sie.

1. Вай имрӯз ба театр рафтан мехоҳад.
2. Талабагон бо велосипед сайр кардан мехоҳанд.
3. Собир ба боғи ҳайвонот рафтан намехоҳад.
4. Ман ба дарс рафтан намехоҳам.
5. Собир шашсола аст. Вай ба мактаб рафтан мехоҳад.
6. Ман ӯро дидан намехоҳам

машқи 7 Fragen Sie Ihren Partner.

Шумо чӣ нӯшидан мехоҳед?			Шумо чӣ хӯрдан мехоҳед?		
•	шарбати себ	Apfelsaft	•	мастоба	Reissuppe
•	шароб / вино	Wein	•	лағмон	Nudeln
•	оби маъданӣ	Mineralwasser	•	шӯрбо	Suppe
•	арақ	Schnaps	•	палав	Reis mit Fleisch
•	қаҳва	Kaffee	•	самбӯса	Teigtaschen

машқи 8 Ergänzen Sie nach dem Muster.

Намуна:

✓ Карим русӣ гап зада метавонад, аммо … … … (англисӣ гап задан)

➔ Карим русӣ гап зада метавонад, аммо англисӣ гап зада наметавонад.

1. Шӯрбо пухта метавонам, аммо … … … (палов пухтан)
2. Бачагон тез навишта метавонанд, аммо … … … (тез хондан)
3. Мо футбол бозӣ карда метавонем, аммо … … … (голф бозӣ кардан)
4. Ту суруд хонда метавонӣ, аммо ... … … (рақс кардан)
5. Лола дарзмол карда метавонад, аммо ... ... (хӯрок пухтан) дарзмол кардан bügeln
6. Бибиям бе айнак дӯхта метавонад, аммо ... ... (китоб хондан)

машқи 9 Bilden Sie Sätze mit dem Verb „тавонистан“ nach dem Muster.

Намуна:

✓ Бачагони азиз, то охири дарс ним соат вақт дорем.
мо, каме, бозӣ кардан, тавонистан

➔ Мо метавонем каме бозӣ кунем.

1. Дар мактаб муаллими нави забони арабӣ дорем.
талабагон, забони арабӣ, омӯхтан, тавонистан

2. Донишгоҳамон дорои китобхонаи калон аст.
донишҷӯён, китобҳои дарсиву адабиро, аз китобхонаи донишгоҳ, гирифтан, тавонистан

3. Дар шаҳри Ҳисор ширкати зардӯзӣ кушоданд.
духтарон, дар ширкати зардӯзӣ, кор кардан, тавонистан

4. Мо бисёр вақт надорем.
мо, ду ҳафта, дар деҳа, истодан, натавонистан

5. Ман мудири мактабро мешиносам.
ман,туро, бо ӯ, шинос кардан, тавонистан

6. Вақтам кам аст.
ман, ним соат, шуморо, интизор шудан, натавонистан

интизор шудан warten

машқи 10 Beantworten Sie folgende Fragen verneinend.

Намуна:

✓ Имрӯз ба хонаи Азиз меравед?

➔ Афсӯс, имрӯз наметавонам ба хонаи Азиз равам. Вақт надорам. / Кор дорам.

1. Имрӯз филми тоҷикиро тамошо мекунем ?
2. Падари бачагон ба боғи ҳайвонот меравад?
3. Аҳмад имрӯз футбол бозӣ мекунад?
4. Бегоҳӣ ба хонаи мо меоед?
5. Шумо имсол ҳам ба Тоҷикистон сафар мекунед?
6. Пагоҳ ба хонаи Лола ба меҳмонӣ меравӣ?

Гуфтугӯ

тарабхона Restaurant
пешхизмат Kellner
фармудан [фармо] bestellen
Нӯши ҷон! Guten Appetit!
шиша Flasche
ҳозир jetzt; sofort
хӯриш Salat

Дар чойхонаи Роҳат

Саид: Соат ду шуд. Ман гурусна мондам. Биёетон ба тарабхона равем.
Алекс: Ман мехоҳам ба чойхона равам.
Саид: Ман розӣ. Заррина, ту-чӣ?
Заррина: Ман ҳам розӣ. Ба кадом чойхона меравем?
Алекс: Ба чойхонаи Роҳат.
Заррина: Хеле хуб.

Саид, Алексу Заррина ба чойхонаи «Роҳат» мераванд.

Пешхизмат: Хуш омадетон! Марҳамат,
гузаретон! Ба ин ҷо шинетон!
Чӣ мефармоетон?
Саид: Чӣ хӯрокҳо доред?
Пешхизмат: Марҳамат, дар ин ҷо рӯйхати хӯрокҳост.
Саид: Алекс, ту чӣ мехоҳӣ?
Алекс: Ман лағмон мехоҳам.
Саид: Заррина, ту-чӣ?
Заррина: Ман мастоба мехоҳам.
Саид: Хеле хуб. Ба мо як коса лағмон, як коса мастоба, як коса шӯрбо диҳед.
Пешхизмат: Чӣ менӯшед?
Заррина: Ман оби маъданӣ менӯшам.
Алекс: Ман бошам, шароб мехоҳам.
Саид: Ин тавр бошад, як шиша оби маъданӣ ва як шиша шароб биёред.

Пешхизмат: Хуб шудаст.
Саид: Мебахшед, боз се хӯришу дуто нон биёред.
Пешхизмат: Ҳозир меорам.

Баъд аз чанд дақиқа пешхизмат меояд.

Пешхизмат: Марҳамат, хӯрокҳои шумо.
Саид: Саломат бошед!
Пешхизмат: Нӯши ҷон!
Ҳама: Раҳмат!

Гуфтугӯ

ошёна Etage
тарабхона Bar

– Лутфан бигӯед, дар ин ҷо тарабхонаи хуб ҳаст?
– Бале, дар меҳмонхонаи Тоҷикистон тарабхонаи хуб аст.
– Дар кадом ошёна ҷойгир аст?
– Дар ошёнаи якум.
– Ташаккур.

Луғат

аз ин сабаб	deshalb, aus diesem Grund
арақ	Schnaps
вино	Wein
қаҳва	Kaffee
лағмон	*Nudelgericht mit Fleisch*
маъданӣ	mineralisch; Mineral-
об	Wasser
оби маъданӣ	Mineralwasser
ошёна	Etage
пешхизмат	Kellner
порс	Portion
рӯйхати хӯрокҳо / таомнома	Speisekarte
сабаб	Grund
самбӯса	Teigtasche
тавонистан [тавон]	können
тарабхона	Bar, Restaurant
тӯҳфа	Geschenk
тӯҳфа кардан	schenken
фармудан [фармо]	bestellen
хостан [хоҳ]	möchten
хӯриш	Salat
ҳайвон(от)	Tier(e)
ҳозир	jetzt; sofort
шарбат	Saft
шароб	Wein
шиша	Flasche

Lektion 18

Grammatikthemen

- Attributsätze § 41

Гуфтугӯ

ҳавопаймо Flugzeug
шинос Bekannter
шинос шудан sich kennenlernen
тавсия кардан empfehlen
ҳуҷра Zimmer
шабонарӯз ein voller Tag (24 Stunden)
яккаса Einpersonen-
доллар Dollar
амрикоӣ amerikanisch
нишон додан zeigen

Томас ва Азим ба фурудгоҳи Душанбе аз Мюнхен омаданд. Онҳо дар ҳавопаймо шинос шуданд. Томас аз шаҳри Мюнхен аст. Азим аз шаҳри Душанбе аст.

Томас:	Кадом меҳмонхонаи шаҳрро ба ман тавсия мекунед?
Азим:	Ҳоло дар Душанбе меҳмонхонаҳои бисёр дорем: «Вахш», «Авесто», «Душанбе», «Тоҷикистон». Ба фикри ман меҳмонхонаи «Тоҷикистон» хуб аст.
Томас:	Оё шумо медонед, нархи як ҳуҷра барои як шабонарӯз чанд пул аст?
Азим:	Ба фикрам, нархи як ҳуҷраи яккаса барои як шабонарӯз 30–40 доллари амрикоӣ аст.
Томас:	Меҳмонхонаи «Тоҷикистон» дар куҷост?
Азим:	Вай аз хиёбони Рӯдакӣ дур нест. Ман ба шумо нишон медиҳам.
Томас:	Ташаккур.

Attributsätze

Ҷавоне, ки	аз Мюнхен омад,	Томас ном дорад.
Ҷавоне, ки	дар Душанбе зиндагӣ мекунад,	Азим ном дорад.
Ду ҷавон, ки	дар ҳавопаймо шинос шуданд,	аз Мюнхен омаданд.

машқи 1 Übersetzen Sie.

1. Ҷавоне, ки дар Мюнхен зиндагӣ мекунад, Томас ном дорад.
2. Ҷавоне, ки дар Душанбе зиндагӣ мекунад, Азим ном дорад.
3. Ҷавононе, ки дар ҳавопаймо шинос шуданд, ба фурудгоҳи Душанбе аз Мюнхен омаданд.
4. Ду ҷавон, ки аз Мюнхен омаданд, дар ҳавопаймо шинос шуданд.
5. Ду ҷавон, ки дар ҳавопаймо шинос шуданд, аз Мюнхен омаданд.

Redemittel

Лаббай?	Wie bitte?
Майлаш!	Jawohl! Sehr gern!

Гуфтугӯ

лозим nötig
ходим Angestellter
қабулгоҳ Rezeption
варақа Zettel; Formular
вуруд Einreise, Ankunft; Eingang
варақаи вуруд Anmeldeformular
пур voll
пур кардан ausfüllen
калид Schlüssel
орзумандам ich wünsche

Дар меҳмонхона

Томас: Ассалому алайкум!
Ходими қабулгоҳ: Ваалайкум ассалом! Биёед, хуш омадед!
Томас: Ман аз Мюнхен омадам. Мехоҳам як ҳафта дар шаҳри Душанбе меҳмон шавам.
Ходими қабулгоҳ: Бисёр нағз! Ба шумо ҳуҷраи яккаса лозим аст?
Томас: Бале, яккаса лозим аст.
Ходими қабулгоҳ: Марҳамат, ин варақаи вурудро пур кунед.
Томас: Лаббай?
Ходими қабулгоҳ: Мана ин - варақаи вуруд аст. Лутфан, пур кунед.
Томас: Майлаш! … Марҳамат, гиред! Пур кардам.
Ходими қабулгоҳ: Бисёр хуб. Ҳуҷраи шумо 212, дар ошёнаи дуюм аст. Ин калиди шумост.
Томас: Раҳмат.
Ходими қабулгоҳ: Ба шумо истироҳати хуш орзумандам.
Томас: Ташаккури зиёд.

Гуфтугӯ

иштирокчӣ Teilnehmer
конференсия Konferenz
илмӣ wissenschaftlich

Хонум Нурова:	Салом алайкум!
Ходими қабулгоҳ:	Салом!
Хонум Нурова:	Ман аз Тошканд омадам. Иштирокчии конференсияи илмиам. Як ҳафта пеш хонаи дукаса фармудам.
Ходими қабулгоҳ:	Ному насаби шумо чист?
Хонум Нурова:	Лола Нурова.
Ходими қабулгоҳ:	Ҳуҷраи шумо 520, дар ошёнаи панҷум аст. Лутфан варақаи вурудро пур кунед.
Хонум Нурова:	Майлаш.

машқи 2 Antworten Sie.

Оё шумо медонед, …

1. Марде, ки дар ҳуҷраи 212 зиндагӣ мекунад, кист?
2. Марде, ки дар ҳуҷраи 212 зиндагӣ мекунад, аз куҷо омад?
3. Марде, ки дар ҳуҷраи 212 зиндагӣ мекунад, бо кӣ дар ҳавопаймо шинос шуд?
4. Зане, ки дар ҳуҷраи 520 зиндагӣ мекунад, барои чӣ ба Душанбе омад?
5. Зане, ки дар ҳуҷраи 520 зиндагӣ мекунад, чӣ ном дорад?

машқи 3 Ergänzen Sie die Sätze nach dem vorgegebenen Muster. Wählen Sie dabei passende Ergänzungen aus.

Намуна:

✓ Ҷавоне, ки дар донишгоҳи технологӣ таҳсил мекунад, Амин ном дорад.

Ҷавоне,	…,	Амин ном дорад.
Чойхонае,	…,	«Роҳат» ном дорад.
Омӯзгороне,	…,	соҳибтаҷриба ҳастанд.
Донишгоҳи омӯзгорӣ,	…,	дар хиёбони Рӯдакӣ ҷойгир аст.
Ҷавоне,	…,	донишҷӯи факултаи таърих аст.
Факултаи якуме,	…,	мутахассисони забонҳои хориҷӣ тайёр мекунад.

- дар Донишгоҳи технологӣ таҳсил мекунад
- дар хиёбони Рӯдакӣ ҷойгир аст
- дар Донишгоҳи омӯзгорӣ кор мекунанд
- дар бораи Донишгоҳи славянӣ нақл кард
- филология ном дорад
- дар соли 1947 таъсис шуд

машқи 4 Kombinieren Sie die Sätze nach dem vorgegebenen Muster.

Намуна:

✓ Мо соати ҳафти бегоҳӣ ба тарабхона меравем.
Тарабхона дар хиёбони Рӯдакӣ ҷойгир аст.

➔ Мо ба тарабхонае, ки дар хиёбони Рӯдакӣ ҷойгир аст, соати ҳафти бегоҳӣ меравем.

1. Онҳо ба чойхонаи «Саодат» мераванд.
Ходимони ин ҷойхона хеле меҳрубонанд.

меҳрубон nett

2. Ин мард дар меҳмонхона кор мекунад.
Меҳмонхона дар кӯчаи Айнӣ ҷойгир аст.

3. Ман суруд гӯш карданро дӯст медорам.
Сурудҳоро Зафар Нозимов мехонад.

суруд Lied

4. Саид ин ҳикояро дар рӯзнома хонд.
Рӯзномаро ба ӯ дӯсташ дод.

5. Оби маъданӣ аз Шаҳринав аст.
Оби маъданиро дар чойхона нӯшидем.

машқи 5 Lesen und übersetzen Sie die folgenden Sätze.

1. Хӯроке, ки мо дар чойхона хӯрдем, бомаза буд.

2. Тарбузе, ки дар боғи шумо мерӯяд, бомаза аст.

3. Пешхизмате, ки дар чойхонаи «Роҳат» кор мекунад, меҳрубон аст.

4. Ҷавоне, ки аз тарабхона баромад, донишҷӯи Донишгоҳи омӯзгорӣ аст.

5. Тӯппиҳое, ки дар ширкати шумо медӯзанд, дар тамоми Тоҷикистон машҳуранд.

6. Суруде, ки Зафар Нозимов мехонад, хеле дилчасп аст. дилчасп herzergreifend

Луғат

амрикоӣ	amerikanisch
Ба чашм!	Jawohl! Gern!
варақа	Zettel
варақаи вуруд	Anmeldeformular
вуруд	Einreise; Eingang
дилчасп	herzergreifend, interessant
илмӣ	wissenschaftlich
иштирокчӣ	Teilnehmer
калид	Schlüssel
конференсия	Konferenz
қабулгоҳ	Rezeption
лаббай	wie bitte?
лозим	notwendig
нишон додан (ба)	zeigen (jdm)
орзуманд будан	wünschen
пур	voll
пур кардан	füllen, ausfüllen
тавсия	Empfehlung
тавсия кардан	empfehlen
ходим	Angestellter
ҳавопаймо	Flugzeug
ҳуҷра	Zimmer
шабонарӯз	ein voller Tag (24 Stunden)
шинос шудан	sich kennenlernen

Lektion 19

Grammatikthemen

- Partizipien der Vergangenheit §47

Partizipien der Vergangenheit auf -агӣ

пухтан	➔	пухтагӣ
омадан	➔	омадагӣ
нӯшидан	➔	нӯшидагӣ
хондан	➔	хондагӣ
дӯхтан	➔	дӯхтагӣ
шукуфтан	➔	шукуфтагӣ

шукуфтан [шукуф] blühen

машқи 1 Lesen und übersetzen Sie die Beispiele.

китоби хондагӣ
марди омадагӣ
чойи нӯшидагӣ
гӯшти пухтагӣ
куртаи дӯхтагӣ
гули шукуфтагӣ

машқи 2 Bilden Sie Attributverbindungen nach dem vorgegebenen Muster.

Намуна:

✓ Пулро ҳисоб кардем. ➔ пули ҳисобкардагӣ

1. Тарбузро баркашидем.
2. Чой нӯшидем.
3. Палав пухтем.
4. Ҷавонон ба Русия рафтанд.
5. Дӯстам аз Олмон омад.

машқи 3 Sprechen Sie mit Ihrem Partner.

Намуна:

Ман тарбуз харидам. ➔ Тарбузи ман харидагӣ канӣ? ... канӣ? Wo ist ...?

1. Гуландом курта дӯхт.
2. Дирӯз меҳмон омад.
3. Саид рӯзнома харид.
4. Азиз мактуб навишт.
5. Ман нон пухтам.
6. Марде роҳро гум кард.

машқи 4 Führen Sie kleine Gespräche nach dem vorgegebenen Muster.

картошка, бирён кардан

– Ту картошка бирён мекунӣ?
– Бале, ман картошка бирён мекунам. Ман медонам, ки ту картошкаи бирёнкардагиро нағз мебинӣ.
– Не, не, ту хато мекунӣ. Ман ҳеҷ вақт картошкаи бирёнкардагиро нағз намедидам.

гӯшт, пухтан

гӯшт, дуд кардан

гӯшт, бирён кардан

моҳӣ, дуд кардан

моҳӣ, бирён кардан

моҳӣ, пухтан

картошка	Kartoffel
бирён кардан	braten
дуд кардан	räuchern

Partizipien der Vergangenheit auf -a

гӯшти пухта
гӯшти дудкарда
гӯшти бирёнкарда
чойи нӯшида
куртаи дӯхта
гули шукуфта

машқи 5 Üben Sie nach dem vorgegebenen Muster.

Намуна:

✓ сабзиро пӯст кандан ➔ сабзии пӯстканда

сабзиро реза кардан

биринҷро тоза кардан

биринҷро тар кардан

гӯштро шустан

гӯштро пора кардан

равғанро доғ кардан

таомро дӯст доштан

пӯст	Haut, Schale
кандан [кан]	abreißen
пӯст кандан	schälen
тоза	frisch, sauber
тоза кардан	putzen
тар	nass
тар кардан	einweichen
шустан [шӯ]	waschen
пора кардан	zerstückeln
доғ кардан	raffinieren; erhitzen

Redemittel

Ба ҷону дил!	Mit Vergnügen!	дил Herz
Бо камоли майл!	Sehr gerne!	майл Wunsch

Гуфтугӯ

– Таоми дӯстдоштаи шумо чист?

– Таоми дӯстдоштаи ман палав аст. Ин таомро оши палав ҳам мегӯянд.

– Оё шумо палавро худатон мепазед?

– Не, ман пухта наметавонам.
Лекин тарзи пухтани палавро медонам.

– Барои палав чӣ хел маҳсулот лозим аст?

– Равған, гӯшт, биринҷ, сабзию пиёз лозим.

– Биёед, рӯзи шанбе палав мепазем.

– Ба ҷону дил!

тарз	Methode
маҳсулот	Produkte
пиёз	Zwiebel

Матн

қадар Maß
чӣ қадар wie viel?
грамм Gramm
дона Stück
андохтан [андоз] werfen
сурх rot
сурх шудан Kruste bilden
зирбонидан [зирбон] bräteln
сипас nun
намак Salz
зира Kreuzkümmel
мурч Pfeffer
оташ Feuer
паст niedrig
паст кардан kleinstellen
баланд hoch
баланд кардан hochstellen
кашида гирифтан aufsaugen
маҳкам fest
пӯшидан [пӯш] zudecken
ҷӯшидан [ҷӯш] kochen (*Wasser)*
тайёр намудан zubereiten

Тайёр намудани палав

– Барои палав чӣ қадар маҳсулот лозим аст?

– Мо имрӯз барои чор кас палав тайёр мекунем. Барои ин 200 грамм равған, 400 грамм гӯшт, 800 грамм биринҷ, 800 грамм сабзӣ, 2 дона пиёз лозим аст.
Аввал ҳамаи маҳсулотро барои палав тайёр мекунем.
Сабзиро пӯст меканем.
Сабзиро реза мекунем.
Пиёзро пӯст меканем.
Пиёзро реза мекунем.
Биринҷро аз сангаш тоза мекунем.
Биринҷро тар мекунем.
Гӯштро мешӯем.
Гӯштро пора мекунем.
Равғанро доғ мекунем.

– Палавро чӣ хел мепазем?

– Ба дег равған мерезем ва онро доғ мекунем.
Ба равғани доғкарда гӯшт меандозему бирён мекунем.
Баъд пиёз меандозем ва то сурх шуданаш мезирбонем.

Пас аз он сабзии резакардаро
меандозем ва каме об ҳам мерезем.
Сипас ба дег намак, зира, мурч меандозем ва баъди ҷӯшиданаш оташро паст мекунем.
Баъди 15 дақиқа биринҷи шустагиро ба дег меандозем.
Ба болои биринҷ об мерезем ва оташро баланд мекунем, то ки биринҷ обро кашида гирад.
Баъд болои дегро маҳкам мепӯшем. Баъди 20 дақиқа палав тайёр мешавад.

машқи 6 Ergänzen Sie die Sätze nach dem vorgegebenen Muster.

пора кардан, доғ кардан, реза кардан, шустан, тар кардан, тайёр шудан, реза кардан

Намуна:

✓ Гӯшти …………… ба равған меандозем.
➔ Гӯшти поракардаро ба равған меандозем.

1. Ба равғани …………… гӯшт меандозем.
2. Пиёзи …………… ба дег меандозему мезирбонем.
3. Пас аз он сабзии … ба дег меандозем ва каме об ҳам мерезем.
4. Баъди 15 дақиқа биринҷи …………… ба дег меандозем.
5. Ба болои биринҷи …………… об мерезем ва оташро баланд мекунем.
6. Палави …………… мехӯрем.

машқи 7 In der gesprochenen Sprache können Partizipien auf -агӣ auch prädikativ verwendet werden. Bilden Sie die Sätze nach dem vorgegebenen Muster um.

Намуна:

✓ Сабзиро реза кардӣ? ➔ Сабзӣ реза кардагӣ.

1. Биринҷро аз сангаш тоза кардӣ?
2. Биринҷро тар кардӣ?
3. Гӯштро шустӣ?
4. Гӯштро пора кардӣ?
5. Равғанро доғ кардӣ?
6. Оташро паст кардӣ?

7. Ба болои биринҷ об рехтӣ?
8. Оташро баланд кардӣ?
9. Дегро маҳкам пӯшидӣ?
10. Палав тайёр шуд?

машқи 8 Ergänzen Sie die Sätze.

1. Дар чойхона таом фармудам. Пешхизмат таоми фармуд…ро овард.
2. Курта харидам. Куртаи харид…ро ба Собир тӯҳфа кардам.
3. Дар боғ себу нокро чидем. Меваи чид…ро ба бозор бурдем.
4. Падарам китоб овард. Имрӯз китоби падарам овард…ро мехонам.
6. Гӯшти Саид бирёнкард…ро хӯрдем.
7. Моҳии дудкард…ро ҳеҷ кас нахӯрд.
8. Биринҷи таркард…ро ба дег андохтем.

Луғат

бирён	gebraten
бирён кардан	braten
дил	Herz
доғ кардан	raffinieren; erhitzen
дуд	Rauch
дуд кардан	räuchern
кандан [кан]	abziehen
картошка	Kartoffel
маҳсулот	Produkte, Erzeugnisse
моҳӣ	Fisch
пиёз	Zwiebel
пора кардан	zerstückeln
пӯст	Haut, Schale
тайёр намудан	zubereiten
тар	nass
тар кардан	einweichen
тоза кардан	sauber machen, putzen
тоза	sauber
шукуфтан [шукуф]	blühen
шустан [шӯ]	waschen

Lektion 20

Grammatikthemen

- Präfixalverben § 59

Wichtige Präfixalverben

Infinitiv	**Präsensstamm**	**Bedeutung**
баргаштан	баргард	zurückkommen
баромадан	баро	herauskommen, aufsteigen
баровардан	барор	herausbringen, hochbringen
бархостан	бархез	aufstehen, sich erheben
бардоштан	бардор	anheben, erheben
баркашидан	баркаш	abwiegen
баркандан	баркан	herausziehen, rausreißen
бархӯрдан *ба* ...	бархӯр	stoßen *auf* …
вохӯрдан	вохӯр	sich treffen
даромадан	даро	hereinkommen, eindringen
даровардан	дарор	hereinbringen, hineinstecken
даргирифтан	даргир	aufflammen, entflammen
даргирондан	даргирон	anzünden
даркашидан	даркаш	austrinken
дармондан	дармон	steckenbleiben
фуромадан	фуро	aussteigen, herabkommen
фуровардан	фурор	senken, herablassen, abladen
ғундоштан	ғундор	sammeln

Konjugation der trennbaren Präfixalverben *баргаштан (баргард-) вохӯрдан(вохӯр-)* im Präsens-Futur

ман	бармегардам	вомехӯрам
ту	бармегардӣ	вомехӯрӣ
ӯ, вай	бармегардад	вомехӯрад
мо	бармегардем	вомехӯрем
шумо	бармегардед	вомехӯред
онҳо	бармегарданд	вомехӯранд

Wichtig: Beachten Sie, dass im Tadschikischen bei den Präfixalverben mit **омадан, овардан** und **доштан** die Präfixe nicht vom Verb getrennt werden!

z.B.: ман медароям, ту медароӣ, вай медарояд ... /
ман намедароям, ту намедароӣ, вай намедарояд ...

Negation der trennbaren Präfixalverben *баргаштан (баргард-) вохӯрдан(вохӯр-)* im Präsens-Futur

ман	барнамегардам	вонамехӯрам
ту	барнамегардӣ	вонамехӯрӣ
ӯ, вай	барнамегардад	вонамехӯрад
мо	барнамегардем	вонамехӯрем
шумо	барнамегардед	вонамехӯред
онҳо	барнамегарданд	вонамехӯранд

машқи 1 Setzen Sie die Verben im Präsens-Futur ein.

Намуна:

✔ Соати ҳафти субҳ радиоро ... ва хабарҳои навро гӯш мекунам. **даргирондан**
➔Соати ҳафти субҳ радиоро **дармегиронам** ва хабарҳои навро гӯш мекунам.

1. Собир баъд аз ба анҷом расондани таҳсил ба деҳаи худ	баргаштан	баъд аз nach
2. Донишҷӯён рӯзи шанбе соати панҷ дар театри Лоҳутӣ бо ҳунарпешагон	вохӯрдан	ба анҷом расондан abschließen
3. Ҳар сол дар деҳаи мо дар айёми Наврӯз шамоли сахт ...	бархостан	ҳунарпеша Schauspieler
4. Салимахола ҳама вақт аз хоб ... , як чойнак чойи хунукро … .	бархостан даркашидан	сахт *hier*: heftig ҳайкал Statue
5. Дар кӯчаи мо дарахтҳои кӯҳнаро	баркандан	
6. Модарам телевизорро фақат барои як соат, соати ҳафти бегоҳӣ	даргирондан	

машқи 2 Ordnen Sie zu.

мебардоранд, медароянд, мебароем, меғундоранд, мефуроянд, мебарояд

1. Пагоҳ соати ҳафт ҳамроҳи дӯстам ба роҳ … .
2. Омӯзгорони соҳаи журналистика савияи дониши худро баланд **... .**
3. Меҳмононе, ки аз Хуҷанд омаданд, ба ҳавлии мо … .
4. Салим ҳар рӯз соати ҳафту ним аз хонааш ... .
5. Мусофирон аз поезд, ки аз Тошканд омад, … .
6. Деҳқонон дар боғ себу ангур ... .

савия Niveau
ҳавлӣ Hof
поезд Zug

машқи 3 Setzen Sie das passende Verb ein.

даромадан, фуромадан, баромадан

1. Хонум Сафарова аз дарсхона ... .
2. Донишҷӯи курси як Сафаров ба бинои Донишгоҳи омӯзгорӣ ... .
3. Марди ҷавон дар истгоҳи Ватан аз троллейбус ... .
4. Мо дар охири истгоҳи автобус ... .
5. Ман ҳар рӯз соати ҳашт аз хона ... .
6. Мебахшед, шумо дар истгоҳи Ватан ... ? – Бале, ман ... .

дарсхона Unterrichtsraum
истгоҳ Haltestelle

машқи 4 Setzen Sie das passende Verb ein.

бархӯрдан, вохӯрдан, фуровардан, баровардан, даровардан, ғундоштан, бардоштан

1. Зоир дирӯз бо дӯстонаш дар чойхонаи Роҳат ... .
2. Амин дар тангкӯча мерафт. Торик буд. Пойи вай ба санги калон ... .
3. Ҳафтаи гузашта бо падарам меваҳои гуногунро аз боғи калони бобоям ... .
4. Лифти хонаи нӯҳошёнаи мо як моҳ вайрон буд. Имрӯз онро ба кор ... .
5. Мо дар маҷлиси донишҷӯён масъалаҳои муҳимро ... .
6. Мошин бо бор омад. Боркашон борро аз мошин ... .

тангкӯча Engstraße
по(й) Fuß
ошёна Stock
масъала Frage, Problem
бор Last
боркаш Lastträger

машқи 5 Ergänzen Sie.

1. Падарат аз Русия баргашт? Не, моҳи оянда ... .
2. Рӯзи шанбе бо дӯстат вохӯрдӣ? Бале, мо рӯзи шанбе ... .
3. Плитаро даргирондӣ? Барқ нест. Газро ... .
4. Дарахтҳои кӯҳнаро дар кӯчаи Рӯдакӣ барканданд? Ҳоло... . Аммо дар оянда ... .

плита Herd
барқ Strom
газ Gas

5. Ордро баркашидед? — Не, ...
6. *Дар телефон*: Ту дар куҷоӣ? Дар ағбаи Анзоб дармондӣ? — Бале, дар ағбаи Анзоб ...

ағба Pass

Гуфтугӯ

Мудири дафтари забони тоҷикӣ аз котиба мепурсад:

М: Оё устодон Салимов ва Қодиров аз сафари кориашон баргаштанд?
К: Не, ҳоло барнагаштанд. Устод Салимов дирӯз телефон карданд ва гуфтанд, ки дар фурудгоҳи Маскав дармонданд. Ҳаво барои парвози ҳавопаймо номусоид аст.
М: Ин тавр бошад, маҷлис имрӯз намешавад. Ба донишҷӯён эълон кунед, бо онҳо ҳафтаи оянда вомехӯрем.

мудир Directer
дафтар *hier*: Lehrstuhl
котиба Sekretärin
парвоз Flug
номусоид ungünstig
эълон кардан ankündigen

Матн

Абрҳои сари кӯҳ ба болои дара фаромаданд.
Дара ба зери чодари торикӣ монд.
Ҳаво дим ва сокит шуд.
Баъд осмон кушода шуду шамоли сахт бархест.

Шохҳои дарахтҳо ба ҳам бархӯрда ғулғула бардоштанд.
Раъду барқ гулдуррос зад.
Жола сар шуд.
Жолаҳои калон ба сангҳо бархӯрда, дубора ба ҳаво бармехестанд.

(Ш. Ҳаниф)

абр Wolke
дара Bergschlucht
чодар Zelt
дим schwül
сокит still; verstummt
шох Zweig
ғулғула Geräusch *(Lautnachahmung)*
раъду барқ гулдуррос зад es donnerte
жола Hagel

машқи 6 Üben Sie die folgenden Verben:

а) вохӯрдан бо ...

Намуна:

✔ шумо, ҳамсинф, кай, бо, вохӯрдан?
➔Шумо бо ҳамсинфатон кай вомехӯред?

талабагон, вохӯрдан, рӯзи пайшанбе, адибони тоҷик, бо, соати шаш, дар, театри Айнӣ
ту, дирӯз, бо, вохӯрдан, дугона?
шумо, кӣ, пагоҳ, бо, вохӯрдан?
мо, имрӯз, соати ду, дар, чойхонаи Роҳат, бо, ҳамкурс, вохӯрдан

b) фуромадан аз ...

Намуна:

✔ мусофирон, автобус, аз, фуромадан
➔ Мусофирон аз автобус мефароянд.

шумо, истгоҳ, оянда, дар, фуромадан?
ман, не, дар, истгоҳ, оянда, нафуромадан
ту, кучо, аз, фуромадан?
ман, кӯҳ, фуромадан, аз

Луғат

абр	Wolke
ағба	Pass
ба анҷом расондан	abschließen
барқ	Strom
баъд аз	nach
бор	Last
боркаш	Lastträger
газ	Gas
ғулғула	Geräusch*(Lautnachahmung)*
гулдуррос зад	es donnerte
дара	Bergschlucht
дарсхона	Unterrichtsraum
дафтар	*hier*: Lehrstuhl
дим	Schwül
жола	Hagel
истгоҳ	Haltestelle
котиба	Sekretärin
масъала	Frage, Problem
мудир	Direktor
номусоид	ungünstig
ошёна	Stock
парвоз	Flug
плита (оташдон)	Herd
по(й)	Fuß
поезд	Zug
раъду барқ	Blitz
савия	Niveau
сахт	*hier*: heftig
сокит	still; verstummt
тангкӯча	Engstraße
ҳавлӣ	Hof
хунарпеша	Schauspieler
чодар	Zelt
эълон кардан	ankündigen, bekanntmachen

Lektion 21

Grammatikthemen

- Die Steigerung der Adjektive § 49

Beachten Sie die Steigerungsstufen der Adjektive

баланд	баландтар	баландтарин
гарм	гармтар	гармтарин
калон	калонтар	калонтарин
хурд	хурдтар	хурдтарин

Ausnahme: хуб, беҳтар, беҳтарин

машқи 1 Bilden Sie den Komparativ nach dem Muster.

Намуна:

✔ Бинои банк баланд, вале бинои меҳмонхона ... .
➔Бинои банк баланд, вале бинои меҳмонхона баландтар аст.

1. Кӯли Сарез калон, вале Қарокӯл ... .
2. Дарёи Вахш дароз, вале Амударё ... .
3. Зимистон дар Тоҷикистон ҳаво хунук, вале дар Русия ... .
4. Шаҳри Истаравшан аз Душанбе дур, вале Хуҷанд ... .
5. Шаҳри Ҳисор ба Душанбе наздик, вале Турсунзода ... .
6. Аҳолии Тоҷикистон кам, вале аҳолии Қирғизистон ... .

машқи 2 Was passt zusammen? Ordnen Sie zu.

1. Хуҷанд шаҳри зебост,	☐	вале муаллими нави мо ҷавонтар аст.	
2. Шаҳри Қӯрғонтеппа калон аст,	☐	вале Гулчеҳра лоғартар аст.	лоғар mager
3. Гулнора лоғар аст,	☐	вале амакам фарбеҳтар аст.	Фарбеҳ dick
4. Муаллими Саидов ҷавон аст,	☐	вале Душанбе зеботар аст.	
5. Шифохона аз деҳаи мо дур аст,	☐	вале шаҳри Хуҷанд калонтар аст.	шифохона Krankenhaus
6. Падарам фарбеҳ аст,	☐	вале аз деҳаи Чорбоғ шифохона дуртар аст.	

машқи 3 Bilden Sie die Sätze aus der Übung 1 entsprechend dem Muster um.

Намуна:

✔ Қарокӯл аз кӯли Сарез калонтар аст.

машқи 4 Bilden Sie die Sätze aus der Übung 2 entsprechend dem Muster um.

Намуна:

✔ Душанбе аз Хуҷанд дида зеботар аст.

машқи 5 Bilden Sie Sätze mit Superlativ nach dem Muster.

Намуна:

✔ шаҳр / калон / Тоҷикистон / Душанбе
➔Шаҳри калонтарини Тоҷикистон Душанбе аст.

дарё / дароз / Тоҷикистон / Помир /

дароз lang

кӯҳ / баланд / Тоҷикистон / куллаи „Исмоили Сомонӣ“
шаҳр / кӯҳна / Тоҷикистон / Истаравшан
кӯл / калон / Тоҷикистон / Қарокӯл
шоир / бузург / тоҷикон / Абӯабдуллоҳи Рӯдакӣ
нависанда / машҳур / тоҷикон / Садриддин Айнӣ

машқи 6 Bilden Sie Sätze nach dem Muster.

Намуна:

✔ обдор (себ, нок, шафтолу)
➔Себ обдор аст, нок обдортар аст, шафтолу аз ҳама (меваҳо) обдортар аст.

обдор saftig

1. гарм (меҳмонхона, корхона, ошхона)
2. доно (писари калон, писари миёна, писари хурд)
3. майда (хонаи бачагона, хонаи корӣ, ошхона)
4. калон (шаҳри Хуҷанд, шаҳри Қӯрғонтеппа, шаҳри Душанбе)
5. арзон (нони нонвойхона, нони мағоза, нони бозор)
6. ширин (себ, нок, ангур)

машқи 7 Übersetzen Sie die folgenden Sätze:

1. Хунуктарин зимистон дар шимоли Тоҷикистон - зимистони соли чиҳилу чаҳорум буд.
2. Понғоз (ноҳияи Ашт) яке аз калонтарин ва зеботарин деҳаҳои Тоҷикистон аст.
3. Калонтарин шаҳри дунё Мехико мебошад, дар он 18 миллион аҳолӣ зиндагӣ мекунад.
4. Гармтарин нуқтаи Замин Ливия (+58 дараҷа) ва хунуктарин нуқтаи он Антарктида (-87 дараҷа) мебошад.
5. Зеботарин кӯчаи Душанбе - хиёбони Рӯдакӣ аст.
6. Беҳтарин шаҳри ҷаҳон кадом аст? - Вена, маркази Австрия, беҳтарин макони зист дар ҷаҳон эътироф шуд.

нуқтаи Замин Punkt der Erde

ҷаҳон Welt

макони зист Wohnort

эътироф шудан anerkennen

Матн

арзи вуҷуд доштан	existieren
бештар	*hier*: mehr
давлат	Staat
Иттиҳоди шӯравӣ	Sowjetunion
км мураббаъ	Quadratkilometer
масоҳат	Fläche
минтақа	Region
наздики	etwa
Осиёи Марказӣ	Zentralasien
собиқ	ehemalig
сукунат доштан	wohnen
фаро гирифтан	betragen
яъне	also, das heißt

Осиёи Марказӣ

Дар Осиёи Марказӣ панҷ давлати собиқи Иттиҳоди шӯравӣ арзи вуҷуд дорад. Инҳо: Тоҷикистон, Туркманистон, Ӯзбекистон, Қазоқистон ва Қирғизистон мебошанд. Аз рӯи масоҳат Қазоқистон кишвари калонтарини минтақаи Осиёи Марказӣ мебошад. Масоҳати Қазоқистон 2 724 900 км мураббаъ буда, вале аҳолиаш аз аҳолии Ӯзбекистон камтар аст.

Аҳолии Ӯзбекистон аз ҳама бештар аст. Дар Ӯзбекистон наздики 33 миллион нафар сукунат доранд. Масоҳати Тоҷикистон аз ҳама қишварҳо хурдтар аст. Масоҳати он 143 100 км мураббаъро фаро мегирад.

Дар Туркманистон 5 110 000 нафар зиндагонӣ мекунанд. Яъне Туркманистон аз ҳама камтар аҳолӣ дорад.

кишвар	масоҳат	аҳолӣ	пойтахт
Тоҷикистон	143 100 кв. км	7 320 815	Душанбе
Туркманистон	488 100	5 110 000	Ашқобод
Ӯзбекистон	447 400	32 979 000	Тошканд
Қазоқистон	2 724 900	16 402 861	Астана
Қирғизистон	199 900	5 508 624	Бишкек

машқи 8 Beantworten Sie die Fragen.

1. Кадом кишвари Осиёи Марказӣ калонтар аст?
2. Кадом кишвари Осиёи Марказӣ хурдтар аст?
3. Кадом кишвари Осиёи Марказӣ аҳолии бештар дорад?
4. Кадом кишвари Осиёи Марказӣ аҳолии камтар дорад?

машқи 9 Ordnen Sie zu.

1.	Хурдтарин кишвари Осиёи Марказӣ	☐	Тошканд аст.
2.	Калонтарин кишвари Осиёи Марказӣ	☐	Тоҷикистон аст.
3.	Сернуфустарин кишвари Осиёи Марказӣ	☐	Қазоқистон аст.
4.	Калонтарин шаҳри Осиёи Марказӣ	☐	Ӯзбекистон аст.
5.	Масоҳати Қазоқистон аз Қирғизистон дида	☐	камтар аст.
6.	Аҳолии Туркманистон аз Тоҷикистон дида	☐	калонтар аст.

сернуфус
bevölkerungsreich

Redemittel

хеле	sehr
басо	sehr, viel, häufig
бисёр	viel, sehr
ниҳоят	äußerst; endlich
бағоят	äußerst
беҳад	maßlos
беандоза	maßlos
бениҳоят	randlos
аз ҳад	über die Maßen
суп-сурх	knallrot
кап-кабуд	dunkelblau
заб-зард	leuchtendgelb
сап-сафед	schneeweiß
сип-сиёҳ	tiefschwarz

машқи 10 Übersetzen Sie die Sätze ins Deutsche.

1. Падарам нонвой аст. Кораш басо душвор аст.
2. Далер Назаров сарояндаи машҳури Тоҷикистон аст. Сурудҳои ӯро хеле бисёр гӯш мекунам.
3. Табиати Помир ниҳоят зебо ва рангин аст ва дар он ҷо бисёр растаниҳои шифобахш мерӯянд.
4. Муаллими ман баъзан ҳазлу шӯхӣ мекард, аммо дар кор бағоят ҷиддӣ буд.
5. Солҳои охир нархи орду гӯшт беҳад афзоиш ёфт.
6. Баҳром Тоиров аз ҳама талабаҳо боинтизомтар аст.
7. Бар тани Азиза куртаи сип-сиёҳ буд.
8. Аз тарс ранги рӯйи вай сап-сафед шуд.

сароянда Sänger
табиат Natur
растании шифобахш Heilkraut
баъзан manchmal
ҳазлу шӯхӣ кардан Spaß machen
ҷиддӣ ernsthaft
афзоиш ёфтан *hier*: steigen (*Preis*)
боинтизом ordentlich
тарс Angst

машқи 11 Lesen Sie das Gedicht von Abuabdullohi Rudaki .

Ҳеҷ шодӣ нест андар ин ҷаҳон,

Бартар аз дидори рӯйи дӯстон.

Ҳеҷ талхӣ нест дар дил талхтар,

Аз фироқи дӯстони пурҳунар

(*Абӯабдуллоҳи Рӯдакӣ*)

андар / дар	in, auf
бар	auf, hinauf *(Präp.)*
бартар	*hier:* höher
дидор	(Wieder)Sehen
пурҳунар	klug; geschickt, gewandt
талхӣ	Bitterkeit; Kummer, Gram
фироқ	Trennung
шодӣ	Freude

машқи 12 Schreiben Sie alle Steigerungsstufen der folgenden Adjektive:

паст	пасттар	пасттарин
боло		
гарм		
хунук		
талх		
ширин		
мулоим		
сахт		
дур		
наздик		
ғафс		
тунук		
хуб		
бад		
зебо		
безеб		
калон		
майда		
баланд		
паст		
пир		
ҷавон		

Луғат

андар / дар	in, auf
арзи вуҷуд доштан	existieren
афзоиш ёфтан	*hier*: steigen (*Preis*)
бар	auf, hinauf (*Präp.*)
бартар	höher
баъзан	manchmal
бештар	*hier*: mehr
боинтизом	disziplinarisch, ordentlich
давлат	Staat
дароз	lang
Иттиҳоди шӯравӣ	Sowjetunion
қариб	ungefähr
км мураббаъ	Quadratkilometer
лоғар	mager
макони зист	Wohnort
масоҳат	Fläche
минтақа	Region
наздики	*hier*: etwa
нуқта	Punkt
Осиёи Марказӣ	Zentralasien
пурҳунар	geschickt, gewandt
растании шифобахш	Heilkraut
сароянда	Sänger
сернуфус	viele Bevölkerung
собиқ	ehemalig
сукунат доштан	wohnen
табиат	Natur
талхӣ	Bitterkeit; Kummer, Gram
тарс	Angst
фарбеҳ	dick
фаро гирифтан	betragen
фироқ	Trennung
ҳазлу шӯхӣ кардан	Spaß machen
ҷаҳон	Welt
ҷиддӣ	ernst, ernsthaft
шифохона	Krankenhaus
шодӣ	Freude
эътироф шудан	anerkennen
яъне	also, das heißt

Lektion 22

Grammatikthemen

- Abgeleitete Präpositionen § 45

	пеши / назди	**vor, an, bei (пеш / назд Vorderseite)**	
1.	Касе ба пеши мудир омад.		
2.	Вай аз пеши духтур меояд.		
3.	Дар назди донишгоҳ китобхонаи кӯҳна ҷойгир аст.		
4.	Роҳи оҳан аз назди деҳа мегузарад.		роҳи оҳан Eisenbahn
	пушти	**hinter (пушт Rücken)**	
1.	Бачаҳо аз пушти якдигар медаванд.		давидан laufen
2.	Шумо аз пушти ман нагардед.		
3.	Дар пушти ҳавлӣ пахтазор буд.		
	болои - über (боло Oberseite)	**über (боло Oberseite)**	
1.	Роҳи оҳан аз болои пул мегузарад.		пул Brücke
2.	Собир аз болои хар афтид.		афтидан stürzen, hinfallen
3.	Дар боло меҳмонони гиромиқадр менишастанд.		гиромиқадр geehrt, verehrt дар боло *hier*: am Ehrenplatz
	рӯйи / рӯи	**auf (рӯ / рӯй Gesicht)**	
1.	Вай аз рӯйи кат ба замин фуромад		кат Holzbett замин Boden, Erde
2.	Духтарон ба рӯйи қолин		қолин Teppich
3.	Дар рӯйи дастархон нону мева буд.		

	зери/таги	**unter (зер/таг Unterseite)**	
1.	Мо рӯзи дароз дар зери нури офтоб будем.		нур Strahl, Licht офтоб Sonne
2.	Ногоҳ аз зери буттае саг баромад.		ногоҳ plötzlich бутта Busch
3.	Шишаи шаробро ба зери миз гузоштам.		гузоштан (hin)stellen

	сари	**neben, bei, zu (сар Kopf, Anfang)**	
1.	Онҳо дар сари дастархон менишинанд		
2.	Падарам ба сари полиз рафт.		полиз Feld
3.	Дар сари сол донишҷӯён ба Ӯзбекистон сафар мекунанд		
	байни	**zwischen (байн Zwischenraum, Abstand)**	
1.	Аз байни ду деҳа роҳи калон мегузашт.		
2.	Дар байни донишҷӯён олмониён ва русҳо буданд.		
3.	Дар байни боғи калоне бачаҳо бозӣ мекунанд.		
	миёни	**zwischen, inmitten (миён Taille, Zentrum)**	
1.	Дар миёни девори хона як тирезаи майда аст.		
2.	Дар миёни сӯҳбат касе ба ман телефон кард.		
3.	Мизи калонро ба миёни хона гузоштем.		
	даруни	**in, im Innern von (дарун Inneres, Innenteil)**	
1.	Дар даруни ҳавлӣ як хонаи майда буд. Дар он ҷо Ҳасан зиндагӣ мекард.		
2.	Ба даруни дег гӯшту пиёзро андохт ва бирён кард.		
3.	Аз даруни хона зани ҷавон бо ду бача баромад.		

	беруни	**außerhalb von (берун Äußeres, äußerer Teil)**	
1.	Талабагон аз куҷо омаданд? - Онҳо аз беруни шаҳр, аз деҳаи Чорбоғ омаданд.		
2.	Дар беруни ҳавлӣ бачагон бозӣ мекунанд.		
3.	Бисёр ҷавонон дар беруни Тоҷикистон мехонанд ва кор мекунанд.		

	тарафи	**zu, in Richtung (тараф Seite)**	
1.	Собиру Зайнаб ба тарафи боғ рафтанд.		
2.	Дар тарафи рости хона як кати майда аст.		
3.	Ба тарафи чапи хона мизи калонро гузоштем.		
	наздик / наздик	**zu, nahe, bei (наздик nah)**	
1.	Бемор ба назди духтур омад.		
2.	Наздики деҳаи мо роҳи оҳан мегузарад.		
3.	Хоҳарам ба наздикӣ аз Русия меояд.		ба наздикӣ bald

машқи 1 Sprechen Sie.

Намуна:

✓ китоб миз ҷевон

➔– Китоби ман дар кучост?
– Дар болои миз аст.
– Дар болои миз нест
– Набошад, дар даруни ҷевон аст.

луғат	курсӣ	миз
қалам	миз	сумка
курта	ҷевон	курсӣ
рӯзномаи “Садои мардум”	миз	диван
дафтар	миз	ҷевон

машқи 2 Ergänzen Sie die passenden Präpositionen.

Дар чойхона

Али:	Мебахшед, … … шумо ҷой холӣ аст?	холӣ frei
Саид:	Афсӯс, … ин ҷо банд аст.	банд besetzt
Лола:	Биёед, … … мо. Дар ин ҷо якто ҷой холист.	
Али:	Ташаккури зиёд	

Дар чойхонаи донишгоҳ

Азиза: Оё дар байни шумоён ҷой холист?

Али: Не, ин ҷо холӣ нест. Ана, … … ҷо ҷой холӣ шуд.

Саодат: Азиза, биё … … мо, ин ҷо ҷой ҳаст.

Азиза: Саодат, салом! Ман туро надидам.

машқи 3 Ergänzen Sie die passenden Präpositionen.

дар тарафи чапи, дар назди, дар наздаш, дар болои, дар байни, дар тарафи рост, дар рӯи

1. Хонаи ман калону васеъ аст. — васеъ breit
2. ... ... хона ҷевони майдаи китоб ҷой дорад.
3. ... ... ҷевон як мизи калон аст. ... ... курсии мулоим дорам.
4. ... ... миз компютери ман ҷой дорад.
5. ... ... девори хона як тирезаи калон аст. Тирезаи хона ба кӯчаи Мирзо Турсунзода мебарояд. — кунҷ Ecke
6. ... ... дар кунҷ кати маро мебинед. — фарш Fußboden
7. ... ... фарши хона қолини калон аст. Хонаи ман бароҳат аст. — бароҳат gemütlich

машқи 4 Übersetzen Sie die folgenden Sätze ins Tadschikische.

1. Zarina öffnete die Tür und trat in Sobirs Zimmer.
2. Sein Zimmer war klein, aber gemütlich.
3. In der Mitte der Wand war das Fenster.
4. Das Fenster ging auf die große Straße.
5. Rechts in der Ecke stand ein Bücherschrank.
6. Auf dem Fußboden lag ein alter Teppich.
7. Neben dem Fenster stand ein kleiner Schrank.
8. Auf dem Schrank sah sie ein Radiogerät.
9. Rechts neben dem Bücherschrank stand ein Schreibtisch.
10. Links stand Sobirs Bett.

машқи 5 Beschreiben Sie Ihr Zimmer. Verwenden Sie dabei die folgenden Vokabeln:

дар тарафи рост, дар тарафи чап, ҷевони китоб, мизи корӣ, курсии мулоим, гилем, фарш, кунҷ, кат, тиреза, ҷой доштан, баромадан, бароҳат будан, гузоштан

машқи 6 Beschreiben Sie dieses Gehöft (ҳавлӣ). Verwenden Sie dabei die folgenden Vokabeln:

ҳавлӣ, хона, кат, саг, гов, хар, ток, дарахт, паранда, офтоб, танӯр, гурба, хӯроз, мурғ, мард, зан, бача

Матн

Ҳавлӣ дар деҳа

Мо дар ин хона зиндагӣ мекунем. Хонаи мо дар канори деҳа ҷойгир аст. Гирду атрофи ҳавлии мо пахтазор аст. Падарам ҳар рӯз дар киштзор кор мекунанд. Ҳоло он кас дар ҳавлианд, дар болои кат дароз кашиданд. Дар наздашон чойнику пиёла, он кас нав хӯрок хӯрда дам мегиранд. Модарам аз хона мебароянд.
Ман бошам, шумо медонед, дар куҷо ҳастам? Бале, ман дар болои хар нишаста, дар рӯи ҳавлӣ савора гардиш мекунам. Ман ду хоҳар дорам. Онҳо имрӯз дар хона нестанд. Онҳо ба назди модаркалонам рафтанд.
Аз ҳайвоноти хонагӣ модагов, барзагов, хар, мурғ, хурӯс, саг ва гурба дорем.

Оё шумо медонед,
гови мо дар куҷо аст?
мурғи мо дар куҷо аст?
хурӯс дар куҷо аст?
саг дар куҷо аст?
гурба дар куҷо аст?
хар дар куҷо аст?
барзагов дар куҷост?
Албатта, шумо барзагови моро намебинед, ӯ дар говхона аст. Мо ӯро ба берун намебарорем, чунки ӯ шох мезанад.
Дар ҳавлии мо парандаҳо ҳам бисёранд. Парандаҳоро намебинед? Нағзтар нигоҳ кунед. Ёфтед? Бале, яктоаш дар болои дарахт аст, дигараш бошад, дар ҳавост.
Дар ҳавлии мо шумо боз чӣ мебинед?
Танӯр дар куҷост?
Кат дар куҷост?
Ток дар куҷост?
Дарахти тут дар куҷост?
Ҳезум дар куҷост?
Дар пушти ҳавлии мо чиро мебинед?
Офтобро мебинед?
Оё шумо гуфта метавонед, офтоб мебарояд, ё ки офтоб фурӯ меравад?

машқи 7 Setzen Sie die entsprechenden Präpositionen ein.

Мо дар ин хона зиндагӣ мекунем. Хонаи мо ... канори деҳа ҷойгир аст. ... ... ҳавлии мо пахтазор аст. Падарам ҳар рӯз ... киштзор кор мекунанд. Ҳоло он кас ... ҳавлианд, ... кат дароз кашиданд. ... ... чойнику пиёла, он кас нав хӯрок хӯрда дам мегиранд. Модарам... хона мебароянд. Ман бошам, шумо медонед, ... ҳастам?
Бале, ман ... ... хар нишаста, ... ҳавлӣ савора гардиш мекунам. Ман ду хоҳар дорам. Онҳо имрӯз ... хона нестанд. Онҳо ... ... модаркалонам рафтанд.

Луғат

афтидан	hinfallen, stürzen
банд	besetzt
барзагов	Stier
баромадан/тулӯъ кардан	aufgehen (*Sonne*)
бароҳат	gemütlich
бутта	Busch
васеъ	breit
гиромиқадр	geehrt
говхона /оғил	Kuhstall
гузоштан	(hin)stellen
гурба	Katze
ғуруби офтоб	Sonnenuntergang
давидан	laufen
дар боло	*hier*: am Ehrenplatz
дарахти тут	Maulbeerbaum
замин	Boden, Erde
кат	Holzbett
киштзор	Saatfeld
кунҷ	Ecke
модагов / гов	Kuh
мурғ	Huhn
нохост	plötzlich
нур	Strahl
офтоб	Sonne
парранда	Vogel
полиз	Feld
пул	Brücke
роҳи оҳан	Eisenbahn
савора	beritten
савора гардиш кардан	ausreiten
танӯр	Ofen (*zum Brotbacken*)
ток	Weinstock
тулӯи офтоб	Sonnenaufgang
фурӯ рафтан / ғуруб кардан	untergehen (*Sonne*)
фарш	Fußboden
холӣ	frei
хурӯс	Hahn
ҳезум	Holz
шох задан	mit den Hörnern stoßen

Lektion 23

Grammatikthemen

- Adverbialpartizipien § 48, § 55 (2b)

машқи 1 Beachten Sie die Adverbialpartizipien der Vergangenheit.

1. Аҳмад ба мағозаи китобфурӯшӣ рафта китобҳои нав харид.
2. Ман корҳоямро тамом карда ба боғи шаҳр рафтам.
3. Анвар гурусна буд. Вай картошка бирён карда хӯрд.
4. Ман ба бозор рафта мева мехарам.
5. Талаба бемор шуда ба мактаб наомад.
6. Вай ба хона даромада либосашро гирифт.

машқи 2 Bilden Sie Sätze nach dem Muster:

Намуна:

✓ Собир ба дег равған андохт ва онро доғ кард.
➔ Собир ба дег равған андохта онро доғ кард.

1. Анвар сабзиро пӯст канд ва реза кард.
2. Карим гӯштро шуст ва пора кард.
3. Зарина биринҷро тоза намуд ва онро тар кард.
4. Собир ба равғани доғкарда гӯшту пиёз андохт ва бирён кард.
5. Пас аз он сабзии резакардаро ба дег андохт ва оташро паст кард.
6. Сипас ба дег намак, зира, мурч андохт ва оташро паст кард.
7. Баъди 15 дақиқа биринҷи шустагиро ба дег андохт ва ба болои биринҷ об рехт.

машқи 3 Beachten Sie die Bildung der Adverbialpartizipien der Gegenwart:

1. Дугонаҳо **хандакунон** аз синф баромаданд. — ханда кардан lachen
2. Донишҷӯён **гапзанон** ба хиёбон мебароянд.
3. Модар **табассумкунон** ба чеҳраи фарзандаш нигоҳ мекард. — чеҳра Gesicht; нигоҳ кардан (zu)schauen
4. Бача **давон-давон** хона омад. — табассум кардан lächeln
5. Вай **ларзон-ларзон** гап мезад. — ларзидан zittern
6. Аспи ман **лангон-лангон** пеш мерафт. — асп Pferd; лангидан hinken

машқи 4 Bilden Sie Sätze nach dem Muster:

Намуна:

✓ ҳар ду ба хонаи Карим омаданд. (гап задан)
➔ Ҳар ду гапзанон ба хонаи Карим омаданд.

1. Аз сари полиз _________________ Зебӣ омад. (давидан)
2. Вай аз кӯча ______________ ба хона даромад. (гиря кардан) — гиря кардан weinen
3. Мошин_______________ гузашта рафт. (ғуррос кардан) — ғуррос кардан brüllen, knurren
4. Баъди консерт _________________ пиёда ба хона омадем. (гап задан)
5. Саг _________________аз паси мошин медавид. (аккос задан) — аккос задан bellen
6. Ҷӯпон_________________________ ба пеши рама рафт. (давидан) — ҷӯпон Hirt; рама Herde

Матн

Хатои Турна

Харгӯше ба хонаи Турна давон-давон омада гуфт:

– Турнаҷони меҳрубон! Шунидам, ки ту дандонҳоро нағз табобат мекунӣ, дар дандоншиноӣ ҳам моҳир ҳастӣ. Биё, ба ман ҳам дандонҳои нав шинон!
– Ба дандонҳои худат чӣ шуд? – пурсид Турна.
– Он қадар хуб нестанд, – гуфт Харгӯш. – Ба ҷои онҳо дандонҳои Шерро шинон.

– Дандонҳои Шер ба ту чӣ даркор? – боз пурсид Турна.
– Ман аз Рӯбоҳ қасос гирифтан мехоҳам, – гуфт дар ҷавоб Харгӯш. Аз вай гурехта гаштан ба дилам зад, акнун ӯ аз ман гурезад.

Турна табассум карда ба даҳони Харгӯш ду дандони Шерро шинонд. Он дандонҳои сунъӣ дар назар чун дандонҳои Шер менамуданд.

– Мӯъҷиза! – хурсандона хитоб кард Харгӯш худро дар оина дида. Акнун ба ҷустуҷӯи Рӯбоҳ меравам.
Харгӯш ба ҷангал рафта Рӯбоҳро ҷустуҷӯ кард. Нохост аз зери буттае Рӯбоҳ баромад.
Харгӯш Рӯбоҳро дида, зуд худро аз назари рӯбоҳ пинҳон кард.
Вай тарсону ларзон боз давон-давон назди Турна омада гуфт:

– Турнаҷони меҳрубон! – дандонҳоямро дигар кун.
– Ин дандонҳо чӣ бадӣ доранд? – ҳайрон шуд Турна.
– Бад нестанду барои бар зидди Рӯбоҳ ҷангидан кор намеоянд, – гуфт дар ҷавоб Харгӯш.
– Ин тадбир ёрӣ намерасонад! – ҷавоб дод Турна. Ман хато кардам, Харгӯш. Дили туро иваз карда, ба ҷои он дили Шерро гузоштан даркор!

аз ... қасос гирифтан	Rache nehmen an ...
ба дил задан	zuwider / lästig sein
бар зидди ... ҷангидан	kämpfen gegen ...
дандон	Zahn
иваз кардан	ersetzen; tauschen
моҳир	geschickt
Мӯъҷиза!	Ein Wunder!
пинҳон кардан	verstecken
сунъӣ	künstlich
рӯбоҳ	Fuchs
табобат кардан	behandeln
шинондан	einsetzen lassen
оина	Spiegel
ҷустуҷӯ кардан	suchen
ҷангал	Wald
тадбир	Maßnahme
турна	Kranich
хитоб кардан	ausrufen
ҳақиқӣ	echt
шер	Löwe

машқи 5 Ergänzen Sie die Verben.

1. Харгӯше ба хонаи Турна давон-давон омада... .
2. Турна табассум карда ба дахони Харгӯш ду дандони Шерро... .
3. Харгӯш ба ҷангал рафта Рӯбоҳро... .
4. Харгӯш Рӯбоҳро дида зуд худро аз назари рӯбоҳ... .
5. Вай тарсону ларзон боз давон-давон назди Турна омада... .
6. Ман хато кардам, Харгӯш. Дили туро иваз карда, ба ҷои он дили Шерро... .

машқи 6 Üben Sie die folgenden Verben:

a) ба дил задан

Намуна:

✓ Ҳар рӯз барвақт аз хоб хестан ба дилам зад. / Ҳар рӯз барвақт аз хоб хестан ба дили Собир зад.

ҳар рӯз барвақт аз хоб хестан
ҳар рӯз ду бор хӯрок пухтан
дар боғ кор кардан
дар саҳро пахта чидан саҳро Feld
бекор гаштан
дур аз ватан зиндагонӣ кардан

b) қасос гирифтан аз ...

Намуна:

✓ Харгӯш аз Рӯбоҳ қасос гирифтан мехоҳад.

Харгӯш / Рӯбоҳ
Ҳамсоя / саги Карим
Карим / ҳамсоя
Рӯбоҳ / Шер
Шер / Турна

машқи 7 Beantworten Sie die Fragen.

1. Харгӯш чаро дандонҳои Шерро шинондан хост?
2. Харгӯш бо кадом мақсад ба ҷангал рафта Рӯбоҳро ҷустуҷӯ кард?
3. Харгӯш чаро тарсону ларзон, давон-давон назди Турна омад?
4. Ба фикри Турна барои қасос гирифтан аз Рӯбоҳ чӣ кор бояд кард?

машқи 8 Erzählen Sie die Geschichte in Ich-Form.

Ман мехостам аз Рӯбоҳ қасос гирам. Аз Рӯбоҳ гурехта гаштан ба дилам зад.

Ман давон- давон ба хонаи Турна рафта гуфтам ...

Луғат

аккос задан	bellen
асп	Pferd
ба дил задан	zuwider / lästig sein
бар зидди ... ҷангидан	kämpfen gegen ...
бигузор, ӯ аз ман гурезад	er soll von mir fliehen
бигузор / бигзор	soll *das ist ein Partikel*
гиря кардан	weinen
ғуррос задан	brüllen, knurren
дандон	Zahn
дандонҳои сунъӣ	künstliche/unechte Zähne
иваз кардан	ersetzen; tauschen
қасос гирифтан аз ...	Rache nehmen an ...
лангидан	hinken
ларзидан	zittern
моҳир	geschickt
Мӯъҷиза!	Ein Wunder!
нигоҳ кардан	(zu)schauen
оина	Spiegel
пинҳон кардан	verstecken
рама	Herde
рӯбоҳ	Fuchs
саҳро	Feld
табассум кардан	lächeln
табобат кардан	behandeln
тадбир	Maßnahme
турна	Kranich
ханда кардан / хандидан	lachen
хитоб кардан	ausrufen
чӯпон	Hirt
ҷангал	Wald
ҷустуҷӯ кардан	suchen
шер	Löwe
шинондан	einsetzen lassen

Lektion 24

Grammatikthemen

- Perfekt § 52

Konjugation der Verben *хондан, нақл кардан* im Perfekt

ман	хондаам	ich habe gelesen	нақл кардаам	ich habe erzählt
ту	хондай	du hast gelesen	нақл кардай	du hast erzählt
ӯ/вай	хондааст	er,sie,es hat gelesen	нақл кардааст	er,sie,es hat erzählt
мо	хондаем	wir haben gelesen	нақл кардаем	wir haben erzählt
шумо	хондаед	ihr habt gelesen	нақл кардаед	ihr habt erzählt
онҳо	хондаанд	sie haben gelesen	нақл кардаанд	sie haben erzählt

Verneinungsform der Verben *хондан, нақл кардан* im Perfekt

ман	нахондаам	ich habe nicht gelesen	нақл накардаам	ich habe nicht erzählt
ту	нахондай	du hast nicht gelesen	нақл накардай	du hast nicht erzählt
ӯ/вай	нахондааст	er,sie,es hat nicht gelesen	нақл накардааст	er,sie,es hat nicht erzählt
мо	нахондаем	wir haben nicht gelesen	нақл накардаем	wir haben nicht erzählt
шумо	нахондаед	ihr habt nicht gelesen	нақл накардаед	ihr habt nicht erzählt
онҳо	нахондаанд	sie haben nicht gelesen	нақл накардаанд	sie haben nicht erzählt

машқи 1 Setzen Sie die Verben im Perfekt ein.

1. Катарина барои омӯхтани забони тоҷикӣ ба Тоҷикистон … . — рафтан
2. Донишҷӯёни олмонӣ забони тоҷикиро нағз ... . — омӯхтан
3. Собир ба омӯзишгоҳи исломшиносӣ ... . — дохил шудан
4. Ба мо хабар доданд, ки донишҷӯёни институти Осиёи Марказӣ дар моҳи август ба Тоҷикистон … … . — сафар кардан
5. Шоири классикии тоҷик, Рӯдакӣ дар асри X ... . — зиндагӣ кардан
6. Ин мактаби навро русҳо се сол пеш ... . — сохтан

машқи 2 Lesen Sie.

Мардуми мо нақле доранд, ки бобоҳои мо, тоҷикон, дар замонҳои қадим аз Балх омада дар кӯҳистон ҷойгир шудаанд. Онҳо баҳодур, ҳунарманд будаанд, ҳар кадомашон чандин ҳунар медонистаанд. Кӯҳистон ҳама гургхонаву шағолхона будааст. Онҳо ободаш кардаанд, сангҳоро чида деҳқонӣ кардаанд, боғу бӯстонҳо кардаанд, дар кӯҳҳои баланд шаҳру қалъаҳо сохтаанд.

баҳодур Held
ҳунарманд Handwerker
гург Wolf
шағол Schakal
обод кардан komfortabel einrichten
қалъа Festung

машқи 3 Ordnen Sie zu.

1. Мардуми мо нақле доранд, ки бобоҳои мо, тоҷикон, дар замонҳои қадим аз Балх .... .
2. Мардуми омада дар кӯҳистон ... .
3. Онҳо баҳодуру ҳунарманд ... .
4. Ҳар кадомашон чандин ҳунар ... .
5. Кӯҳистон ҳама гургхонаву шағолхона ... , онҳо ... .
6. Онҳо сангҳоро чида деҳқонӣ кардаанд, боғу бӯстонҳо кардаанд, дар кӯҳҳои баланд шаҳру қалъаҳо ... .

будаанд ҷойгир шудаанд
медонистаанд
будааст
сохтаанд
ободаш кардаанд
омадаанд

машқи 4 Setzen Sie die Verben im Perfekt ein.

1. Харгӯше ба хонаи турна давон-давон омада ... : – Турнаҷон, биё ба ман дандонҳои шерро шинон.
2. Турна табассумкунон ба даҳони харгӯш ду дандони шерро ... .
3. Харгӯш худро дар оина дида хеле ... .
4. Харгӯш ба ҷангал рафта рӯбоҳро ... .
5. Харгӯш рӯбоҳро дида, зуд худро аз назари рӯбоҳ ... .
6. Дар тарафи рости хона ҷевони китоб ... .
7. Муаллими таърих гуфт, ки Аҳмадро ягон бор дар дарсаш ... .
8. Ман ягон бор ... , ки Анвар арабӣ гап мезанад.
9. Дар хона нон ... .
10. Духтур ҳоло ... .

гуфтан
шинондан
хурсанд шудан
ҷустуҷӯ кардан
пинҳон кардан
истодан
надидан
нашунидан
намондан
наомадан

Bei den Zustandsverben истодан [ист] (*stehen, anhalten*), нишастан [нишин] / шиштан [шин] (*sitzen*), хобидан [хоб] (*liegen, schlafen*) beschreibt die Form des Perfekt eine Handlung, die in der Gegenwart stattfindet.

машқи 5 Übersetzen Sie.

Намуна:

Як духтар дар боғ нишастааст. ➔ Ein Mädchen sitzt im Garten.
Бародарам хобидааст. ➔ Mein Bruder schläft.

1. Алло! Ту дар куҷой? Туро наёфтам! - Ман дар сари истгоҳи "Ватан" истодаам.
2. Мо дар назди донишгоҳ истодаем ва интизори шумо ҳастем.
3. Мо, бачагон бо падару модарамон дар сари дастархон нишастаем.
4. Имрӯз ҳаво хуб нест. Ҳавопаймоҳо парвоз намекунанд. Мусофирон рӯз дароз дар фурудгоҳ нишастаанд.
5. Баҳор омад, аммо дар кӯҳ ҳанӯз барф хобидааст.
6. Аҳмад, падарат дар куҷост? - Падарам бемор аст, дар хона хобидааст.

машқи 6 Übersetzen Sie die folgenden Sätze.

1. Ich habe in der Zeitung gelesen, dass die Chinesen in Tadschikistan Autobahnen gebaut haben.
2. In der Mitte des Zimmers stand ein großer Tisch.
3. Man erzählt, dass die jungen Leute von Tadschikistan nach Russland gefahren sind, um Geld zu verdienen.
4. Ich habe gehört, dass dein Freund im Sommer eine Reise nach Tadschikistan unternommen hat.
5. Es lebte einmal ein armer Bauer. Er hatte drei Söhne.
6. Der Lehrer sagt, dass er Akram nie an seinen Lehrveranstaltungen gesehen hat.
7. Ich habe ihn nie Englisch sprechen gehört.
8. Said sagt, dass er deutsche Touristen in Samarkand gesehen hat.
9. Wir haben gehört, dass die Studenten aus Berlin in Duschanbe Tadschikisch gelernt haben.

Матн

Истаравшан

Истаравшан яке аз шаҳрҳои қадим дар қисми шимолии Ҷумҳурии Тоҷикистон воқеъ аст. Як замоне ин шаҳр Курушкада ном доштааст, баъд Истаравшан, дертар Ӯротеппа ва аз соли 2000 боз Истаравшан номида шудааст.
Истаравшан ба забони форсии қадим маънои «ситораи дурахшон»ро дорад.
Ривояте дар бораи пайдоиши номи ин шаҳр аст, ки Истаравшан дар болои кӯҳи баланде ҷойгир будааст (имрӯз ҳам ҳамин тавр аст) ва чароғони он мисли ситорагони дурахшон ҳамчун роҳнамо барои корвонҳо будаанд, ки аз роҳи абрешим мегузаштаанд.
Дар маркази шаҳр аз ду тараф теппаҳои баланданд. Теппае, ки дар тарафи чап аст, Муғ ном дорад. Дар ин теппа пештар хонаҳои бисёр будаанд, он ҷо ҳокимон истиқомат мекардаанд. Аз

тарафи дигар теппаи Тал намудор аст.
Боло ва поёни ин теппа - идҷой будааст. Рӯзҳои ид дар ин теппа тамошоҳои гуногун баргузор мегардидааст. Дар он ҷо иди Наврӯз - иди сари солро бо иштироки чопандозҳо ва паҳлавонҳои маҳаллӣ ва шаҳру ноҳияҳои дуру наздик, ҳазорон нафар марду зан, бачагону пирон бузкашию гӯштинро тамошо мекардаанд.
Дар замонҳои қадим роҳи абрешим аз болои ҳамин шаҳр мегузаштааст. Ин шаҳр аз қадимулайём маркази тиҷорат, ҳунармандӣ аст.
Истарафшан бо ҳунармандони кордсозон, кандакорон, тунукасозон, дӯзандагон, қандалотпазон ва ғайра дар тамоми минтақаи Осиёи Миёна машҳур буданд ва ҳастанд.

бузкашӣ	das „Ziegenziehen" (*Reiterspiel*)
баргузор гардидан	stattfinden
воқеъ будан	gelegen sein
гӯштин	Ringen
дурахшон	hell, leuchtend
замон	Zeit
истиқомат кардан	wohnen, leben
кандакорӣ	Holzschnitzerei
корвон	Karavane
кордсоз	Messermacher
қадим	uralt
қадимулайём	uralte Zeit
қандалотпаз	Konditor
қисм	Teil
маҳаллӣ	lokal
мисли	wie
намудор будан	zu sehen sein
номида шудан	genannt werden
пайдоиш	Entstehung
поён	unten
паҳлавон	Ringkämpfer
ривоят	Legende, Geschichte
роҳи абрешим	seidene Straße
теппа	Höhe
тунукасоз	Blechschmied
ҳоким	Herrscher
чароғ	Licht
чопандоз	Reiter

машқи 7 Beantworten Sie die Fragen.

1. Шаҳри Истаравшан дар кадом қисми Тоҷикистон ҷойгир будааст?
2. Пеш шаҳри Истаравшан чӣ ном доштааст?
3. Номи Истаравшан чӣ маъно доштааст?
4. Дар маркази шаҳр аз ду тараф чӣ намудор будааст?
5. Теппаҳо чӣ ном доранд?
6. Дар теппаи Муғ киҳо истиқомат мекардаанд?
7. Дар рӯзҳои ид дар куҷо тамошоҳои гуногун баргузор мегардидааст?
8. Истаравшан бо кадом ҳунармандон машҳур будааст?

машқи 8 Ergänzen Sie das Perfekt in den Sätzen.

1.	Истаравшан як замоне Курушкада	ном доштан
2.	Баъд Истаравшан, дертар Ӯротеппа ва аз соли 2000 боз Истаравшан	номида шудан
3.	Ривояте дар бораи пайдоиши номи ин шаҳр аст, ки Истаравшан дар болои кӯҳи баланде	ҷойгир будан
4.	Чароғони шаҳри Истаравшан мисли ситорагони дурахшон ҳамчун мино барои корвонҳо	будан
5.	Дар теппаи Муғ пеш ҳокимон	истиқомат кардан
6.	Рӯзҳои ид дар теппаи Тал тамошоҳои гуногун...	баргузор гардидан

машқи 9 Üben Sie die folgenden Verben:

a) дар ... воқеъ будан

Намуна:

✓ Хуҷанд дар қисми шимолии Ҷумҳурии Тоҷикистон воқеъ аст.

Хуҷанд, дар, қисм, шимолӣ, Ҷумҳурии Тоҷикистон, воқеъ будан

Ҳисор, дар, назди, шаҳр, Душанбе, воқеъ будан

Кулоб, дар, қисм, ҷанубӣ, Ҷумҳурии Тоҷикистон, воқеъ будан

Хоруғ, дар, қисм, шарқӣ, Ҷумҳурии Тоҷикистон, воқеъ будан

b) дар ... истиқомат кардан / истиқомат доштан

Намуна:

✓ Шумо дар куҷо истиқомат мекунед?

шумо, дар, куҷо, истиқомат кардан

Анвар, дар Маскав, истиқомат доштан

ту, истиқомат кардан, кӯча, дар, кадом

оила, Аҳмедовҳо, ҳоло, дар, Қирғизистон, истиқомат доштан

c) баргузор гардидан

Намуна:

✓ Маҷлис рӯзи сешанбе дар донишгоҳ баргузор мегардад.

маҷлис, рӯз, сешанбе, донишгоҳ, дар, баргузор гардидан

вохӯрӣ, нависандагон, бо, дар, театр, Садриддин Айнӣ, имрӯз, соати як, баргузор гардидан

консерт, Далер Назаров, дар, бегоҳи, боғ, Рӯдакӣ, баргузор гардидан

тамошоҳо, гуногун, дар, шаҳр, мо, дар, тобистон, баргузор гардидан

Луғат

бузкашӣ	das „Ziegenziehen" (*Reiterspiel*)
баргузор гардидан	stattfinden
баҳодур	Held
воқеъ будан	gelegen sein
гург	Wolf
гӯштин	Ringen
дурахшон	hell, leuchtend
замон	Zeit
истиқомат кардан	wohnen, leben
кандакорӣ	Holzschnitzerei
корвон	Karavane
кордсоз	Messermacher
қадим	uralt
қадимулайём	uralte Zeit
қалъа	Festung
қандалотпаз	Konditor
қисм	Teil
маҳаллӣ	lokal
мино	*hier:* Leuchtturm
мисли	wie
намудор будан	zu sehen sein
номида шудан	genannt werden
ობод кардан	komfortabel einrichten
пайдоиш	Entstehung
пас	unten
ривоят	Legende, Geschichte
роҳи абрешим	seidene Straße
теппа	Höhe
тунукасоз	Blechschmied
ҳоким	Herrscher
ҳунарманд	Handwerker
чароғ	Licht
чопандоз	Reiter
шағол	Schakal

Lektion 25

Grammatikthemen

- Passiv § 51

машқи 1 Lesen Sie.

1. Соли оянда дар деҳа мактаби нав кушода мешавад.
2. Дар деҳаи мо масҷиди калон сохта мешавад. — масҷид Moschee
3. Дар донишгоҳи мо мутахассисони хуб тайёр карда мешаванд.
4. Дар бозори Шоҳмансур сабзавоти гуногун фурӯхта мешавад.
5. Ин сабзавотҳо аз куҷо оварда мешаванд?
6. Иди Наврӯз дар моҳи март ҷашн гирифта мешавад. — ҷашн гирифтан feiern

машқи 2 Bilden Sie Sätze in Passiv Präsens-Futur.

Намуна:

✓ Зебо тоқӣ медӯзад.
➔ Тоқӣ дӯхта мешавад. / Тоқӣ аз тарафи Зебо дӯхта мешавад.

1. Бинокорон дар кӯчаи Рӯдакӣ хонаи ҳаштошёна месозанд. — бинокор Bauarbeiter
2. Хаткашон мактубу рӯзнома меоварад. — хаткашон Briefträger
3. Хонум Шарифӣ ширкати зардӯзӣ таъсис медиҳад. — таъсис додан gründen
4. Харидор пули мошинро ба соҳибаш медиҳад. — харидор Käufer; соҳиб Besitzer
5. Тағои Рустам ба ман дастгоҳи аккосӣ тӯҳфа мекунад. — дастгоҳи аккосӣ Kamera
6. Рӯзи таваллуди падарамро рӯзи шанбе ҷашн мегирем.

машқи 3 Bilden Sie aus den Sätzen der Übung 2 Passivsätze in der Vergangenheit.

Намуна:

✓ Зебо тоқӣ дӯхт.
➔Тоқӣ дӯхта шуд. / Тоқӣ аз тарафи Зебо дӯхта шуд.

тоқӣ Kappe

Матн

Сохти давлати Тоҷикистон

Ҷумҳурии Тоҷикистон 9-уми сентябри соли 1991 давлати соҳибистиқлол эълон гардид. Ҷумҳурии Тоҷикистон мутобиқи Сарқонуни Тоҷикистон
давлати соҳибихтиёр, демократӣ, ҳуқуқбунёд ва дунявӣ мебошад.
(Конститутсияи Ҷумҳурии Тоҷикистон моддаи 1)
Ҷумҳурии Тоҷикистон ҳокимияти шакли президентӣ дорад. Президенти Ҷумҳурии Тоҷикистон сарвари давлат ва ҳукумат мебошад. Президент ба мӯҳлати 7 сол интихоб мешавад. Маҷлиси Олӣ - парламенти Ҷумҳурии Тоҷикистон мақоми олии намояндагӣ ва қонунгузор мебошад. Маҷлиси Олӣ аз ду маҷлис - Маҷлиси миллӣ ва Маҷлиси намояндагон иборат аст. Вакилон ё аъзои Маҷлиси намояндагон дар асоси интихоботи умумии бевосита ва овоздиҳии пинҳонӣ барои панҷ сол интихоб мешаванд. Маҷлиси намояндагон доимоамалкунанда ва касбӣ мебошад (моддаи 49).
Иҷлосияи Маҷлиси миллӣ соле на камтар аз чор маротиба аз тарафи Раиси Маҷлиси миллӣ даъват мешавад.
Тоҷикистон аз назари тақсимоти маъмурӣ аз вилояти мухтори Кӯҳистони Бадахшон, вилоятҳои Суғд, Хатлон ва шаҳрҳову ноҳияҳои тобеи марказ иборат аст. Пойтахти Тоҷикистон шаҳри Душанбе аст.

асос	Basis, Grundlage
аъзо	Mitglied
бевосита	direkt
вакил	Vertreter; Abgeordnete
вилояти мухтор	autonomes Gebiet
давлати ҳуқуқбунёд	Rechtsstaat
дунявӣ	weltlich, säkular
иҷлосия	Sitzung
интихоб шудан	gewählt werden
интихобот	Wahlen
қонунгузор	Gesetzgeber
мақоми олӣ	höchstes Organ
модда	Artikel
мутобиқ	nach, laut …
намояндагӣ	Vertretung
ноҳия	Kreis, Bezirk
овоздиҳӣ	Abstimmung
пинҳонӣ	geheim
сарқонун / конститутсия	Verfassung
соҳибистиқлол	souverän
тақсимоти маъмурӣ	Verwaltungsgliederung
тобеъ	untergeordnet
умумӣ	allgemein
ҳокимият	Regierung
ҳукумат	Regierung
эълон гардидан	erklärt werden

машқи 4 Setzen Sie das Verb in Passiv ein.

1. Ҷумҳурии Тоҷикистон 9-уми сентябри соли 1991 давлати соҳибистиқлол … .	эълон гардидан
2. Президент ба мӯҳлати 7 сол	интихоб шудан
3. Иҷлосияи Маҷлиси миллӣ соле на камтар аз чор маротиба аз тарафи Раиси Маҷлиси миллӣ	даъват шудан
4. Вакилон ё аъзои Маҷлиси намояндагон дар асоси интихоботи умумии бевосита ва бо овоздиҳии пинҳонӣ барои панҷ сол	интихоб шудан

машқи 5 Bilden Sie Passiv.

Намуна:

✓ Мардуми Тоҷикистон 9-уми сентябр Рӯзи истиқлолро ҷашн мегирад.
➔Рӯзи истиқлол 9-уми сентябр ҷашн гирифта мешавад.

1. Халқ президенти кишварро ба мӯҳлати 7 сол интихоб мекунад. (халқ Volk)
2. Президенти давлати Тоҷикистон 9-уми сентябри соли 1991 Ҷумҳурии Тоҷикистонро давлати соҳибистиқлол эълон кард.
3. Интихобкунандагон вакилон ё аъзои Маҷлиси намояндагонро барои панҷ сол интихоб мекунанд.
4. Тоҷикистонро ба се вилоят тақсим карданд.
5. Бинокорон дар пойтахти Душанбе биноҳои нав сохтанд.
6. Раиси Маҷлиси миллӣ иҷлосияи Маҷлиси миллиро соле на камтар аз чор маротиба даъват мекунад.

машқи 6 Ergänzen Sie.

1. Ҷумҳурии Тоҷикистон 9-уми сентябри соли 1991 давлати соҳибистиқлол ...
2. Тоҷикистон мутобиқи Сарқонун давлати ...
3. Президенти Ҷумҳурии Тоҷикистон сардори ...
4. Парламенти Ҷумҳурии Тоҷикистон - ...
5. Мачлиси Олӣ аз ду ...
6. Депутатҳо дар асоси интихоботи умумии бевосита ва овоздиҳии пинҳонӣ барои ...
7. Тоҷикистон аз назари тақсимоти маъмурӣ аз ...

машқи 7 Wann feiert man in Tadschikistan den Tag der Verfassung?

Сарқонуни Ҷумҳурии Тоҷикистон 6 ноябри соли 1994 дар раъйпурсии умумихалқӣ қабул карда шуд.

26 сентябри соли 1999 ва 22 июни соли 2003 бо тариқи раъйпурсии умумихалқӣ ба он тағйиру иловаҳо ворид карда шуданд.

раъйпурсии умумихалқӣ	Volksbefragung
қабул кардан	verabschieden
бо тариқи	durch, mittels
тағйиру иловаҳо	Veränderungen und Ergänzungen
ворид кардан	einführen

машқи 8 Schreiben Sie die Bestandteile der folgenden Wörter und übersetzen Sie sie.

соҳибистиқлол, сарқонун, соҳибихтиёр, ҳуқуқбунёд, қонунгузор, овоздиҳӣ, доимоамалкунанда

Merken Sie sich:

Тақсимоти маъмурии Тоҷикистон — Administrative Teilung Tadschikistans

Вилоятҳо	Масоҳат бо километри квадратӣ
Вилояти Суғд	26 340
Ноҳияҳои тобеи Ҷумҳурӣ	28 020
Вилояти Хатлон	24 680
Вилояти мухтори Кӯҳистони Бадахшон	63 930
Тоҷикистон	143 100

Луғат

асос	Basis, Grundlage
аъзо	Mitglied
бевосита	direkt
бинокор	Bauarbeiter
вакил	Vertreter; Abgeordnete
вилоят	Provinz, Gebiet
вилояти мухтор	autonomes Gebiet
давлати ҳуқуқбунёд	Rechtsstaat
дастгоҳи аккосӣ	Kamera
дунявӣ	weltlich, säkular
иҷлосия	Sitzung
интихоб шудан	gewählt werden
интихобот	Wahlen
қонунгузор	Gesetzgeber
мақоми олӣ	höchstes Organ
масҷид	Moschee
модда	Artikel
мутобиқ	nach, laut …
намояндагӣ	Vertretung
ноҳия	Kreis, Bezirk
овоздиҳӣ	Abstimmung
пинҳонӣ	geheim
сарқонун / конститутсия	Verfassung
соҳиб	Besitzer
соҳибистиқлол	souverän
тақсимоти маъмурӣ	Verwaltungsgliederung
таъсис додан	gründen
тобеъ	untergeordnet
тоқӣ	Kappe
умумӣ	allgemein
харидор	Käufer
халқ	Volk
хаткашон	Briefträger
ҳокимият	Macht; Behörde
ҳукумат	Regierung
ҷашн гирифтан	feiern
эълон гардидан	erklärt werden

Lektion 26

Grammatikthemen

- Konzessivsätze § 42

Die Konzessivsätze werden mit den Konjunktionen **гарчанд**, **гарчанде ки** (obwohl); **ҳарчанд** (wenn auch, obwohl, obgleich; so sehr ... auch); **бо вуҷуди ин/он ки** (obgleich, obwohl) eingeleitet.

машқи 1 Beachten Sie die Konzessivsätze in den folgenden Sätzen.

1. Гарчанде фасли тирамоҳ фаро расида бошад ҳам, ҳаво аз рӯзҳои тобистон чандон фарқ надошт. — фаро расидан anbrechen
2. Гарчанде ки мо дер омадем, корҳоро дар вақташ тамом кардем.
3. Ин ҳикоя ҳарчанд кӯтоҳ бошад ҳам, воқеаро муфассал тасвир кардааст. — муфассал ausführlich
4. Бобоям пир бошад ҳам, ҳанӯз боғайрат аст. — боғайрат energisch
5. Бо вуҷуди ин ки дар сурудхонӣ чандон маҳорат надоштам, бо гурӯҳи ҳаваскорон суруд мехондам. — маҳорат Begabung; гурӯҳи ҳаваскорон Amateurgruppe
6. Бо вуҷуди он ки шаб аз ним гузашта буд, касеро аз хурсандӣ хоб намебурд.

машқи 2 Bilden Sie Sätze nach dem vorgegebenen Muster.

Намуна:

✓ Сайрамхола 80-сола шуданд. Сайрамхола таоми серравған ва сергӯшт мехӯрданд.

➔ Сайрамхола ҳарчанд таоми серравған ва сергӯшт хӯрда бошанд ҳам, 80-сола шуданд.

Сайрамхола 80-сола шуданд.	Сайрамхола зиндагии сахт доштанд.	
	Сайрамхола дардманд буданд.	дардманд kränklich
	Сайрамхола тамоку мекашиданд.	
	Сайрамхола даҳто фарзандро ба воя расониданд.	ба воя расондан aufziehen
	Сайрамхола ҳеҷ вақт ба варзиш машғул набуданд.	машғул будан sich beschäftigen
	Ҳаёти Сайрамхола бо меҳнат гузашт.	

машқи 3 Bilden Sie Sätze nach dem vorgegebenen Muster.

Намуна:

✓ Аня дар Тоҷикистон таваллуд шуд. Вай забони тоҷикиро намедонад.

➔ Гарчанде ки Аня дар Тоҷикистон таваллуд шуда бошад ҳам, забони тоҷикиро намедонад.

1. Парвина тоҷик аст.	Ӯ палав намехӯрад.	
2. Падари дӯсти ман миллионер аст.	Дӯстам ҳеҷ вақт пул надорад.	
3. Собир рақс карда наметавонад	Вай ҳар рӯз ба дискотека меравад.	
4. Гуландом ду фарзанд дорад.	Гуландом дар донишгоҳ мехонад.	
5. Ман мусиқиро намефаҳмам.	Сурудҳои Мастона Эргашеваро мехонам.	
6. Ҳаво абрнок буд.	Ҳавопаймо дар вақташ ба фурӯдгоҳ расид.	абрнок wolkig

машқи 4 Was passt zusammen?

Намуна:

✓ Сайрамхола пир аст. Он кас боғайрат ҳастанд.

➔ Сайрамхола пир бошанд ҳам, боғайрат ҳастанд.

1. **Сайрамхола пир аст.**	☐ Мунира ин хонаро мехарад.	
2. Падарам нафақа мегирад.	☐ Амин пай дар пай тамоку мекашад.	
3. Ин хона кӯҳна аст.	☐ Ман ӯро дӯст медорам.	
4. Вай нобино аст.	☐ Кассетаҳои сурудҳои Далер Назаровро ҷамъ мекунад	
5. Заррина ягон забони хориҷиро намедонад.	☐ Ронанда мошинро бо суръат меронад.	суръат Geschwindigkeit
6. Гӯши Рустамака вазнин аст.	☐ Вай мехоҳад тарҷумон шавад.	вазнин schwer; *hier:* taub
7. Дар мошин бачаҳои майда буданд.	☐ **Он кас боғайрат ҳастанд.**	
8. Тамоку кашидан ба саломатӣ зарар дорад.	☐ Падарам намехоҳад бекор нишинад.	зарар доштан ungesund sein

Матн

Саида ба дӯстони олмонӣ дар бораи иди Наврӯз нақл мекунад:

Наврӯз иди халқҳои форсизабон ва баъзе халқҳои дигар аст. Вай 21-уми март ҳамчун баробар шудани шабу рӯз, фаро расидани баҳор ид карда мешавад. Марди деҳқон ба киштукори баҳорӣ оғоз менамояд. Ризқу рӯзии мардум барои тамоми сол аз Наврӯз оғоз меёбад. Бинобар он Наврӯзро иди сари сол мешуморанд.
Дар даври шӯравӣ иди Наврӯзро расман ҷашн намегирифтанд.

Савол: Сабабаш чӣ буд?

Сабаб дар ин аст, ки иди Наврӯзро мероси динӣ мегуфтанд.
Гарчанде дар давраи шӯравӣ иди Наврӯзро расман ҷашн намегирифтанд, мардум дар оила, дар байни ёру дӯстон Наврӯзро ҳама вақт ид мекард.
Имрӯз дар Тоҷикистон Наврӯз ҳамчун иди анъанавии миллӣ ҷашн гирифта мешавад.

Савол: Шумо дар хонаводаи худ ин идро чӣ гуна ҷашн мегиред?

Пеш аз ид манзили (хонаи) худро тоза карда ороиш медиҳем. Модарам бо хоҳаронам таомҳои гуногуни болаззат, самбӯсаҳои
алафин омода мекунанд. Падару модарам аз ҳамсояҳои пиру барҷомонда хабар мегиранд. Дар рӯзи ид пиру ҷавон ба базмгоҳҳо мераванд. Дар гузари мо занон бо Сайрамхола суманак мепазанд.

Савол: Сайрамхола кист?

Сайрамхола зани 80-сола аст. Дар гузарамон хурду калон он касро мешиносанд. Он кас дар гузари мо хабарчӣ буданд.
Сайрамхола 80-сола бошанд ҳам, боғайрат ҳастанд.

Савол: Суманак – ин чист?

Суманак ширинӣ аст ва ранги ҷигарӣ дорад.
Онро аз гандуми нешбаровaрда 24 соат мепазанд.
Иди Наврӯз бисёр анъанаҳо дорад. Дар рӯзи ид гӯштингирӣ,
бузкашӣ, базми гул ва дигар бозиҳо ташкил мекунанд.
Бисёр шоирон иди Наврӯзро васф карда, шеъру сурудҳои зебову
гуворо офариданд.

ид	Fest
алаф	Kraut
анъанавӣ	traditionell
базмгоҳ	*Ort, Platz, wo ein Fest gefeiert wird*
базми гул	Blumenfest
барҷомонда	Kranke
баробар	gleich

бинобар	deshalb, aus diesem Grund
болаззат	schmackhaft, lecker
васф кардан	besingen
гӯштингирӣ	Ringen
гандуми нешбароварда	aufgekeimter Weizen
гуворо	bekömmlich; angenehm
гузар	Wohnviertel
дар даври шӯравӣ	in der Sowjetzeit
ид кардан	feiern
киштукор	Aussaat
мерос	das Erbe
оғоз	Anfang
оғоз ёфтан	anfangen
ороиш додан	schmücken
офаридан	erschaffen, kreieren
расман	offiziell
ризқу рӯзӣ	alltägliches Brot
суманак	*eine Süßigkeit, die aus gekeimten Weizen zum Navruz gekocht wird*
ташкил кардан	organisieren
хабарчӣ	*jemand der von Haus zu Haus geht und Nachrichten verkündet*
хонавода	Familie
чӣ гуна / чӣ хел	wie
ҷашн гирифтан	feiern
шумурдан	zählen

Шеър дар бораи Наврӯз (*Мирзо Турсунзода*)

Наврӯз шуду лолаи хушранг баромад,
Булбул ба тамошои дафу чанг баромад.
Мурғони ҳаво ҷумла бикарданд парвоз,
Мурғи дили ман аз қафаси танг баромад.

лола Tulpe
булбул Nachtigal
даф Schellentrommel
чанг *ein Musikinstrument wie eine Maultrommel*
мурғ *hier*:Vogel
ҷумла *hier:*alle
қафас Käfig

Баҳория (*Мирзо Турсунзода*)

Баҳор омад, садои булбул омад,
Насими фораму бӯйи гул омад.
Либоси сабзро саҳро ба бар кард,
Кулоҳи сап-сафед олу ба сар кард.

Пас аз боридани борони найсон,
Чӣ зебоянд дашту кӯҳсорон!
Баҳор омад, чаман гулпӯш омад,
Дили мо бачагон дар ҷӯш омад.

садо Stimme
насими форам angenehmer Wind (Brise)
саҳро Feld; Wüste;
ба бар кардан anhaben
кулоҳ Mütze
олу Kirsche
борони найсон Frühlingsregen
дашт Steppe, Feld; Ebene
чаман гулпӯш Blumenwiese
дар ҷӯш омадан aufregen

Redemittel

– Иди Наврӯзатон муборак шавад!	– Ein gesegnetes Neues Jahr!
– Раҳмат, иди шумо ҳам муборак шавад!	– Danke schön, Ihnen auch ein gesegnetes Neues Jahr!
Наврӯзатон фирӯз бод, ҳар рӯзатон наврӯз бод!	*wörtl.*: Ihr Neues Jahr soll glücklich sein, Ihr jeder Tag soll ein Neues Jahr sein.

машқи 5 Übersetzen Sie.

1. Иди Наврӯз ҳарчанд дар давраи шӯравӣ расман ҷашн нагирифта бошад ҳам, мардум дар оила, дар байни ёру дӯстон иди Наврӯзро хама вақт ид мекарданд.

2. Гарчанде Наврӯзро иди динӣ мешумориданд, мардум ин идро ҳамчун соли нав ва фаро расии баҳор ҷашн мегирафтанд.

3. Гарчанде Наврӯзро расман ид намекарданд, солҳои 70 онро бо номи “Иди лола” ҷашн мегирифтанд.

4. Ид кардани Наврӯз ба расмият надаромада бошад ҳам, солҳои 70 онро бо номи “Иди баҳор” ҷашн мегирифтанд.

5. Гарчанде иди Наврӯзро дар даври шӯравӣ ҷашн намегирифтанд, онро якҷоя бо иди занон (дар рӯзи 8 март) ид мекарданд.

машқи 6 Beantworten Sie die Fragen.

1. Иди Наврӯзро кай ҷашн мегиранд?
2. Иди Наврӯз чӣ хел анъанаҳо дорад?
3. Иди Наврӯзро мардум чӣ хел ҷашн мегирад?
4. Сабаби ҷашн нагирифтани Наврӯз дар замони шӯравӣ дар чӣ буд?

Луғат

абрнок	wolkig
алаф	Kraut
анъанавӣ	traditionell
ба воя расондан	aufziehen
базмгоҳ	*Ort, Platz, wo ein Fest gefeiert wird*
базми гул	Blumenfest
барҷомонда	Kranke
баробар	gleich
бинобар	deshalb, aus diesem Grund
боғайрат	energisch
болаззат	schmackhaft, lecker
вазнин	schwer; *hier:* taub
васф кардан	besingen
гӯштингирӣ	Ringen
гандуми нешбароварда	aufgekeimter Weizen
гуворо	bekömmlich; angenehm
гузар	Wohnviertel
гурӯҳи ҳаваскорон	Amateurgruppe
дар даври шӯравӣ	in der Sowjetzeit
дардманд	kränklich
зарар доштан	*hier:* ungesund sein
ид	Fest
ид кардан	feiern
киштукор	Aussaat
маҳорат	Begabung
машғул будан ба ...	sich mit … beschäftigen
мерос	das Erbe
муфассал	ausführlich
оғоз	Anfang
оғоз ёфтан	anfangen
ороиш додан	schmücken
офаридан [офар]	erschaffen, kreieren
расман	offiziell
ризқу рӯзӣ	alltägliches Brot
суманак	*Süßigkeit zum Navruz aus gekeimtem Weizen*
суръат	Geschwindigkeit
тамоку	Tabak
ташкил кардан	organisieren
фаро расидан	anbrechen
хабарчӣ	*Nachrichtenverkünder von Haus zu Haus*
хонавода	Familie
чӣ гуна / чӣ хел	wie
ҷашн гирифтан	feiern
шумурдан	zählen

Lektion 27

Grammatikthemen

- Final -und Kausalsätze § 43, 44

Die Finalsätze werden mit den Konjunktionen **то, то ки, ки** (um zu, damit) eingeleitet und verlangen den Aorist.

машқи 1 Lesen Sie und übersetzen Sie die folgenden Sätze:

1. Дар Наврӯз пиру ҷавон ба базмгоҳҳо мебароянд, то ки ин идро ҷашн гиранд.
2. Ҷавонони Тоҷикистон мехоҳанд ба хориҷа раванд, то ки дар он ҷо хонанд ва кор кунанд.
3. Омӯзгор рӯзномаи „Чархи гардун"-ро ба синф овард, то ки талабагон аз вай мақолаҳоро хонанд.
4. Муаллими мо вазифаро боз такрор кард, ки мо фаромӯш накунем.
5. Собир ба деҳа меравад, то ки падару модарашро бинад.
6. Донишҷӯёни олмонӣ ба Душанбе омаданд, то ки забони тоҷикиро омӯзанд.

машқи 2 Die Finalsätze können auch durch eine Infinitivkonstruktion mit der Präposition *барои - für* ausgedrückt werden.

1. Нигина ва бародарам барои аз аҳволи падарам хабар гирифтан ба беморхона рафтанд.
2. Модарам барои суманак пухтан аз бозор панҷ кило гандум харид.
3. Ҷавонони Тоҷикистон барои кор кардан ба Русия мераванд.
4. Собир барои давом додани таҳсил ба Душанбе рафт.
5. Зебо барои мол харидан аз Ҳисор ба бозори Душанбе меояд. мол Ware
6. Барои пухтани суманак холаи Сайрамро ба хонаамон даъват кардем.

Матн

Гардиши фалак

Замонҳои пеш мафҳумҳои бозор ва зан тазод буданд.
Дар бозор пайдо шудани занро беодобӣ медонистанд.
Вазифаи зан дар хона нишаста ба кори рӯзгор ва тарбияи фарзандон машғул шудан буд.
Факат дар даврони шӯравӣ зани тоҷик аз хона баромада ба корҳои ҷамъиятию давлатӣ пардохт.

Гардиши фалакро бинед, ки имрӯз занро бе бозор ва бозорро бе зан тасаввур карда намешавад.
Мана, ин бонуе, ки дар бозор нишастааст, матоъҳои ранг ба ранг савдо мекунад.
Дар тарафи дигар хонуме сабзавот мефурӯшад, дигаре нон.
Зебо ҳар ҳафта аз 200 километр роҳ ба Душанбе, ба ҷумъабозор меояд.
Боз роҳи дурро тай карда, ба хонааш меравад, ки дар бозор нишинаду савдо кунад.
Мавҷудахола либосворӣ савдо мекунад. Ба вай ин чизҳоро як шиносаш дод, ки ба фалон нарх фурӯшад. Шиносаш аз як каси дигар гирифтааст, ки вай ин чизҳоро аз хориҷа овардааст. Ҳамаи онҳо молро даст ба даст карда, ба болояш нарх монда мефурӯшанд, ки фоидае бинанд. Мавҷудахола он рӯз аз саҳар то шом нишаста, ҳеҷ савдо накард. Вай бошад, бар зарари худ нархи молро намефуровард. Оқибат шом шуду Мавҷудахола бо дили хаставу рӯҳи шикаста ба хона баргашт.
Лекин зани дигар ба хона хушҳолу рӯҳбаланд омад. Имрӯз савдояш барор гирифту як қисми молашро бо нархи дилхоҳ фурӯхт. Чунин аст қоидаи бозор. Яке зиён мебинаду дигаре фиреб мехӯраду сеюмӣ фиреб медиҳад.
Аз қиссаҳои таърихӣ мо бисёр хонда ва шунидаем, ки дар рӯзҳои мушкилтарин занҳо ба ёрии мардон ба майдони ҳарбу зарб баромаданд.
Имрӯз зиндагӣ занҳоро ба бозору кӯчаҳо баровардааст.

(Аз маҷаллаи „Фирӯза“ 1–3, 1999)

ба корҳои ҷамъиятию давлатӣ пардохтан / машғул шудан	sich mit staatlichen und gesellschaftlichen Arbeiten beschäftigen
барор гирифтан	Erfolg haben
беодобӣ	schlechtes Benehmen
бо дили хаста	*übertr.* traurig
гардиши фалак	Schicksalswandel
даст ба даст кардан	von Hand zu Hand machen
дилхоҳ	nach dem Wunsch
зарар/зиён	Schaden
қоида	Regel
либосворӣ	Kleidung, Stoff für Kleider
матоъ	Stoff
мафҳум	Begriff
оқибат	Ergebnis; schließlich
роҳи дурро тай кардан	einen langen Weg zurücklegen
рӯҳбаланд	froh
рӯҳи шикаста	verzweifelt
савдо кардан	verkaufen, handeln
тазод	Widerspruch
тасаввур кардан	sich vorstellen
фиреб додан *(касеро)*	*j-n* betrügen
фиреб хӯрдан	getäuscht werden
фоида	Nutzen, Profit
хушҳол	fröhlich
ҳарбу зарб	Krieg, Schlacht

машқи 3 Bilden Sie Sätze nach dem Muster.

Намуна:

✓ Зебо роҳи дурро тай кард, **то ки аз Душанбе мол харад.**

1.	Зебо роҳи дурро тай кард	☐	аз Душанбе мол харидан
		☐	аз ҷумъабозори Душанбе мол харидан
2.	Зебо ба хонааш меравад	☐	моли харидаро фурӯхтан
		☐	дар бозор нишастан, савдо кардан
3.	Мавҷудахола аз шиносаш мол гирифт	☐	дар бозор савдо кардан
		☐	фурӯхтан, фоида дидан

машқи 4 Was passt zusammen? Ergänzen Sie.

1.	Дар бозор пайдо шудани занро...	☐	омад. Имрӯз савдояш барор гирифт.
2.	Зан бояд дар хона	☐	нишаста, ҳеҷ савда накард.
3.	Фақат дар даврони шӯравӣ зани тоҷик	☐	карда, ба болояш нарх монда мефурӯшанд.
4.	Имрӯз занро бе бозор ва бозорро бе зан	☐	гирифт, ки ин молҳоро ба фалон нарх фурӯшад.
5.	Ин бону дар бозор матоъҳои ранг ба ранг	☐	тай карда, ба Душанбе, ба ҷумъабозор меояд.
6.	Зебо ҳар ҳафта 200 километр роҳро	☐	савдо мекунад.
7.	Мавҷудахола ин чизҳоро аз як шиносаш	☐	тасаввур карда намешавад.
8.	Ҳамаи занон молро даст ба даст	☐	аз хона баромада бо корҳои ҷамъиятию давлатӣ машғул шуд
9.	Мавҷудахола он рӯз аз субҳ то шом	☐	шинад ва ба кори рӯзгор ва тарбияи фарзандон пардозад.
10.	Зани дигар ба хона хушҳолу рӯҳбаланд	☐	аз рӯи одоб ҳисоб намекарданд

Kausalsätze werden mit den Konjunktionen **ки/ чун(ки)/ зеро/азбаски** (weil, da); **аз он сабаб ки** – (aus dem Grunde); **модоме ки** (da, weil) eingeleitet.

машқи 5 Lesen Sie und übersetzen Sie die folgenden Sätze:

1. Зебо ин ҳафта ба Душанбе намеравад, зеро молҳои аз ҷумъабозор овардаашро ҳоло нафурӯхтааст.
2. Ман дар бозор савдо мекардам, зеро маҷбур будам, ки рӯзгорамро пеш барам.
3. Падар бо рӯҳи шикаста дар хона менишаст, чунки аз писараш то имрӯз хабар набуд.
4. Собир ба хона хушҳолу рӯҳбаланд омад, чунки имрӯз кораш барор гирифт.
5. Бародарон масофаи 110 км роҳро тай карда, ба деҳаашон расиданд.
6. Духтари Зебо рӯмолҳои панҷ сомониро бо нархи сию панҷ сомонӣ харида, фиреб хӯрд.

машқи 6 Was ist richtig?

1. Бонувон чаро дар бозор савдо мекунанд?

a) Бонуе дар бозор савдо мекунад, зеро дигар кор надорад.
b) Бонуе дар бозор савдо мекунад, зеро маҷбур аст, ки рӯзгорашро пеш барад.

2. Зебо чаро ҳар ҳафта 200 километр роҳро тай карда ба Душанбе меояд?

a) Зебо ҳар ҳафта 200 километр роҳро тай карда ба Душанбе меояд, зеро Душанберо дӯст медорад.
b) Зебо ҳар ҳафта 200 километр роҳро тай карда ба Душанбе меояд, чунки аз Душанбе мол мехараду дар бозор савдо мекунад.

3. Мавҷудахола чаро бо дили хаставу рӯҳи шикаста ба хона баргашт?

a) Мавҷудахола бо дили хаставу рӯҳи шикаста ба хона баргашт, чунки он рӯз аз саҳар то шом нишаста, ҳеҷ савдо накард.
b) Мавҷудахола бо дили хаставу рӯҳи шикаста ба хона баргашт, чунки он рӯз фақат як либосворӣ фурӯхт.

4. Бонуи дигар чаро ба хона хушҳол омад?

a) Бонуи дигар ба хона хушҳол омад, чунки савдояш барор гирифт..
b) Бонуи дигар ба хона хушҳол омад, чунки аз писараш хабари хуш гирифт.

машқи 7 Ergänzen Sie.

1. ____________________ роҳ аз манзили Зебо то шаҳри Душанбе дур бошад, Зебо

роҳи дурро ____________________________________ ба ҷумъабозори Душанбе меояд.

2. __________________ Мавҷудахола бо __________________________ ба хона

рафта бошад ҳам, рӯзи дигар боз ба бозор меояд ва савдо мекунад.

3. Ҳамаи занон молро________________________________карда, ба болояш нарх

   монда мефурӯшанд _____________ фоидае бинанд

4. Зани дигар ба хона _______________________ омад, ______________ савдояш

   _______________________________________ .

5. Имрӯз кори Мавҷудахола барор нагирифт. Чунин аст қоидаи бозор. Яке зиён

   _____________________ яке фиреб ___________________ дигаре фиреб

   ____ .

машқи 8 Übersetzen Sie die folgenden Sätze.

Kausalsätze können dem Hauptsatz auch vorangehen. Werden sie mit der Konjunktion *ки* eingeleitet, dann muss *ки* in diesem Fall nach dem ersten Satzglied stehen

1. Мавҷудахола ки имрӯз ҳеҷ савдо накард, бо дили хаставу рӯҳи шикаста ба хона рафт.
2. Духтарча ки дар пеши худ модарашро наёфт, ба гиря даромад.
3. Бо сабаби он ки Саид мутахассиси хуб буд, дар Русия тез кор ёфт.
4. Падарам ки он вақт пул надошт, хона харида натавонист.
5. Борон ки борид, мо дар хонаи тағоям мондем.
6. Дар боғи мо ки имсол мева бисёр буд, як қисмашро ба бозор бурда фурӯхтем.

машқи 9 Beantworten Sie die Frage nach dem angegebenen Muster:

Ба кӣ чӣ тӯҳфа кардан мумкин аст?

Намуна:

✓ Ҷаноб Шарифзода ки сигарет мекашанд, ба он кас тамокудон тӯҳфа кардан мумкин аст.

➔ Ба ҷаноб Шарифзода тамокудон тӯҳфа кардан мумкин аст, зеро он кас сигарет мекашанд.

тӯҳфаҳо

риштаҳои рангин	bunte Fäden
як куртаворӣ	Stoff für ein Kleid
маҷмӯи рангубор	Malkasten
китоби пурмоҷаро	Abenteuerbuch
қайчии токбурӣ	Gartenschere
тамокудон	Tabakdose

ҷаноб Шарифзода

50-сола,
саёҳат кардан,
сигарет кашидан,
дар боғ кор карданро дӯст доштан

хонум Қаландарова

35-сола,
бо шавқ пухтупаз кардан,
курта дӯхтанро дӯст доштан

Азиза

14-сола,
забони англисӣ хондан,
расм кашиданро дӯст доштан,
китоб хонданро дӯст доштан

Луғат

барор гирифтан	Erfolg haben
беодобӣ	schlechtes Benehmen
бо дили хаста	*übertr.* traurig
гардиши фалак	Wandelbarkeit des Schicksals
даст ба даст кардан	von Hand zu Hand machen
дилхоҳ	nach dem Wunsch
зарар/зиён	Schaden
Кораш барор нагирифт.	Er (sie) hatte keinen Erfolg.
кори ҷамъиятию давлатӣ	staatliche und gesellschaftliche Arbeit
китоби пурмоҷаро	Abenteuerbuch
қайчии токбурӣ	Gartenschere
қоида	Regel
либосворӣ	Kleidung, Stoff für Kleider
матоъ	Stoff
мафҳум	Begriff
маҷмӯи рангубор	Malkasten
мол	Ware
оқибат	Ergebnis; schließlich
пардохтан ба ...	sich mit … beschäftigen
роҳи дурро тай кардан	einen langen Weg zurücklegen
рӯҳбаланд	froh
рӯҳи шикаста	verzweifelt
савдо кардан	verkaufen
тазод	Widerspruch
тамокудон	Tabakdose
тасаввур кардан	sich vorstellen
фиреб додан *(касеро)*	jmdn betrügen
фиреб хӯрдан	getäuscht werden
фоида	Nutzen, Profit
хушҳол	fröhlich
ҳарбу зарб	Krieg, Schlacht

Lektion 28

Grammatikthemen

- Konditionalsätze § 54

Konditionalsätze werden mit der Konjunktion **агар** eingeleitet. Man unterscheidet reale und irreale Konditionalsätze. Bezieht sich die reale Bedingung auf die Gegenwart oder die Zukunft, so wird das Verb des Nebensatzes im Aorist verwendet.

машқи 1 Lesen Sie die folgenden Sätze.

1. Агар пагоҳ ҳавои нағз шавад, шумо чӣ кор мекунед?
2. Агар пагоҳ ҳавои нағз шавад, ман бо велосипед сайр мекунам.
3. Агар шумо кӯҳсорро дӯст дошта бошед, ба Тоҷикистон сафар кунед.
4. Агар вақт дошта бошед, шаҳрҳои қадими Кӯлобу Истаравшан, Хуҷанду Панҷакентро тамошо кунед.
5. Агар забони тоҷикиро омӯхтан хоҳед, ба Тоҷикистон сафар кунед.
6. Агар шумо ба Тоҷикистон сафар кунед, бояд дар муддати се рӯз дар ОВиР аз қайд гузаред.

ОВиР – *russische Abkürzung* Abteilung für Visa- und Meldeangelegenheiten ausländischer Bürger
дар муддати … innerhalb …
аз қайд гузаштан registriert werden

машқи 2 Beantworten Sie die Frage.

Агар пагоҳ ҳавои нағз шавад, ту чӣ кор мекунӣ?

Намуна:

✓ дар дарёи Душанбе оббозӣ кардан

➔ Агар пагоҳ ҳавои нағз шавад, ман дар дарёи Душанбе оббозӣ мекунам.

шаҳрро тамошо кардан
дар боғ кор кардан
дар кӯҳ сайр кардан
дар Варзоб истироҳат кардан
бо велосипед сайр кардан

машқи 3 Bilden Sie Konditionalsätze.

Агар шумо ба Тоҷикистон равона бошед, донед, ки ...

Иқлими ин кишвар континенталӣ аст.

Дар тобистон ҳаво то 40 дараҷа гарм мешавад.
Дар зимистон ҳаво дар дашту водии Тоҷикистон 1– 3 дараҷа хунук мешавад.

Масоҳати умумии Тоҷикистон 143,1 ҳазор километри мураббаъро ташкил медиҳад.

Тоҷикистон бо Ҷумҳуриҳои Ӯзбекистон – 910 км, Қирғизистон – 630 км, қисми ҷанубиаш бо Афғонистон –1030 км ва қисми шарқиаш бо Ҷумҳурии Чин – 430 км ҳамсарҳад мебошад.

Масоҳати умумии сарҳади Тоҷикистон 3000 км мебошад.
Баландтарин кӯҳҳои ҷаҳон - Помир ва Тиёншон дар худуди ин кишвар воқеанд.

Қуллаи баландтарин бо номи Исмоили Сомонӣ (7490 метр), баландтарин кӯли дорои оби шӯр Қарокӯл (3914 метр) ва бузургтарин пиряхи ба номи Федченко (бо дарозии 77 километр ва ғафсии 800 метр) дар Тоҷикистон воқеанд.

кишвар Land
дараҷа Grad
ташкил додан betragen
ҳамсарҳад будан gemeinsame Grenze haben
сарҳад Grenze
кӯл See
шӯр salzig
бузург groß
пирях Gletscher
ғафсӣ Dicke
худуд Territorium
қулла Spitze

машқи 4 Was passt zusammen?

1. Агар ба шаҳри Конибодом сафар кунед	☐	Ман дар Русия таҳсил мекунам.	
2. Агар дар деҳа кор бошад	☐	Аз деҳа ба шаҳр кӯчида дар он ҷо кор мекунам.	
3. Агар дар шаҳр ҷои зист бошад	☐	Бодоми Конибодомро чашида бинед.	
4. Агар донишгоҳи Русия стипендия диҳад	☐	Дар деҳа зиндагонӣ ва кор мекунам.	
5. Агар музди кори муаллимон дар мактаб хуб бошад	☐	Мо ба тамошои бозори Баракат меравем.	музди кор Lohn
6. Агар рӯзи якшанбе ҳаво хуб шавад	☐	Мо дар мактаб кор мекунем.	

Wenn sich **die reale Bedingung** auf den Moment der Rede bezieht (und daher die Bedingung eindeutig klar ist), wird das Verb im Nebensatz im Präsens-Futur verwendet.

машқи 5 Lesen und übersetzen Sie die folgenden Sätze.

1. Агар бемор ҳастед, ба назди духтур равед.
2. Агар луғат лозим аст, ман онро ба шумо медиҳам.
3. Агар Собир ба пул зарурат дорад, онро аз банк гирад.
4. Агар барои ошхӯрӣ ба чойхона меравед, ман ҳам бо шумо меравам.
5. Агар меҳмонон шаҳрро тамошо мекунанд, Саид ҳамроҳи онҳо меравад.
6. Агар (ҳозир) вақт дорӣ, ба хонаи мо биё.

Bezieht sich die **reale Bedingung** auf die Vergangenheit, gibt es zwei Optionen. Entweder steht das Verb im Nebensatz im Perfekt oder in der Form des Aorists der Vergangenheit.

машқи 6 Formen Sie die folgenden Sätze um. Verwenden Sie dabei die Formen des Aorists der Vergangenheit.

Намуна:

✓ Агар паловро худат пухтаӣ, чӣ тавр пухтаатро ба мо нақл кун.

➔ Агар паловро худат пухта бошӣ, чӣ тавр пухтаатро ба мо нақл кун.

1. Агар онҳо монда шудаанд, имшаб ба театр намеравем.
2. Агар Саид ба поезд дер кардааст, бо мошин равад.
3. Агар шумо ҷумлаҳоро тарҷума кардаед, ба мо луғатро диҳед.
4. Агар Лола донишгоҳро тамом кардааст, дар мактаби мо кор кунад.
5. Агар Саид ба Русия рафтааст, занашро ҳам барад.
6. Агар Мавҷудахола имрӯз дар бозор молашро нафурӯхтааст, он кас рӯзи дигар мефурӯшад.

машқи 7 Setzen Sie die Verben im Nebensatz im Aorist der Vergangenheit ein.

1. Агар Мавҷудахола аз саҳар то шом нишаста, ҳеҷ ... (савдо накардан), чаро нархи молро нафуровард?
2. Агар замонҳои пеш дар бозор пайдо шудани занро беодобӣ ... (донистан), имрӯз занро бе бозор ва бозорро бе зан тасаввур карда намешавад.
3. Дӯстат аз сафараш ... (баргаштан), бо ӯ дар бораи сафараш сӯҳбат кун.
4. Шумо ба Тоҷикистон ... (сафар кардан), медонед, ки дар муддати се рӯз дар ОВиР аз қайд гузаштан лозим аст.
5. Андрей солҳои дароз дар Тоҷикистон ... (зиндагӣ кардан), урфу одати тоҷиконро хуб медонад.

машқи 8 Bilden Sie aus zwei einfachen Sätzen einen Konditionalsatz nach dem vorgegebenen Muster.

Намуна:

✓ Дарс тамом шуд. Рустам ҳозир меояд.

➔ Агар дарси Рустам тамом шуда бошад, вай ҳозир меояд.

1. Собир аз бозор омад. Мо ба кӯли Варзоб ба оббозӣ меравем.
2. Анвар имтиҳонашро супорид. Вай ба мо занг мезанад.
3. Амин корашро ба охир расонд. Соати ҳашт назди мо меояд.
4. Мирзо баъди кор монда шуд. Вай ба шабнишинӣ намеояд.
5. Ба хонаи Одил меҳмон омад. Имрӯз палав мепазанд.
6. Азиза бачаашро ба боғчаи бачагон бурд. Баъди як соат ба кор меояд.

Гуфтугӯ

Алекс: Рустам, ба сайёҳон кадом шаҳрҳои Тоҷикистонро тавсия мекунед, ки тамошо кунанд?
Рустам: Шаҳрҳои қадими Истаравшану Хуҷанд, Кӯлобу Конибодомро тавсия мекунам.
Алекс: Шаҳри Конибодом дар кадом қисми Тоҷикистон ҷойгир аст?
Рустам: Конибодом дар шимоли Тоҷикистон аст. Конибодомро дарвозаи водии Фарғона мегӯянд, зеро водии Фарғона бо Ӯзбекистон ҳамсарҳад аст.
Алекс: Шаҳри Конибодом бо чӣ машҳур аст?
Рустам: Конибодом бо бодоми худ машҳур аст.
Алекс: Оё дар дигар шаҳрҳои Тоҷикистон бодом намерӯяд?

Рустам: Албатта, дар дигар ҷойҳо ҳам бодом мерӯяд.
Лекин иқлими Конибодом хусусан барои нашъунамои дарахтони бодом мусоид аст. Баҳор он ҷо барвақт меояд.
Дарахтон даҳ-понздаҳ рӯз барвақттар шукуфта, меваҳояшон низ барвақт мепазанд. Агар дар ҷойҳои дигар гулҳои навшукуфтаи бодом зери борону сел монда нобуд гарданд, дар он ҷо дарахти бодом аллакай ғӯра мебандад. Барои ҳамин аз қадимулайём мардуми Конибодом ва гирду атрофи он бештар дарахти бодом мепарваранд. Рӯи ҳавлиҳо, қад-қади кӯчаҳо ва боғу роғҳоро бодом зеб медиҳад.

Алекс: Оё бодоми Конибодом аз дигар бодомҳо фарқ мекунад?

Рустам: Бале, бодомаш тунукпӯст аст ва таъми бодоми он ҷо ҳамто надорад.
Агар ба Конибодом равед, ҳатман бодоми Конибодомро чашида бинед.

аз қадимулайём	seit Altertum
аллакай	schon
бодом	Mandel
борону сел	*wörtl.:* Regen und Überschwemmung; Unwetter
ғӯра бастан	Früchte ansetzen
зеб додан	schmücken
иқлим	Klima
қад-қади ...	am Rande …
мусоид	*hier:* günstig
нашъунамо	Gedeihen
нобуд гардидан	kaputt gehen
парваридан	pflegen
таъм	Geschmack
тунукпӯст	dünne Schale
фаровон	*hier:* viel
хусусан	besonders
ҳамсарҳад будан	grenzen
ҳамто	ähnlich; gleich

машқи 9 Richtig oder falsch?

1. Шаҳри Конибодом дар ҷануби Тоҷикистон ҷойгир аст.
2. Конибодомро дарвозаи водии Фарғона мегӯянд, зеро водии Фарғона бо Ӯзбекистон ҳамсарҳад аст.
3. Иқлими Конибодом хусусан барои нашъунамои дарахтони бодом мусоид аст.
4. Баҳор дар Конибодом дер меояд. Дарахтон даҳ-понздаҳ рӯз дертар шукуфта, меваҳояшон низ дер мепазанд.
5. Агар дар ҷойҳои дигар дарахти бодом аллакай ғӯра бандад, дар Конибодом гулҳои навшукуфтаи бодом зери борону сел монда, нобуд мегарданд.
6. Бодоми Конибодом тунукпӯст аст ва таъми бодоми он ҷо ҳамто надорад.

Bei einer **irrealen Bedingung** steht das Verb sowohl im Neben- als auch im Hauptsatz in der Form des durativen Präteritums. (vgl. §54,3)

машқи 10 Beantworten Sie die folgenden Fragen.

1. Агар аз шумо **мепурсиданд**, ки кадом шаҳрҳои Тоҷикистон боби тамошоянд, шумо чӣ **ҷавоб медодед**?

боби тамошо будан sehenswert sein

2. Агар шумо бисёр пул **медоштед**, чӣ кор **мекардед**?

сафар кардан
хона сохтан
ба камбағалон ёрӣ додан
мошин харидан
ширкат таъсис кардан

машқи 11 Übersetzen Sie die nützlichen Ratschläge (**маслиҳатҳои муфид**) mit dem Wörterbuch ins Deutsche.

Бозӣ кунед

Сафар ба дараи Варзоб

Шумо ба дараи Варзоб сафар (карданро) ба нақша гирифтед. Дар он ҷо шумо ду ҳафта бо як гурӯҳ дар кӯҳҳо сайр кардан мехоҳед. Дар кӯҳҳое, ки шумо сайр мекунед, ҳеҷ кас зиндагонӣ намекунад. Фасли тобистон ҳаво 40 дараҷа гарм мешавад. Дар зер рӯйхати чизҳое дода шуд, ки шумо аз онҳо фақат 5 чизро бояд ҳамроҳ гиред.

ба нақша гирифтан planen

зарур notwendig
шарик Partner

Барои шумо кадом чизҳо муҳиманд? Ба зарур будани чизе шарикатонро бовар кунонед.

Намуна:

✓ – Ман ... мегирифтам / барои ман ... лозим мешавад.
– Ман ... намегирифтам, зеро бе ... ҳам илоҷе ёфтан мумкин аст.
– барои ... даркор аст / барои ... лозим нест.

1.	қаламу дафтар	Stift und Heft
2.	китоб	Buch
3.	айнаки сиёҳ (офтобӣ)	Sonnenbrille
4.	як шиша арақ	eine Flasche Wodka
5.	соат	Uhr
6.	фотоаппарат	Kamera

7.	дег	Kessel
8.	компас	Kompass
9.	чӯткаи дандоншӯй	Zahnbürste
10.	корд	Messer
11.	намак	Salz
12.	банд	Seil
13.	гӯгирд	Streichholz
14.	10 литр об	10 Liter Wasser
15.	карасин	Petroleum
16.	хӯрокворӣ	Lebensmittel
17.	дору	Medizin
18.	оина	Spiegel
19.	кӯрпа	Decke
20.	кампали пашмин	Wolldecke
21.	собун	Seife
22.	фонуси кисагӣ	Taschenlampe
23.	ҳамён	Geldbörse
24.	шиноснома	Personalausweis

машқи 12 Шумо чӣ маслиҳат медодед?

Намуна:

✓ Панҷ дақиқа пеш аз сар шудани футбол телевизори Рустам вайрон шуд.
(футболро дар хонаи ҳамсоя тамошо кардан)

➔ Агар телевизори Рустам вайрон шуда бошад, ба Рустам маслиҳат медодам, ки футболро дар хонаи ҳамсояаш тамошо кунад.

1. Камераи велосипеди Парвина дар вақти сайр кардан кафид.
   (аз роҳгузар ёрӣ талабидан)

   камера Reifen
   кафидан platzen

2. Парвиз ба дарс дер омад.
   (аз омӯзгор бахшиш пурсидан)

3. Азиза оббозӣ кардан мехоҳад, лекин вай либоси оббозиашро фаромӯш кард.
   (ба хона рафта либоси оббозиро овардан)

4. Гуландом ҳамёнашро гум кард.
   (ба милитсия муроҷиат кардан)

   ҳамён Geldbörse

5. Собир ба ҳавопаймо дер монд.
   (билетро барои рӯзи дигар иваз кардан)

   иваз кардан tauschen

6. Падари Амин ба маҷлиси падару модарон рафта наметавонад.
   (ба мактаб занг зада узр пурсидан)

Зарбулмасал

Агар гурба гӯшт наёбад, мегӯяд: „Имрӯз рамазон аст.“

wörtl.: Wenn die Katze keinen Fleisch findet, sagt sie: „Heute ist Fastenzeit (Ramadan).“

машқи 11 Übersetzen Sie die nützlichen Ratschläge (маслиҳатҳои муфид) mit dem Wörterbuch ins Deutsche.

Агар хоҳед, ки картошка тезтар пазад, ба оби картошка ҷӯшидаистода як қошуқи ошхӯрӣ маргарин андозед.

* * *

Агар хоҳед, ки гӯшти пухтаатон мулоиму обдор бошад, пораҳои онро калон-калон ба оби ҷӯшидаистода андозед, сипас дар алови паст пазед.

* * *

Агар хоҳед, ки помидор зуд аз пӯсташ ҷудо шавад, аз рӯяш аввал оби ҷӯш, сипас оби хунук резед. Пӯсташ зуд ҷудо мешавад.

Луғат

аз қадимулайём	seit Altertum
аз қайд гузаштан	registriert werden
аллакай	schon
ба нақша гирифтан	planen
боби тамошо будан	sehenswert sein
бодом	Mandel
борону сел	*wörtl.:* Regen und Überschwemmung; Unwetter
ғӯра бастан	Früchte ansetzen
ғафсӣ	Dicke
дар муддати …	innerhalb …
дараҷа	Grad
зарур будан	notwendig sein
зеб додан	schmücken
иваз кардан	tauschen
иқлим	Klima
камера	Reifen
кафидан	platzen
кишвар	Land
кӯл	See
қад-қади ...	am Rande …

қулла	Spitze
музди кор	Lohn
мусоид	*hier:*günstig
нашъунамо	Gedeihen
нобуд гардидан	kaputt gehen
ОВиР - шӯъбаи раводид ва сабти номи шаҳрвандони хориҷӣ	Abteilung für Visa- und Meldeangelegenheiten ausländischer Bürger
парваридан	pflegen
пирях	Gletscher
рамазон	Ramadan (*Fastenmonat der Moslems*)
сарҳад	Grenze
ташкил додан	betragen
таъм	Geschmack
тунукпӯст	dünne Schale
фаровон	*hier:* viel
худуд	Territorium
хусусан	besonders
ҳамён	Geldbörse
ҳамсарҳад будан	gemeinsame Grenze haben
ҳамто	ähnlich; gleich
шӯр	salzig
шарик	Partner

Lektion 29

Grammatikthemen

- Kausativ § 63

Bildung des Kausativs

нишастан	шин	шинондан	einpflanzen; platzieren, hinsetzen lassen
хобидан	хоб	хобон(и)дан	zum Schlafen bringen
расидан	рас	расон(и)дан	gelangen lassen, ausrichten (*Gruß*)
гузаштан	гузар	гузарондан	hinüberführen; durchführen
хӯрдан	хӯр	хӯрон(и)дан	zu essen geben; ernähren, füttern
пӯшидан	пӯш	пӯшон(и)дан	*jmdn.* anziehen; versorgen (*mit Kleidung*)
кӯчидан	кӯч	кӯчон(и)дан	umsiedeln; übertragen (abschreiben)
хондан	хон	хонондан	lernen lassen
фаҳмидан	фаҳм	фаҳмондан	erklären
навиштан	навис	нависондан	schreiben lassen, einschreiben lassen
давидан	дав	давондан	laufen lassen
дӯхтан	дӯз	дӯзондан	nähen lassen
чеғ задан	чеғ зан	чеғ занондан	rufen lassen

Einige Verben (z.B. **омадан [о-], зистан [зи-], будан [бош-], шудан [шав-]**) bilden <u>keinen Kausativ</u>.

машқи 1 Lesen Sie die Sätze mit Kausativ.

1. Модар бачаашро хӯронда ба ҷойгаҳаш хобонд.
2. Мудири ширкат Азизро ба идораи худ чеғ занонд.

идора Gebäude (*einer Einrichtung)*

3. Модар писари мактабхонро аз роҳи мошин мегузаронад.
4. Амакам Қосимро дар мактаб ва баъд дар донишгоҳ хононд.
5. Асад худро ба курси забони олмонӣ нависонд.
6. Падарамон дар Русия кор карда оиламонро мехӯронаду мепӯшонад.
7. Саломи маро ба падару модаратон расонед.
8. Вақтҳои аввал хатҳояшро ба ман менависонд, акнун худаш менависад.

машқи 2 Setzen Sie die Verben in Kausativ (Präsens oder Präteritum) ein:

1. Карим аспи майда дорад. Вай аспро ҳар рӯз ... (давидан).
2. Модар худаш намехӯраду фарзандашро ... (хӯрдан).
3. Саломи шуморо албатта ба ҳамкасбонам ... (расидан).
4. Зарина баъди як ҳафта тӯй дорад. Вай ба худаш дахта курта ... (дӯхтан).
5. Донишкадаи Осиё ва Аврупо конфронси байналмилалӣ ... (гузаштан).
6. Замин модари инсон аст, он ҳам ... , ҳам ... (хӯрдан, пӯшидан).
7. Падару модарам бародарамро дар консерваторияи Тошканд ... (*хондан).*
8. Матнро аз китоб ба дафтарамон ... (кӯчидан).

машқи 3 Ergänzen Sie:

Намуна:

✓ Парвина барои худаш курта дӯхт. Зарина курта дӯхта наметавонад.
➔ Вай курта дӯзонд.

1. Бобом китоб хонда наметавонад. Вай ба ман китоб ... .
2. Аҳмад хона сохта наметавонад. Вай хонаро ... .

3. Мӯйсафед ариза навишта наметавонад. Аризаро ба котиб ... .

4. Бобову бибиам боғи калон доранд. Меваи боғро онҳо худашон чида наметавонанд. Меваҳоро ба бачаҳои ҳомсоямон ... .

5. Азиз дусола аст. Вай ҳанӯз худаш хӯрок хӯрда наметавонад. Модараш ба вай таомро ... .

6. Аҳмад саволи муаллимро нафаҳмид. Муаллим ба вай боз як бор ... .

машқи 4 Beantworten Sie die Fragen.

Намуна:

✓ Ин куртаро худатон дӯхтед?
➔ Не, ин куртаро дӯзондам.

1. Бародаратон хонаашро худаш сохт?
2. Бобоҷон, аризаро худатон навиштед?
3. Меваҳои боғро худатон мечинед?
4. Шумо ба фарзандатон худатон китоб мехонед?
5. Азимҷон, ту худат аз роҳи мошин гузаштӣ?
6. Шумо аз маркази шаҳр худатон кӯчидед?

Merken Sie sich:

кӯмак расон(и)дан	helfen
халал расон(и)дан	stören
даст расон(и)дан	berühren
ба имзо расон(и)дан	unterschreiben
ба итмом расон(и)дан	abschließen, zu Ende bringen
зарар расон(и)дан	Schaden bringen

машқи 5 Übersetzen Sie.

1. Дӯстонам дар рӯзҳои вазнин ба ман кӯмак расонданд.
2. „Бачаам, падарат кор мекунад, халал нарасон“ – гуфт модар ба бачааш.
3. Дар осорхона як лавҳа овезон аст: „Ба нигораҳо даст нарасонед!“
4. Донишгоҳи Ҳумболд ва Донишгоҳи Осиё ва Аврупо доир ба ҳамкориҳои илмӣ шартнома ба имзо *ме*расонанд.
5. Дар соли 1982 Аҳмад *ба* факултаи таърихи Донишгоҳи миллӣ дохил шуда онро соли 1987 ба итмом расонд.
6. Борону селоб ба баъзе минтақаҳои Тоҷикистон зарар расонд.

лавҳа *hier:* Schild

нигора Ausstellungsstück

шартнома Vertrag

сел(об) Flut

Матн

Садриддин Айнӣ

1

Садриддин Айнӣ 15-уми апрели соли 1878 дар деҳаи Соктареи ноҳияи Ғиждувони вилояти Бухоро дар оилаи деҳқони камбағал таваллуд шудааст. Падараш Саидмуродхоҷа деҳқони камзамине буд. Даромади он барои хӯрондану пӯшондани аҳли оила намерасид. Бинобар ин ӯ бофандагӣ ҳам мекард. Саидмуродхоҷа шахси хоксор ва меҳнатдӯст буд.
Садриддини зиракро аз синни 6-солагӣ ба мактаби пеши масҷиди кишлоқ доданд. Вай аз ин мактаб ягон баҳра бурда натавонист. Бинобар ин ӯро ба мактаби духтарона монданд. Дар ин мактаб ӯ чор сол таҳсил кард. Мактаби онвақта ба ҷавонони донишдӯст саводи даркорӣ дода наметавонист. Садриддин асосан бо кӯмаки падараш соҳиби хату савод шуд. Падараш ба ӯ мегуфт: „Писарам, хон! Ҳар чӣ гуна душворӣ бошад ҳам, хон, одам шав! ... “
Дар синни ёздаҳсолагӣ ба сари Садриддин меҳнати вазнин бор шуд. Падару модараш гирифтори касали вабо шуда вафот карданд. Аз душвориҳои сахти зиндагӣ Садриддин рӯҳафтода набуд. Ӯ дар ҷустуҷӯи илму дониш бо ёрии бародараш ба Бухоро сафар кард. Солҳои 1890–1899 Садриддин дар мадрасаҳои Бухоро таҳсил кард.
Ӯ дар мадрасаҳо хизматгорию фаррошӣ карда дар вақтҳои холӣ дарс мехонд. ...

2

Падарам дар Соктаре баъд аз фориғ шуданаш аз кори деҳқонӣ ҳамеша ба бофандагӣ машғул буд. Аз ҳама бештар карбос бофт. Ӯ як қисми вайро ба худ курта-лозимӣ дӯзонид, дигарашро абра ва астари кӯрпаву кӯрпача, болишт, дастархон ва дигар чизҳои даркории хона дӯзонда, ба читгар дода, ранг кунонда гирифт.
Қаламӣ монда ба мо курта-лозимӣ ва ба худаш ҳам яктаҳ дӯзонид. Алоча монда, худаш ва ҳамаамонро бо ҷомаҳои таҳпӯшӣ ва рӯпӯшӣ таъмин кард. Танҳо ба акаам, ки ба Бухоро мерафт, як ҷуфт курта-лозимии суф ва як яктаҳи чит аз моли фабрика харида дӯзонда дод. Дигар ҳамаамон аз матои хона мепӯшидем. ...
(Садриддин Айнӣ)

абра	*Oberseite einer Decke*
алоча	ein buntgestreifter Stoff
астар/остар	*Unterseite einer Decke*
баҳра бурдан	Nutzen ziehen, gewinnen
болишт	Kissen
бофандагӣ	Weberei
бофтан	weben
вабо	Cholera
зирак	gescheit, aufgeweckt
карбос	Hand gewobener Stoff
курта-лозимӣ / куртаву лозимӣ	Hemd/Kleid und Hose
қаламӣ мондан	dünne Streifen malen *(auf einem Stoff)*
суф	weißer Baumwollstoff
фаррошӣ кардан	putzen, als Putzer arbeiten
фориғ шудан	sich befreien, losmachen
хоксор	gutmütig
читгар	*ein Meister, der auf einem Stoff verschiedene Muster druckt*
яктаҳ	langes Hemd

машқи 6 Richtig oder falsch?

1. Садриддин Айнӣ 15-уми апрели соли 1878 дар шаҳри Бухоро таваллуд шуд.
2. Падараш Саидмуродхоҷа бофандагӣ мекард.
3. Садриддинро дар синни 6-солагӣ ба мактаби шаҳри Бухоро доданд.
4. Падараш ба Садриддин мегуфт „Писарам, хонда чӣ кор мекунӣ! Ҳар чӣ гуна душворӣ бошад ҳам, кор кун, одам шав! ... “
5. Садриддинро бародараш хононд.
6. Падари Айнӣ ҳамеша ба кори деҳқонӣ машғул буд.
7. Ӯ дар вақтҳои холигиаш карбос мебофт. Як қисми вайро ба худ курта-лозимӣ медӯхт, аз дигараш дастархон ва дигар чизҳои даркории хона медӯхт.
8. Падари Айнӣ ба фарзандонаш ҳам курта-лозимӣ дӯхта дод.
9. Танҳо ба писари колониаш, ки ба Бухоро мерафт, як ҷуфт курта-лозимии суф ва як яктаҳи чит аз моли фабрика харида дӯхта дод.

машқи 7 Sprechen Sie über die folgenden Dichter und Schriftsteller.

Абӯабдуллоҳи Рӯдакӣ (858–941)
асосгузори адабиёти классикии форсию тоҷикӣ;
деҳаи Рӯдакӣ ноҳияи ҳозираи Панҷакент

Садриддин Айнӣ (1878–1954)
асосгузори адабиёти шӯравии тоҷикӣ;
деҳаи Соктареи вилояти Бухоро;
асарҳо: “Одина”, “Ғуломон”, “Марги судхӯр”, “Дохунда” …

Мирзо Турсунзода (1911–1977)
шоири машҳури советии тоҷикӣ;
деҳаи Қаратоғи ноҳияи Ҳисор;
шеърҳову достонҳо: “Қиссаи Ҳиндустон”, “Ман аз Шарқи озод”, “Садои Осиё”, “Ҳасани аробакаш”, “Чароғи абадӣ” ...

Лоиқ Шералӣ (194 –2000)
шоири машҳури тоҷикӣ;
деҳаи Мазори Шарифи ноҳияи Панҷакент;
маҷмӯаи ашъор: “Хоки Ватан”, “Илҳом”, “Марди роҳ” ...

машқи 8 Lesen Sie und übersetzen Sie die folgenden Gedichte mit dem Wörterbuch.

То тавонӣ дӯстонро гум макун,
Дӯстони меҳрубонро гум макун.
Дар ҷаҳон бе дӯст будан мушкил аст,
Мушкилосонкун касонро гум макун.

макун = накун

(Мирзо Турсунзода)

Шукр гӯям зиндагиро бо ҳама ширину талх,
Шукр гӯям зиндагиро бо ҳама неку бадаш.
Шукр гӯям қисматамро бо ҳар он чи ҳасту нест,
Шукр гӯям бахтро бо омаду ноомадаш.

шукр гуфтан Dank sagen

(Лоиқ Шералӣ)

Дониш андар дил чароғи равшан аст,
В-аз ҳама бад бар тани ту ҷавшан аст.

ҷавшан Panzerhemd

Ҳар ки н-омӯхт аз гузашти рӯзгор,
Низ н-омӯзад зи ҳеҷ омӯзгор.

(Абӯабдуллоҳи Рӯдакӣ)

Луғат

абра	*Oberseite einer Decke*
алоча	*ein buntgestreifter Stoff*
астар / остар	*Unterseite einer Decke*
баҳра бурдан	Nutzen ziehen, gewinnen
болишт / болиш	Kissen
бофандагӣ	Weberei
бофтан	weben
вабо	Cholera
зирак	gescheit, aufgeweckt
идора	*hier:* Gebäude (*einer Einrichtung)*
карбос	*Hand gewobener Stoff*
курта-лозимӣ / куртаву лозимӣ	Hemd/Kleid und Hose; *ein gestreifter, grober* Baumwollstoff
кӯчондан	umsiedeln; übertragen (abschreiben)
қаламӣ мондан	dünne Streifen malen *(auf einem groben Stoff)*
лавҳа	*hier:* Schild
маҷмӯаи ашъор	Sammlung von Gedichten
нигора	Ausstellungsstück
пӯшондан	jmdn. anziehen, versorgen (*mit Kleidung*)
расондан	gelangen lassen, ausrichten (*Gruß*)
сел(об)	Flut
суф	weißer Baumwollstoff
фаррош	Reinigungskraft
фаррошӣ кардан	putzen, als Reinigungskraft arbeiten
фориғ шудан	sich befreien, losmachen
хобондан	zum Schlafen bringen
хоксор	gutmütig
читгар	*ein Meister, der auf einem Stoff verschiedene Muster druckt*
ҷавшан	Panzerhemd
чеғ задан	rufen
чеғ занондан	rufen lassen
шартнома	Vertrag
шолӣ коридан	Reis säen
шукр гуфтан	Dank sagen
яктаҳ	*langes Unterhemd*

Lektion 30

Grammatikthemen

- Plusquamperfekt § 53

Konjugation der Verben *рафтан, нақл кардан* im Plusquamperfekt

ман	рафта будам	ich war gegangen	нақл карда будам	ich hatte erzählt
ту	рафта будӣ	du warst gegangen	нақл карда будӣ	du hattest erzählt
ӯ/вай	рафта буд	er,sie,es war gegangen	нақл карда буд	er,sie,es hatte erzählt
мо	рафта будем	wir waren gegangen	нақл карда будем	wir hatten erzählt
шумо	рафта будед	ihr wart gegangen	нақл карда будед	ihr hattet erzählt
онҳо	рафта буданд	sie waren gegangen	нақл карда буданд	sie hatten erzählt

Negation der Verben *рафтан, нақл кардан* im Plusquamperfekt

ман	нарафта будам	ich war nicht gegangen	нақл накарда будам	ich hatte nicht erzählt
ту	нарафта будӣ	du warst nicht gegangen	нақл накарда будӣ	du hattest nicht erzählt
ӯ/вай	нарафта буд	er,sie,es war nicht gegangen	нақл накарда буд	er,sie,es hatte nicht erzählt
мо	нарафта будем	wir waren nicht gegangen	нақл накарда будем	wir hatten nicht erzählt
шумо	нарафта будед	ihr wart nicht gegangen	нақл накарда будед	ihr hattet nicht erzählt
онҳо	нарафта буданд	sie waren nicht gegangen	нақл накарда буданд	sie hatten nicht erzählt

машқи 1 Setzen Sie die Verben im Plusquamperfekt ein.

Намуна:

✓ Карим аз рафиқаш, ки дар Маскав мехонд, хат ... . (гирифтан)
➔ Карим аз рафиқаш, ки дар Маскав мехонд, хат гирифта буд.

1. Коркунони идора дар толор соати шаши бегоҳӣ ... .
2. Коргарон дар клубе, ки худашон сохтаанд, ...
3. Ман барои писарам як китобе, ки барои ҷавонон шавқовар аст, ...
4. Вай бо ин хабараш маро бисёр ... ...
5. Аҳмадро як сол пеш дар ҷашни зодрӯзи устодамон … … .

вохӯрдан
ҷамъ шудан
харидан
хурсанд кардан
дидан

6. Ин китобро талабагон дар синфи даҳум ... .
7. Дар зимистони соли гузашта хоҳарам барои се моҳ ба шаҳри Париж ... .
8. Дар Ӯзбекистон мавсими пахтачинӣ аллакай ... ...
9. Падарам дар бачагиаш дар дасти як бой ... ...
10. Аз аввалҳои моҳи май тарбузу харбуза ... .

хондан рафтан
сар шудан кор кардан коридан

машқи 2 Hier geht es weiter.

бой der Reiche; reich

– Америкаро кӣ кашф намуд?
– Колумб.
– Колумб аз кадом миллат буд?
– Аз миллати испан.
– Колумб барои чӣ ба Америка ... (рафтан)?
– Барои ёфтани роҳи наздик ба Ҳиндустон.
– Ин ҳодиса кадом сол ... (рӯй додан)?
– Дар соли 1492.

кашф намудан entdecken
рӯй додан sich ereignen

Матн

Авлоду аҷдодони халқи тоҷик

Тоҷикон сокини деринаи Осиёи Миёна мебошанд. Авлоду аҷдодони онҳо халқҳои қадимаи Осиёи Миёна: суғдиҳо, бохтариҳо, тоҳириҳо ва дигарон буданд.
Ноҳияи Суғд дар ҳавзаи дарёи Зарафшон ва Қашқадарё воқеъ буд. Пойтахти қадимаи суғдиҳо-Мароканд (ҳоло Самарқанд) буд.
Суғдиҳо шаҳрҳои худ, марказҳои ҳунармандӣ, тиҷорат ва маданиятро ташкил карда буданд. Ҳокимони онҳо пули худро сикка мезаданд.
Соли 1932 воқеае рӯй дода буд, ки тамоми олами илму адабро ба ҳаяҷон овард. Дар назди дарёи Зарафшон чӯпон Ҷӯраалӣ тасодуфан сабадеро ёфта буд, ки пур аз ҳуҷҷатҳо бо хати номаълум буд.
Маълум гардид, ки ин ҳуҷҷатҳо ба қисми бойгонии ҳокими Суғд Деваштич таалуқ доштанд. Вай дар Панҷакенти қадима дар ибтидои асри VIII ҳукмронӣ карда буд. Олимон дар ватани суғдиҳо аввалин ҳуҷҷатҳои хаттии гаронбаҳоро ба даст оварданд, ки худи суғдиҳо бо забони модариашон тартиб дода буданд.
Ҳуҷҷатҳои хаттии Деваштич дар бораи муборизаи қаҳрамононаи онҳо бар зидди истилогарони араб накл мекарданд. Суғдиҳо то ҳуҷуми арабҳо хатти худро дошта буданд. Онҳо одатан аз рост ба чап менавиштанд.
Суғдиҳо дар рӯйи пӯст, чӯб, тахтача, сафолпора, дар рӯйи қоғаз бо туши сиёҳ хат менавиштанд.

авлоду аҷдодон	Vorfahren
ба даст овардан *–ро*	*etw.* in die Hand bekommen
бойгонӣ	Archiv
бохтариҳо	Baktrer, Baktrier
гаронбаҳо	wertvoll
дар ибтидои асри ...	am Anfang des ... Jahrhunderts

илму адабро ба ҳаяҷон овардан	die Wissenschaft in Aufregung bringen
истилогар	Eroberer
қоғаз	Papier
номаълум	unbekannt
сикка задан	prägen (*Münzen*)
пӯст	Leder; Haut
сабад	Korb
сафолпора	Töpferzeugscherbe
сокини дерина	uralter Bewohner
суғдиҳо	Sogden
таалуқ доштан	gehören
тоҳириҳо	Tahiriden
туш	Tusche
ҳавза	Becken
ҳукмронӣ кардан	herrschen
ҳунармандӣ	Bastelei, Gewerbe
ҳуҷҷат(ҳо)	Dokument(e)
чӯб	Holztafel

машқи 3 Setzen Sie die Verben im Plusquamperfekt ein.

ёфтан, тартиб додан, рӯй додан, ҳукмронӣ кардан, доштан, ташкил кардан

1. Суғдиҳо шаҳрҳои худ, марказҳои ҳунармандӣ, тиҷорат ва маданиятро … … … .
2. Соли 1932 воқеае **… … …** , ки тамоми олами илму адабро ба ҳаяҷон овард.
3. Дар назди дарёи Зарафшон чӯпон Ҷӯраалӣ тасодуфан сабадеро **… …** , ки пур аз ҳуҷҷатҳо бо хати номаълум буданд.
4. Ҳокими Суғд Деваштич дар Панҷакенти қадима дар ибтидои асри VIII **… … … .**
5. Олимон дар ватани суғдиҳо аввалин ҳуҷҷатҳои хаттии гаронбаҳоро ба даст дароварданд, ки худи суғдиҳо бо забони модариашон **… … … .**
6. Суғдиҳо то ҳуҷуми арабҳо хатти худро **… … .**

машқи 4 Richtig oder falsch?

1. Тоҷикон сокини деринаи Осиёи Миёна нестанд.
2. Суғдиҳо, бохтариҳо, тоҳириҳо сокинони деринаи Осиёи Миёна мебошанд.
3. Ноҳияи Суғд дар ҳавзаи Амударё воқеъ буд.
4. Пойтахти қадимаи суғдиҳо Самарқанди имрӯза буд.
5. Суғдиҳо шаҳрҳо месохтанд, тиҷорат мекарданд ва пули худро сикка мезаданд.
6. Соли 1932 аз хонаи чӯпон Ҷӯраалӣ тасодуфан сабаде ёфта шуд, ки пур аз рӯзномаҳо бо хатти номаълум буд.
7. Деваштич ҳокими Суғд буд.
8. Суғдиҳо то ҳуҷуми арабҳо хатти худро дошта буданд.

машқи 5 Bilden Sie Sätze nach dem vorgegebenen Muster.

Намуна:

➔ Суғдиҳо шаҳрҳои худ, марказҳои ҳунармандӣ дошта буданд.

	шаҳрҳои худ, марказҳои ҳунармандӣ	доштан
	марказҳои хунармандӣ,тичорат ва маданиятро	ташкил кардан
	ҳуҷҷатҳои хаттиро бо забони модариашон	тартиб додан
Суғдиҳо	то ҳуҷуми арабҳо хатти худро	доштан
	одатан аз рост ба чап	навиштан
	дар рӯйи пӯст, чӯб, тахтача, сафолпора хат	навиштан

машқи 6 Bringen Sie das Gespräch in die richtige Reihenfolge.

– Табиати Помир ба ман бисёр писанд омад. Помир манзараҳои аҷоиб дорад.
– Дар Хоруғ ва Ишкошим будем.
– Бале, ман бо меҳмонони хориҷӣ ба Помир рафта будам.
– Азиза, ту камнамоӣ. Ягон ҷо рафта будӣ?
– Дар куҷо будед?
– Мо бо ҳавопаймо парвоз кардем.
– Дуруст мегӯӣ. Ман соли гузашта бо бародарам ва янгаам ба Дарвоз сафар карда будам. Ба ман ҳам табиати Помир бисёр маъқул шуда буд.
– Бо чӣ рафта будед? Бо мошин, ё бо ҳавопаймо?

машқи 7 Ergänzen Sie.

Ҷаноб Мирзозода дирӯз чӣ кор карда буд?

1. Соати нӯҳ ба назди ҳамкораш, хонум Гуландом	рафтан	
2. Хонум Гуландом ва ҷаноби Мирзозода	чой нӯшидан	
3. Дар вақти чойнӯшӣ сӯҳбати дилнишин	оростан	дилнишин angenehm
4. Ҳаво он рӯз хеле хуб буд. Онҳо барои сайругашт ба боғи Рӯдакӣ	баромадан	
5. Ҷаноб Мирзозода хонум Гуландомро	сурат гирифтан	
6. Баъд ҷаноб Мирзозода ба ширкати „Шифо"	равон шудан	
7. Аммо мудири ширкат аллакай	рафтан	

машқи 8 Beantworten Sie die Fragen.

Намуна:

✓ Бо мо ба тамошои қалъаи Ҳисор меравед?
Не, ман ҳафтаи гузашта ... .

➔ Не, ман ҳафтаи гузашта рафта будам.

1. Шумо китоби „Марги Судхӯр"-и Айниро хондед?
– Бале, ин китоби Айниро дар мактаб ... .

марги судхӯр
Tod des Wucherers

2. Мошини „Волга"-ро кай харидед?
– Ин мошинро соли 1987 ... .

3. Ин мадрасаи кӯҳнаро кай сохта буданд?
– Онро соли 1887 ... .

4. Шумо якум бор кай ба Париж сафар кардед?
– Якум бор бо ҳамсарам ба Париж соли 1971... ... .

5. Ту филми „Рустам ва Сӯҳроб"-ро дидӣ?
– Ин филмро дар айёми бачагиам ... .

машқи 9 Übersetzen Sie.

1. Китобе, ки амакам ба ман тӯҳфа карда буд, хеле ҷолиб будааст.
2. Дарахтҳое, ки падарам шинонда буд, кайҳо сабзидаанд.
3. Одамоне, ки аз шаҳр омада буданд, дар саҳро кор мекардаанд.
4. Донишҷӯёни олмонӣ, ки ба Душанбе рафта буданд,

   дар бораи сафари худ нақл кардаанд.
5. Тӯҳфае, ки шумо фиристода будед, рӯзи гузашта гирифтаанд.
6. Мақолае, ки ту навишта будӣ, дар рӯзномаи „Миллат" чоп шудааст.
7. Рӯзҳое, ки падараш дар Русия аз сар гузаронда буд, фаромӯш нашудаанд.
8. Супорише, ки раиси ширкат ба коргарон дода буд, дар вақташ иҷро шудааст.

ҷолиб anziehend, interessant
чоп шудан veröffentlicht werden
иҷро шудан erfüllt werden
супориш Auftrag, Aufgabe

Луғат

авлоду аҷдод	Vorfahren
ба даст овардан *-ро*	*etwas* in die Hand bekommen
ба ҳаяҷон овардан *-ро*	*etwas / jmd.* in Aufregung bringen
бой	Reiche; reich
бойгонӣ	Archiv
бохтариҳо	Baktrer, Baktrier
гаронбаҳо	wertvoll
дар ибтидои асри ...	am Anfang des ... Jahrhunderts
дилнишин	angenehm (*Gespräch*)
истилогар	Eroberer
иҷро шудан	erfüllt werden
кашф намудан	entdecken
қоғаз	Papier
номаълум	unbekannt
пӯст	Leder; Haut
рӯй додан	sich ereignen
сабад	Korb
сафолпора	Töpferzeugscherbe
сикка задан	prägen (*Münzen*)
сокини дерина	uralter Bewohner
суғдиҳо	Sogden
судхӯр	Wucherer
супориш	Auftrag, Aufgabe
таалуқ доштан	gehören
тоҳириҳо	Tahiriden
туш	Tusche
ҳавза	Becken
ҳукмронӣ кардан	herrschen
ҳунармандӣ	Bastelei, Gewerbe
ҳуҷҷат(ҳо)	Dokument(e)
чӯб	*hier:* Holztafel
чоп шудан	veröffentlicht werden
ҷолиб	anziehend, interessant

Lektion 31

Grammatikthemen

- Das kategorische Futur § 66

Konjugation der Verben *дидан, нақл кардан* im kategorischen Futur

ман	хоҳам дид	ich werde sehen	нақл хоҳам кард	ich werde erzählen
ту	хоҳӣ дид	du wirst sehen	нақл хоҳӣ кард	du wirst erzählen
ӯ	хоҳад дид	er wird sehen	нақл хоҳад кард	er wird erzählen
мо	хоҳем дид	wir werden sehen	нақл хоҳем кард	wir werden erzählen
шумо	хоҳед дид	ihr werdet sehen	нақл хоҳед кард	ihr werdet erzählen
онҳо	хоҳанд дид	sie werden sehen	нақл хоҳанд кард	sie werden erzählen

Negation der Verben *дидан, нақл кардан* im kategorischen Futur

ман	нахоҳам дид	ich werde nicht sehen	нақл нахоҳам кард	ich werde nicht erzählen
ту	нахоҳӣ дид	du wirst nicht sehen	нақл нахоҳӣ кард	du wirst nicht erzählen
ӯ	нахоҳад дид	er wird nicht sehen	нақл нахоҳад кард	er wird nicht erzählen
мо	нахоҳем дид	wir werden nicht sehen	нақл нахоҳем кард	wir werden nicht erzählen
шумо	нахоҳед дид	ihr werdet nicht sehen	нақл нахоҳед кард	ihr werdet nicht erzählen
онҳо	нахоҳанд дид	sie werden nicht sehen	нақл нахоҳанд кард	sie werden nicht erzählen

машқи 1 Setzen Sie die folgenden Verben im kategorischen Futur ein.

расидан, консерт додан, мондан, ҷашн гирифтан, будан, гарм шудан

Намуна:

✓ Овозхони ҷавони тоҷик Ҷонибеки Мурод дар Остона ... .

➔ Овозхони ҷавони тоҷик Ҷонибеки Мурод дар Остона консерт хоҳад дод.

машқи 2 Setzen Sie die Verben in richtiger Form ein.

✓ *занг задан*

1. Қодир ҳар рӯзи шанбе ба модараш, ки дар Истаравшан зиндагонӣ мекунад, ...

2. Дирӯз вай шаб ... ... , ки модараш аллакай хобида буд.

3. Пагоҳ вай ҳатман ба модараш ... ...

ҳатман unbedingt

➔ 1. Қодир ҳар рӯзи шанбе ба модараш, ки дар Истаравшан зиндагонӣ мекунад, занг мезанад.

2. Дирӯз вай шаб занг зад, ки модараш аллакай хобида буд.

3. Пагоҳ вай ҳатман ба модараш занг хоҳад зад.

навиштан

1. Дӯсти Карим шоири хуб аст. Ҳар рӯз 3–4 шеър ... .
2. Дирӯз 5 шеър ... .
3. Ман фикр мекунам, ки пагоҳ ягонта шеър ... .

савол додан

1. Бачагон ҳама вақт ... ... : – Чаро? – Чаро? – Чаро?
2. Дирӯз писарам ба ман ... ... : – Чаро дар ҷануб гарм аст, аммо дар Антарктида сард?
3. Ман намедонам пагоҳ чӣ ... ба ман ... .

сард kalt

дидан

1. Ман Обидро тез-тез дар чойхонаи „Саодат“ ... .
2. Ман дирӯз ба чойхона рафтам, аммо Обидро ... .
3. Пагоҳ ман ӯро хатман ... .

тамошо кардан

1. Падарам ҳар рӯз барномаи ахборро аз телевизион ... .
2. Дирӯз барқ хомӯш шуд, барои ҳамин барномаи ахборро ... .
3. Пагоҳ албатта падарам барномаи ахборро ... ...

хомӯш шудан
hier: ausgehen

машқи 3 Beantworten Sie die Fragen.

1.	Ҳикояи ин оиларо ба дӯстонатон нақл кардед?	Не, бегоҳ ҳатман нақл хоҳам кард.
2.	Ба мудири ширкатат занг задӣ?	Не, пагоҳ ... .
3.	Шаҳрро тамошо кардед?	Ҳоло не, мо рӯзи шанбе ... ...
4.	Шабнами Сурайё дар Маскав консерт дод?	Не, дар тирамоҳ консерт ... .
5.	Кассетаи додагиамро гӯш кардӣ?	Ҳоло не, аммо имрӯз ҳатман ... ...
6.	Профессор ба саволи шумо ҷавоб дод?	Имрӯз вақташ набуд. Пагоҳ ... ...

Матн

Пешгӯиҳои ҳавошиносон

Имрӯз ҳавои Тоҷикистон сарду боронӣ хоҳад буд.
Ба иттилои Маркази ҳавошиносии Тоҷикистон, имрӯз дар шаҳри Душанбе ҳавои абрнок хоҳад буд ва борону барф меборад, ҳаво аз як то 5 дараҷа гарм хоҳад шуд.
Дар Хуҷанд низ ҳаво абрнок ва боронист, ҳарорати ҳаво то 4–5 дараҷа боло хоҳад рафт.
Дар вилояти Хатлон ҳаво абрнок буда борон меборад, ҳаво то 8 дараҷа гарм хоҳад шуд.

Дар вилояти Бадахшон дар нимаи дувуми рӯз борон меборад ва он баъдан бо барф табдил хоҳад шуд. Ҳаво то 7 дараҷа сард мешавад.
Сардтарин минтақаи Тоҷикистон ноҳияи Мурғоб боқӣ мемонад – дар ин минтақа барф меборад, нимаи аввали рӯз то 21 ва баъдан то 16 дараҷа сард хоҳад шуд.
Рӯзҳои 13 ва 14 январ дар қаламрави Тоҷикистон, ҳам дар водиҳо ва ҳам дар минтақаҳои кӯҳӣ барф хоҳад борид. Ҳарорати ҳаво низ дар ин рӯзҳо хунук хоҳад шуд.
Мизони барф зиёд нахоҳад буд ва дар шаҳри Душанбе 1 ва дар минтақаҳои кӯҳӣ аз 2 то 7 сантиметр хоҳад шуд.

пешгӯӣ	Prognose
иттилоъ	Nachricht
Маркази ҳавошиносӣ	Zentrum der Wettervorhersage
ҳавошинос	Meteorologe
боронӣ	regnerisch
абрнок	wolkig
ба ... табдил шудан	verwandelt werden zu …
ҳарорат	Temperatur
боқӣ мондан	bleiben
мизон	*hier*: Höhe

машқи 5 Richtig oder falsch? Kreuzen Sie an.

	дуруст	нодуруст
1. Имрӯз ҳавои Тоҷикистон гарму бебориш хоҳад буд.		
2. Ба иттилои Маркази ҳавошиносии Тоҷикистон, имрӯз дар шаҳри Душанбе ҳавои бе абр хоҳад буд, ҳаво аз даҳ то понздаҳ дараҷа гарм хоҳад буд.		
3. Дар Хуҷанд ҳаво абрнок ва боронист, ҳарорати ҳаво то 4–5 дараҷа боло хоҳад рафт.		
4. Дар вилояти Хатлон ҳаво бе абр аст ва борон намеборад, ҳаво то 16 дараҷа гарм хоҳад шуд.		
5. Дар вилояти Бадахшон дар нимаи дувуми рӯз борон меборад ва он баъдан ба барф табдил хоҳад шуд. Ҳаво то 7 дараҷа сард мешавад.		
6. Рӯзҳои 13 ва 14 январ дар қаламрави Тоҷикистон, ҳам дар водиҳо ва ҳам дар минтақаҳои кӯҳӣ барф нахоҳад борид. Ҳарорати ҳаво дар ин рӯзҳо хунук нахоҳад шуд.		
7. Мизони барф зиёд нахоҳад буд ва дар шаҳри Душанбе 1 ва дар минтақаҳои кӯҳӣ аз 2 то7 сантиметр хоҳад шуд.		

машқи 6 Beschreiben Sie das Wetter für morgen. Verwenden Sie die folgenden Wörter:

ба иттилои Маркази ҳавошиносӣ, гарм, бебориш, абрнок, ҳарорат, бе абр, дар минтақаҳои кӯҳӣ, хунук, шамол вазидан

Redemittel

ҳавои сернам	Matschwetter
Борон сим-сим меборад.	Es nieselt.
Борони сел меборад.	Es gießt in Strömen.
Ҳаво тира аст.	Es ist trübe.

Гуфтугӯ

Мунира ва Азиза ду сол боз дар шаҳри Маскав кору зиндагӣ мекунанд.

Мунира: Азиза, биё ба консерти Далер Назаров меравем.
Азиза: Консерташ дар куҷо мешавад?
Мунира: 26 август дар толори консертии “Мир”.
Азиза: Аз куҷо фаҳмидӣ?
Мунира: Мана, дар рӯзнома як хабар аст, хон.

Овозхони шинохтаи тоҷик Далер Назаров ба наздикӣ бо як сафари ҳунарӣ ба Маскав хоҳад рафт. Рӯзноманигоре аз пойтахти Русия хабар дод, ки Далер Назаров 26 август дар толори консертии „Мир” як консерт хоҳад дод. ... ...

Азиза: Бисёр хуб. Албатта, ба консерташ меравем. Ӯ овозхони дӯстдоштаи давраи ҷавонии ман аст. Ман ӯро дӯст медорам.

овозхон Sänger

Мунира: Ман ҳам сурудҳои Далер Назаровро дӯст медорам. Хусусан сурудҳои , “Чак-чаки борони баҳор” ва , “Мастам, мастам”-ро.

Луғат

абрнок	wolkig
ба ... табдил шудан	verwandelt werden zu …
боқӣ мондан	bleiben
боронӣ	regnerisch
борони сел боридан	in Strömen gießen
иттилоъ	Nachricht
маркази ҳавошиносӣ	Zentrum der Wettervorhersage
маст	betrunken
мизон	*hier*: Höhe
овозхон	Sänger
пешгӯӣ	Prognose
сард / хунук	kalt
сафари ҳунарӣ	*hier*: Tournee
сим-сим боридан	nieseln
тира	trübe
хомӯш шудан	*hier:* ausgehen (*Licht, Strom*)
хусусан	besonders
ҳавои сернам	Matschwetter
ҳавошинос	Meteorologe
ҳарорат	Temperatur
ҳатман	unbedingt
чакидан [чак]	tropfen

Lektion 32

Grammatikthemen

- Das Partizip des Präsens-Futur § 60 (2)
- Das Partizip der Notwendigkeit § 56

Das Partizip des Präsens-Futur

омадан	меомадагӣ	kommend
овардан	меовардагӣ	bringend
нӯшидан	менӯшидагӣ	trinkend
хондан	мехондагӣ	lesend
гузаштан	мегузаштагӣ	überquerend
хӯрдан	мехӯрдагӣ	essend

машқи 1 Ergänzen Sie die Sätze.

Намуна:

✓ Ягон чизи гаронбаҳо ба ту ... (додан) надорам.
➔ Ягон чизи гаронбаҳо ба ту медодагӣ надорам.

1. Барои мошин ҷои ... (мондан) наёфтам.
2. Дар яхдон чизи ... (хӯрдан) нест. яхдон Kühlschrank
3. Ғайр аз ту дӯсти ... (бовар кардан) намонд.
4. Либосҳои ... (шустан) ба ту овардам.
5. Дадаҷон, мо барои иди Наврӯз чизи ... (пӯшидан) надорем. Ба мо куртаи нав харед.

Намуна:

✓ Анвар кори ... (натавонистан) надорад. Ҳар чӣ аз дасташ меояд.
➔ Анвар кори наметавонистагӣ надорад. Ҳар чӣ аз дасташ меояд.

6. Саволҳои ... (нафаҳмидан) чаро намепурсӣ?
7. Калимаҳои ... (надонистан) аз луғат коб.
8. Падарам мегуфтанд: Дар ҳаёт ғайр аз марг масъалаи ... (ҳал нашудан) нест. марг Tod
9. Дар гурӯҳи мо донишҷӯёни нағз ... (нахондан) ҳам ҳастанд.
10. Бародарам ҳама вақт мехост чизҳои ... (надонистан) ёд гирад.

машқи 2 Ordnen Sie zu.

1.	Шумо ба автобуси баъди панҷ дақиқа … савор шавед.	□	мегуфтагӣ
2.	Мо як зани ба модарамон … … меҷӯем.	□	зиёрат мекардагӣ
3.	Марди бо ман … … беш аз ҳама боинсоф бошад.	□	месохтагӣ
4.	Дигар гапи ... надошта бошед, ман рафтам.	□	нигоҳубин мекардагиро
5.	Дар Бухоро ҷойҳои ... ... хеле бисёранд.	□	кор мекардагӣ
6.	Оилаи бародарам як хонуми хӯрок … ва хонаҳоро … … меҷӯяд.	□	мерафтагӣ
7.	Мактаби дар деҳаамон … ҳоло ном надорад.	□	меомадагӣ
8.	Каримро аз хона ронданд. Ҷои ... надорад.	□	мепухтагӣ, тоза мекардагиро

машқи 3 Kombinieren Sie die Sätze nach dem vorgegebenen Muster.

Намуна:

✓ Талабае, ки пагоҳ дар маҷлис баромад мекунад, Собир ном дорад.

➔ Талабаи пагоҳ дар маҷлис баромад мекардагӣ Собир ном дорад.

ошиқ будан verliebt sein
иловагӣ zusätzlich
дашт Steppe

1. Духтаре, ка дар охири филм гиря мекунад, ошиқ буд.
2. Гурӯҳи мусиқӣ, ки дар иди Наврӯз баромад мекунад, аз Олмон аст.
3. Хонуме, ки аз ин кӯча мегузарад, овозхони машҳури Тоҷикистон аст.
4. Муаллиме, ки ба ту дарси иловагӣ медиҳад, дар Донишгоҳи миллӣ кор мекунад.
5. Бинои калоне, ки дар ин ҷо месозанд, сафоратхонаи Эрон мешавад.
6. Бонуе, ки тоқии зар медӯзад, дугонаи хоҳарам аст.
7. Марди тӯппидор, ки савол медиҳад, дар бозори Шоҳмансур мева мефурӯшад.
8. Замине, ки мо дар он гандум мекорем, пеш дашти беоб буд.

машқи 4 Bilden Sie das Partizip des Präsens-Futur von den Verben, die rechts angegeben sind.

1.	Ин зани пир ҳеҷ каси … … надорад.	ёрӣ додан	
2.	Падарам пас аз ҷарроҳии қалб ба нафақа баромад. Сонитар пояш ... ... шуд.	дард кардан	сонитар später
3.	... корат набошад, ба ман ёрдам дода метавонӣ?	кардан	
4.	Роҳи калон сохта шуд. Корвони мошинҳои … зиёд шуданд.	рафтуо кардан	verkehren
5.	Сарам дигар дард намекунад. Шабҳо ором ... ... шудам.	хоб кардан	
6.	Дар деҳа духтури ... ... нест.	ҷарроҳӣ кардан	operieren

Das Partizip der Notwendigkeit

ман	хонданӣ хастам / хонданиам	ich habe vor, zu lernen / ich will lernen
ту	хонданӣ хастӣ / хонданиӣ	du hast vor, zu lernen / du willst lernen
вай, ӯ	хонданӣ аст / хонданист	er,sie,es hat vor, zu lernen / er,sie,es will lernen
мо	хонданӣ хастем / хонданием	wir haben vor, zu lernen / wir wollen lernen
шумо	хонданӣ хастед / хонданиед	ihr habt vor, zu lernen / ihr wollt lernen
онҳо	хонданӣ хастанд / хонданианд	sie haben vor, zu lernen / sie wollen lernen

машқи 5 Ergänzen Sie die Sätze.

Намуна:

✓ Дар зодрӯзи дӯстат ба ӯ чӣ …(тӯҳфа кардан)?
➔ Дар зодрӯзи дӯстат ба ӯ чӣ тӯҳфа карданиӣ?

1. Шумо чӣ … (харидан)? Телефон ё ин ки компютер?
2. Онҳо дар шифохона киро … (дидан)?
3. Ту ба мо чӣ хабари хуш … (гуфтан)?
4. Анвар ба зодрӯзаш киҳоро … … (даъват кардан)?
5. Мадина дар кадом донишгоҳ … … (таҳсил кардан)?
6. Баъди хатми донишгоҳ дар кадом шаҳр … … (кор кардан)?
7. Шумо хонаро кай … … (таъмир кардан)?
8. Ту аз модарат кай … … (хабар гирифтан)?

хатм Abschluss
таъмир кардан renovieren

машқи 6 Verneinen Sie die Sätze.

Намуна:

✓ Саида куртаи харидагиашро ба мо нишон доданӣ аст.
➔ Саида куртаи харидагиашро ба мо нишон доданӣ нест.

1. Парвиз мегӯяд, овозхони касбӣ шуданӣ аст.
2. Алишер меъмори маъруф шуданӣ аст.
3. Онҳо поёни корро интизор шуданӣ ҳастанд.
4. Модарамон дар вақти таътил ба осоишгоҳи Оби Гарм рафтанӣ аст.
5. Ман дар оянда узви Ҳизби демократӣ шуданӣ ҳастам.
6. Рафиқам ба Донишгоҳи славянӣ даромаданӣ аст.
7. Ҷавонони деҳаи мо барои коркунӣ ба Россия рафтанӣ ҳастанд.
8. Додарам баъди хатми донишгоҳ оиладор шуданӣ аст.

меъмор Architekt
интизор шудан warten
осоишгоҳ Kurort

машқи 7 Wandeln Sie die folgenden Sätze in die Vergangenheit um.

Намуна:

✓ Шумо чизе гуфтаниед?
➔ Шумо чизе гуфтанӣ будед?

1. Гулнигор чизе гуфтанӣ аст.
2. Ман як гап гуфтаниам.
3. Падару модарам ба хонаи шумо омаданианд.
4. Ман бо дӯстам ба Русия рафтаниам.
5. Онҳо шуморо диданианд.
6. Мо хонаро таъмир карданием.
7. Онҳо мошин хариданианд.
8. Дар Душанбе як дӯкони рӯзномафурӯшӣ кушоданием.

дӯкон Laden

машқи 8 Bilden Sie aus zwei Sätzen einen Satz nach dem Muster.

Намуна:

✓ Гулнигор чизе гуфтанӣ буд. / Модараш сухани ӯро бурид.
➔ Гулнигор чизе гуфтанӣ буд, лекин модараш сухани ӯро бурид.

суханро буридан ins Wort fallen

1. Падару модарам ба хонаи шумо омаданӣ буданд. / Нохост ба хона меҳмон аз Хуҷанд омад.
2. Ману дӯстам ба Русия рафтанӣ будем. / Нохост падарам вафот кард.
3. Онҳо шуморо диданӣ буданд. / Шумо дар сафар будед.
4. Мо хонаро таъмир карданӣ будем. / Нохост моро ба кор даъват карданд.
5. Падарам мошин хариданӣ буд. / Пулаш нарасид.
6. Дар Душанбе як дӯкони рӯзномафурӯшӣ кушоданӣ будем. / Рухсат надоданд.
7. Дӯстам ба донишгоҳ даромаданӣ набуд. / Баъди сӯҳбати бо муаллимамон фикрашро дигар кард.
8. Хоҳарам дар донишгоҳ мехонд, вай шавҳар карданӣ набуд. / Падару модарамон ва хешу ақрабо ӯро маҷбур карданд.
9. Ман дӯзанда шуданӣ набудам. / Ҳамаи духтарони гузари мо ба мактаби дӯзандагӣ рафтанд, ман ҳам ҳамроҳи онҳо рафтам.

машқи 9 Übersetzen Sie die folgenden Sätze.

1. Дар хонаи шумо оби нӯшиданӣ ҳаст?
2. Ман гурусна мондам. Чизи хӯрданӣ дорӣ?
3. Шумо чизи гуфтанӣ ҳастед? –Дар ин маврид чизи гуфтанӣ нестам.
4. Ба ман пул лозим аст. –Пули ба ту доданӣ надорам.
5. Хонаи Асад хеле майда аст. Барои мизи корияш ҷои монданӣ наёфтем.
6. Маршрутка пур шуд. Ҷои нишастанӣ надорад.
7. Хоҳиш мекунам, барои бачагони омада чизи хӯрданӣ бидиҳанд.

Матн

Эзопи юнонӣ

Дар Юнони қадим Эзоп гуфтанӣ ғуломе буд. Марде буд безеб, вале хеле оқилу доно. Масалҳо мегуфт. Мардумро механдонд. Боре хӯҷаинаш ба ҳамон Эзоп фармуд, ки вай ба ҳаммом рафта фаҳмад, ки дар он ҷо одам бисёр аст ё не, баъд омада ба ӯ гӯяд, зеро вай имрӯз ба ҳаммом рафтанист.
Эзоп ба ҳаммом омада дид, ки мардуми бисёре даро – баро доранд. Иттифоқан чашмаш ба санге афтод, ки дар назди дари ҳаммом хобидааст ва ҳар касе ки ба ҳаммом даромаданист, як бор ба он пешпо хӯрда, сангро дашноме медиҳаду, баъд ба дарун медарояд. Ниҳоят яке аз шӯяндагон пас аз пешпо хӯрдан, он сангро аз сари роҳи мардум бардошта ба як сӯ ҳаво дод. Эзоп худи ҳамон замон омада ба хӯҷаинаш фаҳмонд: – Хӯҷаин, дар ҳаммом ҳамагӣ як одам ҳаст!

ғулом	Sklave	сӯ	Seite
дашном додан	schimpfen	хӯҷаин	Herr
иттифоқан	plötzlich	ҳаво додан	wegwerfen, wegschmeißen
масал	Fabel; Spruch	ҳаммом	Badeanstalt, Badestube
пешпо хӯрдан	stolpern	Юнон	Griechenland

машқи 10 Beantworten Sie die Fragen.

1. Эзоп чӣ хел мард буд?
2. Боре хӯҷаинаш ба Эзоп чӣ фармуд?
3. Хӯҷаинаш ба куҷо рафтанӣ буд?
4. Эзоп ба ҳаммом омада чиро дид?
5. Ҳар касе ки ба ҳаммом даромаданист, як бор ба санг пешпо хӯрда чӣ кор мекард?
6. Касе аз шӯяндагон пас аз пешпо хӯрдан он сангро чӣ кор кард?
7. Эзоп ба назди хӯҷаинаш омада чӣ фаҳмонд?
8. Ба фикри шумо, Эзоп чаро „дар ҳаммом ҳамагӣ як одам ҳаст“, гуфт?

машқи 11 Richtig oder falsch?

1. Дар Юнони қадим Эзоп гуфтанӣ ғуломе буд. Марде буд зебо, вале хеле нодон.
2. Боре Эзоп ба ҳаммом рафтанӣ буд.
3. Хӯҷаинаш ба Эзоп фармуд, ки вай ба ҳаммом рафта фаҳмад, ки дар он ҷо одам бисёр аст ё не.
4. Эзоп ба ҳаммом омада дид, ки дар ҳаммом ҳеҷ кас даро – баро надорад
5. Иттифоқан чашмаш ба саге афтод, ки дар назди дари ҳаммом хобидааст.
6. Ҳар касе ки ба ҳаммом даромаданист, як бор ба саг пешпо хӯрда, сагро дашноме медиҳаду, баъд ба дарун медарояд.
7. Ниҳоят яке аз шӯяндагон пас аз пешпо хӯрдан, он сагро аз сари роҳи мардум бардошта ба як сӯ ҳаво дод.
8. Эзоп худи ҳамон замон омада ба хӯҷаинаш фаҳмонд: - Хӯҷаин, дар ҳаммом ҳамагӣ як одам ҳаст!

Зарбулмасал

Мардро мард мекардагӣ зан аст, номард мекардагӣ ҳам зан аст.

Die Frau macht den Mann zum Mann, und sie zerstört ihn auch.

Луғат

ғулом	Sklave
дашт	Steppe
дашном додан	schimpfen
дӯкон	Laden
иловагӣ	zusätzlich
интизор шудан ба	warten auf ...
иттифоқан	plötzlich
масал	Fabel; Spruch
маҷбур кардан	zwingen
меъмор	Architekt
осоишгоҳ	Kurort, Erholungsheim
ошиқ будан	verliebt sein
пешпо хӯрдан	stolpern
рафтуо кардан	hin- und herfahren, verkehren
сонитар	später
суханро буридан	ins Wort fallen
сӯ	Seite
таъмир кардан	renovieren
хӯҷаин	Herr
хатм	Abschluß
ҳаво додан	wegwerfen, wegschmeißen
ҳаммом	Badeanstalt, Badestube
ҷарроҳӣ кардан	operieren
Юнон	Griechenland
яхдон	Kühlschrank

Lektion 33

Grammatikthemen

- Direkte Rede § 36

Die indirekte Rede wird im Tadschikischen selten verwendet. Fremde Worte werden in der Regel vom Standpunkt desjenigen/derjenigen wiedergegeben, der/die sie gesprochen hat. Direkte Rede wird z. B. durch das Verb ***гуфтан*** (sagen) oder ***пурсидан*** (fragen) gekennzeichnet. Dabei gibt es verschiedene Möglichkeiten.

Direkte Rede	Онҳо мегӯянд: „Бе шумо кор карда наметавонем.“ / Онҳо мегӯянд, ки бе шумо кор карда наметавонем. / „Бе шумо кор карда наметавонем“, мегӯянд онҳо. Омӯзгор аз талаба пурсид: „Чаро ба дарс намеоӣ? “ / Омӯзгор аз талаба пурсид, ки чаро ба дарс намеоӣ? / „Чаро ба дарс намеоӣ? “, пурсид омӯзгор аз талаба.
Indirekte Rede	Онҳо мегӯянд, ки бе ман кор карда наметавонанд. Омӯзгор аз талаба пурсид, ки чаро ӯ ба дарс намеояд.

машқи 1 Lesen Sie den Dialog.

Гуфтугӯ

Лола: Алло!
Анвар: Алло, Лола?
Лола: А...а...а, Анвар, салом!
Анвар: Салом, Лола! Барои хайрухуш кардан ба ту занг мезанам.
Лола: Ту ба куҷо меравӣ?
Анвар: Ман ба Маскав меравам.
Лола: Чаро ба Маскав меравӣ?
Анвар: Дар ин ҷо бисёр душворӣ кашидам. Корам хуб нест. Музди корам кам аст. Ҳамкоронам маро бад мебинанд.
Лола: Дар Маскав чӣ кор мекунӣ?
Анвар: Ҳоло намедонам. Воқеан рӯзи шанбе вақт дорӣ?
Лола: Вақт дорам, чӣ буд?
Анвар: Ман туро ба консерт даъват кардан мехоҳам.

машқи 2 Formen Sie die direkte Rede aus dem oberen Dialog in die indirekte Rede um.

Намуна:

✓ Анвар: Барои хайрухуш кардан ба ту занг мезанам.
Лола: Ту ба куҷо меравӣ?
➔ Анвар гуфт, ки барои хайрухуш кардан ба ман занг мезанад.
Лола аз Анвар пурсид, ки вай ба куҷо меравад.

машқи 3 Geben Sie die folgenden Sätze in indirekter Rede wieder.

Намуна:

✓ Зани ҷавон: Илтимос, ба ман ручкаатонро медодед.
➔ Зани ҷавон аз ман илтимос кард, ки ба вай ручкаамро диҳам.
Зани ҷавон аз ман хоҳиш кард, ки ба вай ручкаамро диҳам.

1. Илтимос, борамро аз мошин мефаровардед.
2. Илтимос, ба ман варақаи декларатсияро пур мекардед.
3. Илтимос, телефони дастиатонро барои занг задан диҳед.
4. Илтимос, мошинро дар ин ҷо нигоҳ доред.
5. Илтимос, ин ҷо сигарет намекашидед.
6. Илтимос, бачаам хоб рафтааст, баланд гап назанед.
7. Илтимос, то ба баромад даъват накунам, аз ҷоятон нахезед.

мошинро нигоҳ доштан
das Auto anhalten

машқи 4 Übersetzen Sie die folgenden Sätze.

1. „Мебахшед, то истгоҳи Ватан чӣ хел равам?“, пурсид Асад аз як мард.
2. „Ба троллейбуси як савор шавед“, чавоб дод мард.
3. „Ёрӣ диҳед!“, дод зад бача.
4. „Баланд гап назанед, бача хоб рафтааст“, пичиррос зад модар.
5. „Духтар хеле доно аст“, аз дил гузаронд марди чавон.
6. „О...о, чӣ хел манзараи зебо аст!“, хитоб кард мусофир.

пичиррос задан
flüstern

хитоб кардан
ausrufen

7. „Ман пагоҳ ба мактаб намеравам“, гуфт бача ба падараш.

8. „Оё ман аз ҳамон беақлҳо ҳастам?“, ранҷид амаки Саид.

ранҷидан
sich ärgern

9. „Бинед, ин бечора духтар чӣ қадар лоғар шудааст“, ишора кард ба духтар холаи Умеда.

лоғар шудан
abnehmen
ишора кардан
zeigen; hinweisen

Матн

Бачаҳо, мо тоҷик ҳастем, маданияти худро нишон диҳед!

Таътил тамом шуд. Даҳуми октябр ба кишвари Олмон бозгаштан лозим буд. Ба Олмон тавассути Маскав парвоз мекардам. Рӯзи сафар дар фурудгоҳи шаҳри Душанбе бо хешу таборам хайрухуш карда, вориди толори бозрасӣ шудам. Дар он ҷо бағоҷамро супорида, варақаи декларатсия гирифта ба пур кардан оғоз кардам.

Як ҷавон ба наздам омада пурсид: -Апа, ручка дорӣ? Ман ҷавоб додам: - Фақат як ручка дорам, декларатсияро пур кунам, ба шумо медиҳам. Баъд аз пур кардани варақаи декларатсия, ручкаро ба ҷавон, ки ҳанӯз дар пахлуям истода буд, дароз кардам. Ҷавон ба ман нигоҳ карду варақаи худро ба ман нишон дода гуфт: - Апа, илтимос, ҳаминро ба ман пур карда деҳ. - Ту хеле ҷавон будай, ручкаро гиру худат пур кун, гуфтам. Ҷавон исроркорона илтимоси худро такрор кард. Варақаашро гирифта ному насабашро пурсида навиштам ва ба саволи „бо кадом мақсад ба Маскав меравӣ?“, ҷавоб дода натавонист. Ин саволро ба забони русӣ хонда додам. Забони русиро намефаҳмам, гуфт ҷавон. Саволро боз ба забони тоҷикӣ такрор карда пурсидам: - Дар Маскав чӣ кор мекунӣ, кор мекунӣ ё ки ба меҳмонӣ меравӣ? - Барои кор кардан меравам, посух дод ҷавон. Пурсидам: - Бе дониши забони русӣ чӣ хел кор мекунӣ? Гуфт: - Дар он ҷо ҷӯраҳоям ҳастанд, онҳо ёрӣ медиҳанд. Баъд аз рафтани ҷавон ба наздам ҳамсафараш омад, вай ҳам илтимос кард, ки декларатсияашро пур карда диҳам. Фаҳмидам, ки ин ҷавонони 17-18 сола навиштанро наметавонистанд.

Бо ин рейс асосан ҷавонони тоҷик, муҳоҷирони меҳнатӣ аз Тоҷикистон ба Русия мерафтанд. Пеш аз фуруд омадани ҳавопаймо ба фурудгоҳи Маскав стюардесса ба ҳамаи мусофирон варақаи назорати муҳоҷиратиро тақсим кард. Он ду ҷавон ба наздам боз омаданд: - Апаҷон, боз як бор нағзӣ кун, гуфта варақаҳоро дароз карданд.

Вақте ки ҳавопаймо вориди фурӯдгоҳи Маскав гашт, аз пушт як садои баланд ба гӯшам расид: - Бачаҳо, мо ба Маскав расидем. Фаромӯш накунед, мо тоҷик ҳастем, маданияти худро нишон диҳем. То ба баромад даъват накунанд, аз ҷоятон нахезед! Дар ин лаҳза, агар пашша ҳам парвоз мекард, садояшро шунида мешуд. Ҳамаи мусофирон хомӯш менишастанд, ягон кас аз ҷояш намеҷунбид.

Ман ҳам аз ҷоям наҷунбида нишастам, ҳисси аламу шодӣ вуҷудамро фаро гирифта буд.

алам	Schmerz; Ärger
апа	*ugs.* ältere Schwester
бағоҷ	Gepäck
бозрасӣ	Kontrolle
варақаи декларатсия	Zollerklärung
ворид шудан	hereinkommen; ankommen
вуҷуд	*hier*: Körper
исроркорона	beharrlich; nachdrücklich
маданият	Kultur

мусофир	Reisende
муҳоҷирони меҳнатӣ	Gastarbeiter
пашша	Fliege
посух додан	antworten
рейс	*hier*: Flug
тақсим кардан	verteilen
толор	Saal, Halle
хомӯш	still, ruhig
ҳамсафар	Mitreisende
ҳис	Gefühl
ҷунбидан	sich bewegen
шодӣ	Freude

машқи 5 Beantworten Sie die Fragen.

1. Ҷавон аз хонум чӣ мехост?
2. Хонум чаро декларатсияи ҷавонро пур карда дод?
3. Ҷавон ба кадом савол ҷавоб дода натавонист?
4. Ҷавон дар Маскав чӣ кор кардан мехост?
5. Оё бе донистани забони русӣ дар Русия кор кардан мумкин аст? Ҷавон чӣ фикр дорад?
6. Хонум чаро ба ҳамсафари ҷавон ҳам декларатсияро пур карда дод?
7. Вақте ки ҳавопаймо вориди фурудгоҳи Маскав гашт, аз пушт касе бо садои баланд гап зад. Он кас чӣ гуфт?
8. Оё ягон кас аз мусофирон аз ҷояш бархост?
9. Ҷаро вуҷуди хонумро ҳисси аламу шодӣ фаро гирифт?

машқи 6 Ergänzen Sie.

1. Як ҷавон ба наздам омад ва пурсид: … … …
2. Ман ҷавоб додам: … … …
3. Ҷавон ба ман нигоҳ карду варақаи худро нишон дода, гуфт: … … …
4. Ҷавон исроркорона илтимоси худро такрор кард: … … …
5. Саволро боз ба забони тоҷикӣ такрор карда пурсидам: … … …
6. ... ... , посух дод ҷавон.
7. Пурсидам: … … …
8. Гуфт: … … …
9. Он ду ҷавон ба наздам омада гуфтанд: … … …
10. Аз пушт як садои баланд ба гӯшам расид: … … …

Матн

Ба ёди устод Мирзо Турсунзода

Мирзо Турсунзода ифтихори миллат аст. Далели ин як хотираи неки академик Муҳаммад Осимӣ дар бораи ӯст. „Боре аз Деҳли ба Катманду парвоз мекардам. Дар паҳлуям як марди ҳинду нишаста буд. Ӯ аз ман суол кард, ки аз куҷоям. Ҷавобаш додам, ки аз Тоҷикистон. Бо тааҷҷуб кифт дарҳам кашид ва гуфт, ки ин номро нашунидааст. Хостам Душанберо ном барам, вале боз ба худ андешидам: -Модом ки Тоҷикистонро намедонад, Душанберо аз куҷо донад? Баъд аз муддате саволашро давом дода пурсид, ки аз кадом миллат ҳастам. Гуфтам, ки тоҷикам. Боз кифт дар ҳам кашид. Намедонистам, чӣ тарз аз куҷо ва аз кадом миллат будани худро фаҳмонам. Пурсидам, ки оё номи Мирзо Турсунзодаро шунидааст. Дар қиёфаи ӯ якбора ҳаяҷону шодӣ барқ зад ва гуфт: - О! Турсунзода. Душанбе. Сулҳ! Ин калимаҳоро паси ҳам бо як оҳанги махсус талаффуз карда, аз ҷояш хест ва дастамро бародарона сахт фишурд ва изҳори ташаккур кард ва гуфт: - Сано бар он миллате, ки чунин фарзандро тавлид намуд ва Мирзо Турсунзода дорад!“ (*Баҳриддин Камолиддинов*)

барқ задан	blitzen
дарҳам кашидан	zusammenziehen (*Schulter, Augenbrauen*)
дастро фишурдан	die Hand drücken
ифтихор	Stolz
кифт / китф	Schulter
қиёфа	Aussehen
паҳлу	Seite
сано	Lob
сулҳ	Frieden
тааҷҷуб	Verwunderung
тавлид намудан	zur Welt bringen
ҳаяҷон	Aufregung

машқи 7 Formen Sie die indirekte Rede in direkte Rede um.

1. Ӯ аз ман суол кард, ки аз куҷоям.
2. Ҷавобаш додам, ки аз Тоҷикистон.
3. Бо тааҷҷуб кифт дарҳам кашид ва гуфт, ки ин номро нашунидааст.
4. Баъд аз муддате саволашро давом дода пурсид, ки аз кадом миллат ҳастам.
5. Гуфтам, ки тоҷикам.
6. Пурсидам, ки оё номи Мирзо Турсунзодаро шунидааст.
7. Дар қиёфаи ӯ якбора ҳаяҷону шодӣ барқ зад ва гуфт, ки Турсунзодаро хеле хуб мешиносад.
8. Марди ҳинду аз ҷояш хест ва дастамро бародарона сахт фишурд ва изҳори ташаккур кард ва гуфт, ки сано бар он миллате, ки чунин фарзандро тавлид намуд.

Луғат

алам	Schmerz; Ärger
апа	*ugs.* ältere Schwester
бағоҷ	Gepäck
барқ задан	blitzen
бозрасӣ	Kontrolle
варақаи декларатсия	Zollerklärung
ворид шудан	hereinkommen; ankommen
вуҷуд	*hier*: Körper
дарҳам кашидан	zusammenziehen (*Schulter, Augenbrauen*)
дастро фишурдан	die Hand drücken
исроркорона	beharrlich; nachdrücklich
ифтихор	Stolz
ишора кардан	*hier*: zeigen; hinweisen
кифт / китф	Schulter
қиёфа	Aussehen
лоғар шудан	abnehmen
маданият	Kultur
мошинро нигоҳ доштан	das Auto anhalten
мусофир	Reisende
муҳоҷирони меҳнатӣ	Gastarbeiter
паҳлу	Seite
пашша	Fliege
пичиррос задан	flüstern
посух додан	antworten
ранҷидан	sich ärgern
рейс	*hier*: Flug
сано	Lob
сулҳ	Frieden
тааҷҷуб	Verwunderung
тавлид намудан	zur Welt bringen
тақсим кардан	verteilen
толор	Saal, Halle
хитоб кардан	ausrufen
хомӯш	still, ruhig
ҳамсафар	Mitreisende
ҳаяҷон	Aufregung
ҳис	Gefühl
ҷунбидан	sich bewegen
шодӣ	Freude

Lektion 34

Grammatikthemen

- Der Progressiv § 61

Konjugation des Verbs *хондан* im progressiven Präsens

Ман	китоб хонда истодаам.	Ich lese (gerade) ein Buch.
Ту	китоб хонда истодай.	Du liest (gerade) ein Buch.
Вай	китоб хонда истодааст.	Er/sie/es liest (gerade) ein Buch.
Мо	китоб хонда истодаем.	Wir lesen (gerade) ein Buch.
Шумо	китоб хонда истодаед.	Ihr lest (gerade) ein Buch.
Онҳо	китоб хонда истодаанд.	Sie lesen (gerade) ein Buch.

Verneinungsform des Verbs *хондан* im progressiven Präsens

Ман	китоб нахонда истодаам.	Ich lese (gerade) kein Buch.
Ту	китоб нахонда истодай.	Du liest (gerade) kein Buch.
Вай	китоб нахонда истодааст.	Er/sie/es liest (gerade) kein Buch.
Мо	китоб нахонда истодаем.	Wir lesen (gerade) kein Buch.
Шумо	китоб нахонда истодаед.	Ihr lest (gerade) kein Buch.
Онҳо	китоб нахонда истодаанд.	Sie lesen (gerade) kein Buch.

Konjugation des Verbs *хондан* in der progressiven Vergangenheit

Ман	китоб хонда истода будам.	Ich las (gerade) ein Buch.
Ту	китоб хонда истода будӣ.	Du last (gerade) ein Buch.
Вай	китоб хонда истода буд.	Er/sie/es las (gerade) ein Buch.
Мо	китоб хонда истода будем.	Wir lasen (gerade) ein Buch.
Шумо	китоб хонда истода будед.	Ihr last (gerade) ein Buch.
Онҳо	китоб хонда истода буданд.	Sie lasen (gerade) ein Buch.

Verneinungsform des Verbs *хондан* in der progressiven Vergangenheit

Ман	китоб нахонда истода будам.	Ich las (gerade) kein Buch.
Ту	китоб нахонда истода будӣ.	Du last (gerade) kein Buch.
Вай	китоб нахонда истода буд.	Er/sie/es las (gerade) kein Buch.
Мо	китоб нахонда истода будем.	Wir lasen (gerade) kein Buch.
Шумо	китоб нахонда истода будед.	Ihr last (gerade) kein Buch.
Онҳо	китоб нахонда истода буданд.	Sie lasen (gerade) kein Buch.

Гуфтугӯ

Дар фурудгоҳ

Карим:	Ассалому алайкум, Саидака! Шумо бо ҷомадонҳо куҷо рафта истодаед?
Саидака:	Ваалайкум ассалом, Каримҷон! Ман ба назди писарам, ба Хуҷанд рафта истодаам. Аз шумо пурсем. Шумо ба куҷо парвоз мекунед?
Карим:	Ман духтарамро бо бачаҳояш ба Туркия барои таътил гусел карда истодаам.
Саидака:	Худатон кай ба таътил мебароед?
Карим:	Баъди як ҳафта ба таътил мебароям. Бо завҷаам ба осоишгоҳи Оби Гарм хоҳем рафт.
Саидака:	Осоишгоҳи Оби Гарм хеле хуб аст. Ба шумо таътили хуш таманно дорам.
Карим:	Ташаккур.
Саидака:	Ана, рейси маро ҳам эълон карда истодаанд.
Карим:	Ба шумо роҳи сафед, Саидака!
Саидака:	Ташаккур.

таманно доштан
wünschen

машқи 1 Bilden Sie Sätze im progressiven Präsens mit folgenden Wörtern:

Намуна:

✓ мусофирон, аз ҳавопаймо баромадан

➔ Мусофирон аз ҳавопаймо баромада истодаанд.

ман, ба назди писар, ба Хӯҷанд рафтан
Каримака, меҳмон, гусел кардан
Аҳмад, дӯст, пешвоз гирифтан
рейси Душанбе-Хуҷанд, эълон кардан
онҳо, ба меҳмонӣ рафтан

Матн

Сафари ҷаноб Саидов ба Лондон

Ҷаноб Саидов якум бор ба сафари хизматӣ ба шаҳри Лондон парвоз мекунад.
Билетро як моҳ пеш аз ширкати "Аэрофлот" харида буд. Ҷаноб Саидов тавассути Маскав ба Лондон парвоз мекунад. Рӯзи сафар ба фурудгоҳи шаҳри Душанбе омад. Пас аз чанд вақт аз баландгӯяк ба забони тоҷикӣ эълоне шунид: „Ба қайдгирии мусофирони рейси Душанбе-Маскав дар назди бахши як шурӯъ мешавад“. Ҷаноб Саидов навбат гирифта ба толори бозрасӣ ворид шуд. Дар он ҷо аз назорат гузашта, варақаи декларатсияро пур карду бағоҷашро супорид. Бораш бисту панҷ килограмм баромад. Панҷ килограмм аз меъёр зиёд буд. Ба ҳар килограмми бори зиёдатӣ 1% (як фоиз) аз нархи билет пардохтан лозим буд. Пулро дар хазина пардохта ба қисми гузариш аз марз омад. Яке аз марзбонон дар шиносномааш мӯҳр гузошт ва ҷаноб Саидов

ба шуъбаи бозрасии амният расид. Пас аз он ки аз қайдгирии расмӣ гузашт, ба як курсӣ нишаста мунтазири парвоз шуд. Дар толор мусофирон бисёр буданд. Як марди солхӯрда рӯзнома хонда истода буд. Дар наздаш, шояд ҳамсараш, бо як зани дигар сӯҳбат карда истода буд. Як марди ҷавон бо телефони дастӣ баланд гап зада истода буд. Зани ҷавон ба кӯдакаш об дода истода буд. Духтари зебое бо як дасташ телефони дастиро дар гӯш дошта, бо дасти дигараш чизе навишта истода буд. Дар паҳлӯяш як писараки кунҷков ба духтари зебо чашм дӯхта истода буд. Аз баландгӯяк овози форами хонуме ба гӯш расид: „Саворшавӣ ба рейси Душанбе-Маскав аз шӯъбаи А шурӯъ мешавад“. Ҳамаи мусофирон хеста ба ҷониби шуъбаи А рафтанд. Яке пайи ҳамдигар дохили ҳавопаймо шуданд.
Дар ҳавопаймо стюардесса эълон кард: „Мусофирони азиз, камарбандҳои худро бубандед“. Дигараш иҷрои ин амалро назорат карда аз назди курсиҳо гузашт.
Парвоз аз Душанбе то Маскав чоруним соат аст. Пас аз як соат хӯрок оварданд. Баъди тановули хӯрок ба мусофирон варақаи назорати муҳоҷиратӣ доданд, ки онро бояд пур мекарданд. Ҳавопаймо ба Маскав фуруд омад. Ҷаноб Саидов бағоҷашро гирифта ба толори мусофирон равон шуд, зеро баъди се соат ба Лондон парвоз дорад.

баландгӯяк	Mikrofon
бахш	*hier*: Schalter
варақаи назорати муҳоҷиратӣ	Migrationskarte
гумрук	Zollamt
камарбандҳоро бастан	sich anschnallen
кунҷков	neugierig
қайдгирӣ	Abfertigung
қисми гузариш аз марз	Grenzübergangslinie
марзбон	Grenzpolizist
мӯҳр гузоштан	abstempeln
навбат гирифтан	sich anstellen
стюардесса	Stewardess
толор	Raum; Saal
хазина	Kasse
чипта	Ticket
шиноснома	Pass
шуъбаи бозрасии амният	Passkontrolle

машқи 2 Setzen Sie die Verben im progressiven Präsens ein.

об додан, гап задан, хондан, навиштан, чашм дӯхтан, сӯҳбат кардан

1. Як марди солхӯрда рӯзнома ... ...
2. Ҳамсари марди солхӯрда бо як зани дигар ... ...
3. Як марди ҷавон бо телефони дастӣ баланд … … …
4. Зани ҷавон кӯдакаш … … …
5. Духтари зебое бо як дасташ телефони дастиро дар гӯш дошта, бо дасти дигараш чизе … … ...
6. Писараки кунҷков ба духтари зебо … … …

машқи 3 Beantworten Sie die folgende Frage: Пеш аз савор шудан ба ҳавопаймо дар фурудгоҳ чӣ кор бояд кард?

– аз қайдгирии расмӣ гузаштан
– декларатсия пур кардан
– бағоҷро супоридан
– аз шуъбаи бозрасии амният гузаштан
– аз гумрук гузаштан
– ба шиноснома мӯҳр гузоштан
– аз марз гузаштан

машқи 4 Beantworten Sie die Fragen.

1. Ҷаноб Саидов ба куҷо ва тавассути кадом шаҳр парвоз мекунад?
2. Бори ҷаноб Саидов аз меъёр зиёд буд? Чанд килограмм зиёд буд?
3 Ба ҳар килограмми бори зиёдатӣ чанд пул пардохтан лозим аст?
4. Пас аз қайдгирии расмӣ мусофирон чӣ кор мекунанд?
5. Марзбонон ба шиносномаи мусофирон чӣ мегузоранд?
6. Парвоз аз Душанбе ба Маскав чанд соат аст?
7. Пас аз чанд вақт ба мусофирон хӯрок меоваранд?
8. Дар вақти парвоз мусофирон чӣ гуна варақаро бояд пур кунанд?

машқи 5 Wie sagt man im Deutschen?

– Ба қайдгирии мусофирони рейси Душанбе-Маскав дар назди сектори рақами як шурӯъ мешавад.
– Саворшавӣ ба рейси Душанбе-Маскав аз шуъбаи А оғоз мешавад.
– Мусофирони азиз, камарбандҳои худро бандед.

машқи 6 Setzen Sie die Verben im progressiven Plusquamperfekt ein.

навиштан, об додан, гап задан, чашм дӯхтан, хондан, сӯҳбат кардан

1. Як марди солхӯрда рӯзнома … … …
2. Дар наздаш, шояд ҳамсараш, бо як зани дигар … … ...
3. Як марди ҷавон бо телефони дастӣ баланд ... ...
4. Зани ҷавон ба кӯдакаш ... ...
5. Духтари зебое бо як дасташ телефони дастиро дар гӯш дошта, бо дасти дигараш чизе ... ...
6. Дар паҳлӯяш писараки кунҷков ба духтари зебо ... ...

машқи 7 Ergänzen Sie.

1. Дар соли 1989 дар водии Ҳисор заминҷунбии сахт рӯй дода буд.
2. Манзили мо дар маркази шаҳри Ҳисор воқеъ буд. Ҳамон рӯзро ҳоло ҳам дар ёд дорам. Вақти шом буд.
3. Ман дар хоначаи худам барои имтиҳон аз адабиёт ... ...
4. Модарам дар ошхона хӯрок ... ...
5. Падарам дар корхонааш дучархаи додарамро, ки вайрон шуда буд, ...
6. Додарам нав гӯсфандҳоро ба оғилхона
7. Ду ҳоҳарам дар меҳмонхона телевизор ... ...
8. Бибиям бо ҳамсояамон ... ...
9. Духтари ҳамсоя аз телефони хонагии мо ба Душанбе ... ...

тайёрӣ дидан
пухтан
таъмир кардан
даровардан
тамошо карда
сӯҳбат кардан
занг задан

машқи 8 Aus welchen Bestandteilen bestehen die folgenden zusammengesetzten Wörter:

рӯзнома, камарбанд, баландгӯяк, солхӯрда, шиноснома, кунҷков, заминҷунбӣ, саворшавӣ, фурудгоҳ, ҳавопаймо, қайдгирӣ, корхона, дучарха

Луғат

баландгӯяк	Mikrofon
бахш	Schalter
билет	Ticket
варақаи назорати муҳоҷиратӣ	Migrationskarte
гумрук	Zollamt
камарбандҳоро бастан	sich anschnallen
кунҷков	neugierig
қайдгирӣ	Abfertigung
қисми гузариш аз марз	Grenzübergangslinie
марзбон	Grenzpolizist
мӯҳр гузоштан	abstempeln
навбат гирифтан	sich anstellen
стюардесса	Stewardess
таманно доштан	wünschen
толор	Raum; Saal
шиноснома	Pass
шуъбаи бозрасии амният	*hier*: Passkontrolle
хазина	Kasse

Lektion 35

Grammatikthemen

- Präsumtiv § 67

Konjugation des Verbs *дидан* im Präsumtiv des Präsens

ман	ӯро медидагистам	ich sehe ihn wahrscheinlich
ту	ӯро медидагистӣ	du siehst ihn wahrscheinlich
вай	ӯро медидагист	er/sie/es sieht ihn wahrscheinlich
мо	ӯро медидагистем	wir sehen ihn wahrscheinlich
шумо	ӯро медидагистед	ihr seht ihn wahrscheinlich
онҳо	ӯро медидагистанд	sie sehen ihn wahrscheinlich

Verneinungsform des Verbs *дидан* im Präsumtiv des Präsens

ман	ӯро намедидагистам	ich sehe ihn wahrscheinlich nicht
ту	ӯро намедидагистӣ	du siehst ihn wahrscheinlich nicht
вай	ӯро намедидагист	er/sie/es sieht ihn wahrscheinlich nicht
мо	ӯро намедидагистем	wir sehen ihn wahrscheinlich nicht
шумо	ӯро намедидагистед	ihr seht ihn wahrscheinlich nicht
онҳо	ӯро намедидагистанд	sie sehen ihn wahrscheinlich nicht

Konjugation des Verbs *дидан* im Präsumtiv des Präteritums

ман	ӯро дидагистам	ich habe ihn wahrscheinlich gesehen
ту	ӯро дидагистӣ	du hast ihn wahrscheinlich gesehen
вай	ӯро дидагист	er/sie/es hat ihn wahrscheinlich gesehen
мо	ӯро дидагистем	wir haben ihn wahrscheinlich gesehen
шумо	ӯро дидагистед	ihr habt ihn wahrscheinlich gesehen
онҳо	ӯро дидагистанд	sie haben ihn wahrscheinlich gesehen

Verneinungsform des Verbs *дидан* im Präsumtiv des Präteritums

ман	ӯро надидагистам	ich habe ihn wahrscheinlich nicht gesehen
ту	ӯро надидагистӣ	du hast ihn wahrscheinlich nicht gesehen

вай	ӯро надидагист	er/sie/es hat ihn wahrscheinlich nicht gesehen
мо	ӯро надидагистем	wir haben ihn wahrscheinlich nicht gesehen
шумо	ӯро надидагистед	ihr habt ihn wahrscheinlich nicht gesehen
онҳо	ӯро надидагистанд	sie haben ihn wahrscheinlich nicht gesehen

Konjugation des Verbs *дидан* im Präsumtiv des progressiven Präsens

ман	ӯро дида истодагистам	ich sehe ihn wahrscheinlich gerade
ту	ӯро дида истодагистӣ	du siehst ihn wahrscheinlich gerade
вай	ӯро дида истодагист	er/sie/es sieht ihn wahrscheinlich gerade
мо	ӯро дида истодагистем	wir sehen ihn wahrscheinlich gerade
шумо	ӯро дида истодагистед	ihr seht ihn wahrscheinlich gerade
онҳо	ӯро дида истодагистанд	sie sehen ihn wahrscheinlich gerade

Verneinungsform des Verbs *дидан* im Präsumtiv des progressiven Präsens

ман	ӯро надида истодагистам	ich sehe ihn wahrscheinlich gerade nicht
ту	ӯро надида истодагистӣ	du siehst ihn wahrscheinlich gerade nicht
вай	ӯро надида истодагист	er/sie/es sieht ihn wahrscheinlich gerade nicht
мо	ӯро надида истодагистем	wir sehen ihn wahrscheinlich gerade nicht
шумо	ӯро надида истодагистед	ihr seht ihn wahrscheinlich gerade nicht
онҳо	ӯро надида истодагистанд	sie sehen ihn wahrscheinlich gerade nicht

Beachten Sie bitte, dass die Modalwörter ***шояд*** (wahrscheinlich, vielleicht), ***мумкин*** **(*аст*)** (es kann sein, wahrscheinlich, vielleicht), ***эҳтимол*** **(*аст*)** (es kann sein, wahrscheinlich, vielleicht) dieselbe Modalität ausdrücken, wie die Verbformen im Präsumtiv.

машқи 1 Setzen Sie die Verben im Präsumtiv des Präsens ein.

1. Гулнора дар таътили тобистона ба Туркия ... .
2. Раъду барқ гулдуррос мезанад, ...
3. Донишгоҳи миллӣ барои ҷашн гирифтани Наврӯз ба меҳмонони хориҷӣ ... ...
4. Меҳмонони Олмон пагоҳ ба Помир ... .
5. Мақолаи шуморо ҳамаи зиёйёни кишвар ... .
6. Рустамро дар кӯчаи Турсунзода дидам. Ӯ дар он кӯча ... .

сафар кардан
жола боридан
даъватнома фиристодан
парвоз кардан
хондан
истиқомат кардан

машқи 2 Formen Sie die Sätze um.

Намуна:

✓ Шояд рӯзи якшанбе барф наборад.

➔ Рӯзи якшанбе барф намеборидагист.

1. Шояд духтарон имрӯз ба дарс наоянд.
2. Шояд Қосим дар хонааш набошад.
3. Мумкин аст, ки имрӯз ба консерт равем.
4. Мумкин аст, ки пагоҳ барвақттар аз кор ба хона оям.
5. Эҳтимол ҳафтаи оянда тӯйи Наргиза гузаронида шавад.
6. Эҳтимол ба наздикӣ бародарам бо оилааш аз Русия ба Душанбе баргардад.

машқи 3 Lesen Sie den Text mit dem Wörterbuch. Bilden Sie Sätze nach dem vorgegebenen Muster.

Рӯбоҳ ва паланг

Буд набуд, як рӯбоҳ буд. Рӯбоҳи айёру маккор буд. Як рӯз дар ҷустуҷӯи сайде мерафт. Ногоҳ аз пешаш паланг баромад. Рӯбоҳи бечора аз тарс меларзид ва роҳи гурезро пеш гирифт. Дар роҳаш ҷарии чуқуре аз пеш баромад. Илоҷи гузаштан набуд. Чӣ кор карданашро намедонист.
Ба фикри шумо рӯбоҳ чӣ кор мекунад?

айёр	schlau
бечора	*hier*: arm
илоҷ	Ausweg
маккор	heimtückisch; schlau
паланг	Tiger
ҷар/ҷарӣ	Abgrund, Kluft

Намуна:

✓ таваккал карда аз ҷарии чуқуре паридан

➔ Рӯбоҳ таваккал карда аз ҷарии чуқуре мепаридагист.

айёрию маккории худро ба кор фармудан
гиря карда зораву тавалло кардан
ба ҷарии чуқуре афтидан
як илоҷе ёфта аз паланг гурехтан
палангро фиреб додан
аз паланг роҳи гурез набудан

маккор heimtückisch; schlau
зораву тавалло кардан anflehen

машқи 4 Ordnen Sie jeder Frage die passende Antwort zu.

1. Хонум Зебо чанд сола аст?
2. Оё Карим оиладор аст?
3. Касби Зарина чист?
4. Амаки Далер дар кӯчо зиндагонӣ мекунад?
5. Оё Диловар падар дорад?
6. Писари Алӣ чандсола аст?

a. Касби ӯро намедонам, аммо ҳама вақт бо сумкаи пур аз китобу дафтар мегардад. Муаллимаи мактаб будагист.
b. Аниқ намедонам, аммо ҳама вақт пойафзолаш чангу лой аст. Хонааш дар деҳа будагист.
c. Намедонам чанд сола аст, аммо шашсола писар дорад. Ин хонум тақрибан 25 сола будагист.
d. Намедонам, аммо дар шабнишиниҳо, дар чойхона, дар кинотеатр ӯро танҳо мебинам. Оиладор набудагист.
e. Аниқ намедонам. Ба фикрам писараш нав ба синфи якум рафт. Ҳафтсола будагист.
f. Ягон бор падарашро надидаам. Танҳо бо модараш зиндагонӣ мекунад. Падараш вафот кардагист.

Матн

ба ӯҳда доштан	Verpflichtung haben
ба ... раҳсипор шудан	sich auf den Weg machen
бо сабру тоқат	mit Geduld
ғалат будан	falsch / nicht korrekt sein
зинапоя	Treppe

Меҳмони хориҷӣ аз Австрия

Аввали баҳори соли гузашта ба Донишгоҳи миллӣ бояд меҳмони хориҷӣ аз Австрия, профессор Роналд Вебер меомад. Профессор Роналд Вебер мутахассиси соҳаи иқтисодиёт буда, як қатор тадбирҳои илмиро дар факултаи иқтисодӣ мегузаронд. Хонум Шарифова, ки донишманди баландихтисоси забони олмонӣ буд, ба ӯҳда дошт, ки меҳмонро аз фурудгоҳ пешвоз гирад ва дар давоми сафараш ба ӯ тарҷумонӣ кунад.
Рӯзи шанбе соати ҳафту ними пагоҳӣ хонум Шарифова ба фурудгоҳи шаҳри Душанбе раҳсипор шуд. Ҳавопаймои рейси Маскав-Душанбе соати ҳашту понздаҳ фурӯд омад.
Мусофирон аз зинапоя поин омаданду ба автобус савор шуданд. Дар толори фурудгоҳ мусофирон варақаи назорати муҳоҷиратӣ пур карданд. Баъд як муддати дароз ба бағоҷ интизор шуданд. Баъди чил-чилу панҷ дақиқа мусофирон аз толори фурудгоҳ навбат ба навбат бо бағоҷҳои вазнин мебаромаданд. Мусофирон асосан муҳоҷирони меҳнатии тоҷик буданд. Меҳмони австриягӣ ба чашм намеафтид. Хонум Шарифова бо сабру тоқат то баромадани мусофири охирин интизор шуд, баъд аз як коргари бозрасии амният пурсид, ки ягон мусофири хориҷӣ даруни толор намондааст? Аз гапи коргари бозрасии амният хонум фаҳмид, ки дар дохили толор ҳеҷ кас намондааст.
Меҳмон чаро наомадааст? Шояд ... ...
Фикри шумо чист?

машқи 5 Bilden Sie Sätze im Präsumtiv der Vergangenheit.

Намуна:

дар фурудгоҳи Маскав ягон ходисаи нохуш рӯй дод
➔ Дар фурудгоҳи Маскав ягон ходисаи нохуш рӯй додагист.

рӯзи таърихи омаданаш ғалат буд
ба рейс дер монд
дар Маскав роҳро гум кард
пеш аз омадан бемор шуд
рейс ғалат буд
меҳмон аз дари дигар баромада дар фурудгоҳ гашт
рӯзи таърихи омадани меҳмонро ғалат навиштанд
шиносномаро гум кард
дар фурудгоҳи Маскав хобаш бурд

Матн

Ҷаноб Собиров якум бор ба сафари хизматӣ ба Лондон раҳсипор шуд. То ин рӯз аз оилааш ва фарзандонаш ин қадар дур набуд. Вай тасаввур намекард, ки чӣ хел як ҳафтаро бе фарзандонаш мегузаронад. Вай оилаи калон дорад, се духтар (Мунира, Мадина, Маҳина), се писар (Мансур, Манучеҳр, Маҳмуд), завҷа ва падару модари пираш. Шабҳо фақат дар бораи оилааш фикр мекард. Масалан, худ ба ҳуд мегуфт: Аҷиб, ҳоло онҳо чӣ кор карда истода бошанд?

машқи 6 Formen Sie die Sätze um.

Намуна:

✓ Мунира лӯхтакбозӣ карданро дӯст медорад.
➔ Ҳоло Мунира лӯхтакбозӣ карда истодагист.

1. Мадина ба расмкашӣ шавқу ҳавас дорад.
2. Маҳина ба китоб хондан завқ дорад.
3. Мансур бо бобояш шаҳмот бозӣ карданро нағз мебинад.
4. Манучеҳр телевизор тамошо карданро нағз мебинад.
5. Маҳмуд бо модараш китоб хонданро нағз мебинад.
6. Завҷаам бегоҳӣ баъди корҳои рӯзона дам гирифтанро нағз мебинад.
7. Модарам ба фарзандонам афсона нақл карданро нағз мебинад.
8. Падарам Мансурро нағз мебинад. Бо вай ҳар шаб шаҳмот, шашкабозӣ мекунад.

Луғат

айёр	schlau
ба ӯҳда доштан	Verpflichtung haben
ба ... раҳсипор шудан	sich auf den Weg machen
бечора	*hier*: arm
бо сабру тоқат	mit Geduld
ғалат будан	falsch / nicht korrekt sein
зинапоя	Treppe, Leiter
зораву тавалло кардан	anflehen
илоҷ	Ausweg
маккор	heimtückisch; schlau
паланг	Tiger
ҷар	Abgrund, Kluft

Glossar Tadschikisch – Deutsch   Луғати тоҷикӣ – олмонӣ

Die Zahlenangaben in den Klammern beziehen sich auf die Lektion, in der ein Wort eingeführt wurde. Verben werden mit ihren Präsensstämmen angegeben. Präsensstämme erscheinen auch als selbständige Einträge mit einem Verweis auf die Infinitivform, sofern beide Einträge nicht hintereinander erscheinen würden.

A

абр (20) Wolke
абра (29) Oberseite einer Decke
абрнок (26) wolkig
абрӯ (9) Braue
август (9) August
авлоду аҷдод (30) Vorfahren
автобус (9) Bus
ағба (20) Pass
адиб (2) Schriftsteller, Literat
адиба (2) Schriftstellerin
адрес (1) Adresse
аз (3) aus, von, ab, seit; **аз ин сабаб** (17) deshalb, aus diesem Grund
азиз (8) lieb, teuer
азон (16) Gebetsaufruf
азон гуфтан (16) zum Gebet aufrufen
айём (12) Tage, Zeit
айёр (35) schlau
айнак Brille; **~и офтобӣ** (28) Sonnenbrille
академик (15) Akademiemitglied
акнун (10) jetzt
ако (6) älterer Bruder *(auch als Anrede*
алам (33) Schmerz; Ärger
алаф (26) Kraut
албатта (11) natürlich
аллакай (28) schon
алоча (29) *ein buntgestreifter Stoff*
амак (5) Onkel *(väterlicherseits)*
амма (1, 5) Tante *(väterlicherseits)*
аммо (1, 7) aber
америкоӣ (18) amerikanisch
ана (7) hier, da
англис (3) Engländer, Engländerin
Англия (3) England
ангур (9) Weintraube
андар (21) in, auf
анор (5) Granatapfel
анҷом Abschluss, Ende; **ба ~ расондан** (20) abschließen
анъанавӣ (26) traditionell
апа (33) *umg.* ältere Schwester
апрел (9) April
арақ (17) Schnaps
арз Erklärung, Gesuch; **~и вуҷуд доштан** (21) existieren
арзидан [арз] (11) sich lohnen; wert sein
арзон (10) billig
ариза (4) Antrag; Bewerbung; ~ навиштан (4) einen Antrag stellen
асос (25) Basis, Grundlage
асп (23) Pferd
ассалом (1) Guten Tag!
ассалому алайкум! (2) Guten Tag!; **ва алайкум ассалом!** (2) Guten Tag! (*als Antwort)*
астар/остар (29) *Unterseite einer Decke*
атроф (8) Umgebung
афғон (3) Afghane, Afghanin
Афғонистон (1) Afghanistan
афзоиш ёфтан (21) *hier*: steigen (*Preis*)
афсона (4) Märchen
афсӯс (14) schade, leider; Bedauern; **афсӯс хӯрдан** (15) bedauern
афтидан (22) hinfallen, stürzen
аҳолӣ (6) Bevölkerung
аъзо (25) Mitglied

Б

ба (7) zu, nach; **ба чашм** (18) jawohl!, Gern!; **ба ғазаб омадан** (10) zornig werden; **ба … даркор будан** (8) brauchen
бағоҷ (33) Gepäck
бад (7) schlecht; ~ **дидан** (7) verachten, hassen
базмгоҳ (26) Festplatz
базми гул (26) Blumenfest
байналмилалӣ (15) international
баландгӯяк (34) Mikrofon
бале (2) ja
банд (22) besetzt
банд (28) Seil
бар (21) auf; über
бар (8) auf; **бар тан доштан** (8) anhaben, tragen *(Kleidung)*
барвақт (12) früh, zeitig
баргузор гардидан (24) stattfinden
барзагов (22) Stier
баркашидан [баркаш] (10) wiegen (tr)
барқ (20) Strom, Licht
барқ задан (33) blitzen
барқия ↗ **телеграмма**
баробар (26) gleich
бародар (5) Bruder
барои (8) für
барор гирифтан (27) Erfolg haben; **кораш барор нагирифт** er hatte keinen Erfolg
бароҳат (22) gemütlich
бартар (21) höher
барҷомонда (26) Kranke (*bettlägerig*)
бас (9) genug
бахш (34) Schalter
бахшидан [бахш] (11) verzeihen
баҳодур (24) Held
баҳор (9) Frühling
баҳра бурдан (29) gewinnen, Nutzen ziehen
бача (7) Kind; Junge
бачагӣ (12) Kindheit
баъд (5) danach
баъд аз (20) nach
баъди (11) nach *(zeitl.)*
баъзан (21) manchmal
бевосита (25) direkt
бегона (11) fremd
бегоҳ (4) Abend
бегоҳӣ (4) abends, am Abend
бедор (15) wach; ~ **шудан** (15) aufwachen
бемор (3) krank
беодобӣ (27) schlechtes Benehmen
бечора (35) *hier*: arm
бештар (21) *hier*: mehr
бибӣ (5) Großmutter; Mütterchen *(auch als Anrede)*
бигузор/бигзор (23) soll (*Partikel)*; ~ ӯ аз ман гурезад (23) er soll von mir fliehen
биё *umgangssprachlicher Präsensstamm von* ↗ **омадан**
биёр *umgangssprachlicher Präsensstamm von* ↗ **овардан**
билет (15) Ticket
билет (34) Ticket
бин ↗ **дидан**
бинобар (26) deshalb, aus diesem Grund
бинокор (25) Bauarbeiter
биология (1) Biologie
бирён (19) gebraten; ~ **кардан** (19) braten
биринҷ (1, 10) Reis
бист (7) zwanzig
бо (7) mit
боби тамошо будан (28) sehenswert sein
бобо (5) Großvater *(auch als Anrede)*
бовар (15) Glaube; **бовар дошт ан** (15) glauben
боғ (1, 9) Garten
боғайрат (26) energisch
бод (1) Wind
бодом (28) Mandel
боз (8) wieder, noch
бозӣ (12) Spiel; **бозӣ кардан** (12) spielen
бозича (12) Spielzeug
бозор (1) Markt, Basar
бозрасӣ (33) Kontrolle
боинтизом (21) disziplinarisch, ordentlich
бой der Reiche; reich (30)
боқӣ мондан (31) bleiben
болаззат (26) schmackhaft, lecker

болишт / болиш (29) Kissen
боло (16) oben
боло oben; **дар** ~ (22) am Ehrenplatz
болои (16) auf
бомаза (10) schmackhaft
бор (13) Mal
бор (20) Last
бораи : дар бораи (15) über
боркаш (20) Lastträger
борон Regen; ~ **боридан [бор]** (31) regnen; ~**и сел боридан** (31) in Strömen gießen; ~**у сел** (28) *wörtl.:* Regen und Überschwemmung, Unwetter
боронӣ (31) regnerisch
бофандагӣ (29) Weberei
бофтан (29) weben
бохтариҳо (30) Baktrer, Baktrier
бош ↗ **будан**
бояд (16) müssen, sollen
будан [бош] (4) sein
буз (10) Ziege
бузкашӣ (24) das Ziegenziehen (*Reiterspiel*)
бузург (15) groß
бутта (22) Busch
бӯй (1) Geruch

В

ва, -у (3) und; **ва алайкум ассалом!** (2) Guten Tag! (*als Antwort auf:* ассалому алайкум!)
вабо (29) Cholera
вазн (10) Gewicht; ~ **доштан** (10) wiegen *(itr)*; ~ **кардан** (10) wiegen *(tr)*
вазнин (26) schwer; *hier:* taub
вай (2) er, sie, es
вайрон (14) kaputt
вакил (25) Vertreter; Abgeordnete
вақт (12) Zeit; **дар вақташ** (16) rechtzeitig; **он вақт** (12) damals
варақа (18) Zettel, Blatt (*Papier*); ~**и вуруд** (18) Anmeldeformular; ~**и декларатсия** (33) Zollerklärung; ~**и назорати муҳоҷиратӣ** (34) Migrationskarte
васеъ (22) breit
васф кардан (26) besingen
велосипед (12) Fahrrad
видео (1) Video
вилоят Gebiet; ~**и мухтор** (25) autonomes Gebiet
вино (17) Wein
воқеъ будан (24) gelegen sein
волейбол (1) Volleyball
ворид шудан (33) hereinkommen; ankommen
воя Reife; **ба** ~ **расондан** (26) aufziehen
вуруд (18) Einreise; Eingang; **варақаи вуруд** (18) Anmeldeformular
вуҷуд (33) Körper

Г

газ (20) Gas
гандум Weizen; ~**и нешбароварда** (26) aufgekeimter Weizen
ганҷ (1) Schatz
гап (5) Rede; ~ **задан** (5) reden, sich unterhalten
гардиши фалак (27) Wandelbarkeit des Schicksals
гаронбаҳо (30) wertvoll
Германия (3) Deutschland
гирифтан [гир] (4) nehmen, greifen; kaufen
гиромиқадр (22) geehrt
гиря кардан (23) weinen
гов (7) Rind, Kuh
говхона /оғил22) Kuhstall
гузар (26) Wohnviertel
гузар[1] (12) Viertel, Gasse
гузар[2] ↗ **гузаштан**
гузарондан [гузарон] (12) verbringen, durchführen
гузаштан [гузар] (11) hinübergehen, durchgehen; vorübergehen
гузоштан (22) (hin)stellen
гул (1, 8) Blume
гулдуррос задан (20) donnern; **гулдуррос зад** es donnerte

гум verloren; ~ **кардан** (11) verlieren; ~ **шудан** verloren gehen; **роҳро гум кардан** (11) sich verirren
гумрук (34) Zollamt
гумрукчӣ (9) Zöllner
гуна (7) Art, Weise; **ҳар** ~ (13) jederart; **чӣ ~?** (7) was für?
гурба (22) Katze
гург (24) Wolf
гурусна (4) hungrig
гурӯҳи ҳаваскорон (26) Amateurgruppe
гуфтан (1) sagen
гуфтугӯ (5) Gespräch, Dialog
гӯй ↗**гуфтан** (1)
гӯгирд (28) Streichholz
гӯл (1) Dummkopf
гӯш (5) Ohr; ~ **кардан** (5) hören, lauschen
гӯшт (7) Fleisch
гӯштин (24) Ringen
гӯштингирӣ (26) Ringen

Ғ

ғазаб (10) Zorn; **ба ~ омадан** (10) zornig werden
ғалат будан (35) falsch, nicht korrekt sein
ғам (1) Wehmut
ғамгин (3) traurig
ғарб (8) Westen
ғафсӣ (28) Dicke
ғоз (1) Gans
ғор (1) Höhle
ғулғула (20) Geräusch *(Lautnachahmung)*
ғулом (32) Sklave
ғуррос задан (23) brüllen, knurren
ғуруби офтоб (22) Sonnenuntergang
ғӯра unreif (*grün*); ~ **бастан** (28) Früchte ansetzen

Д

дав ↗**давидан** (1)
давидан (22) laufen
давлат (9) Staat; **~и ҳуқуқбунёд** (25) Rechtsstaat
давондан (29) laufen lassen
дағал (1) grob
дақиқа (11) Minute
дандон Zahn; **~ҳои сунъӣ** (23) künstliche/unechte Zähne
дар[1] (1) Tür
дар[2] (5) in; ~ **бораи** (15) über; ~ **вақташ** (16) rechtzeitig
дара (8, 20) Bergschlucht, Tal
дарахт Baum; **~и тут** 22) Maulbeerbaum
дараҷа (28) Grad
дардманд (26) kränklich
даркор (8) nötig; **ба … ~ будан** (8) brauchen
дароз (21) lang
даромадан [даро] (15) hereinkommen
дарс (8) Unterricht; Lektion; ~ **додан** (8) unterrichten
дарсхона (20) Unterrichtsraum
дарҳам кашидан (33) zusammenziehen (*Schulter, Augenbrauen*)
даст (9) Hand, Arm
даст Hand; ***-ро*** **ба ~ овардан** (30) *etwas* in die Hand bekommen; **~ро фишурдан** (33) die Hand drücken; ~ **ба** ~ **кардан** (27) von Hand zu Hand machen
дастархон (10) Speisetuch
дафтар (2) Heft
дафтар (20) *hier*: Lehrstuhl
даҳ (7) zehn
дашном додан (32) schimpfen
дашт (32) Steppe
даъват кардан (7) einladen
декабр (9) Dezember
демократӣ (1) Demokratie; demokratisch
дер (12) spät
деҳа (9) Dorf

деҳқон (2) Bauer, Bäuerin
дигар (11, 13) anderer, nächster; noch (ein), weiterer
дидан [бин] (7) sehen
дил (19) Herz
дил Herz; **ба ~ задан** (23) zuwider / lästig sein
дилнишин (30) angenehm (*Gespräch*)
дилхоҳ (27) nach dem Wunsch
дилчасп (18) herzergreifend, interessant
дим (20) schwül
дирам (10) Diram *(Währungseinheit)*
дирӯз (1, 4) gestern
доғ (12) Fleck, Schandfleck; ~ **кардан** (19) erhitzen, raffinieren
дод (16) Geschrei, Klage
додар (5) Bruder (*jünger*)
доллар (18) Dollar
дона (10) Stück
донистан (5) wissen, kennen
донишгоҳ (5) Universität
донишҷӯ (2) Student, ~in
доно (9) klug
дор[1] (1) Galgen
дор[2] ↗ **доштан**
дорои (15) habend; ~ **... будан** (15) haben, verfügen *(über etw)*
дору (28) Medizin
дохил шудан (30) gehören
доштан [дор] (4) haben, besitzen
ду (5) zwei
дувоздаҳ (7) zwölf
дугоник (13) Zwillinge
дуд (19) Rauch; ~ **кардан** (19) räuchern
дунё (13) Welt
дунявӣ (25) weltlich, säkular
дур (11) weit
дурахшон (15) glänzend, strahlend
дурахшон (24) hell, leuchtend
дуруст (8) richtig
дурӯғ (1) Lüge
дутор (14) Dutor (Saiteninstrument)
духтар (3) Mädchen, Tochter
духтур (2) Arzt, Ärztin
дучарха (12) Fahrrad
душанбе (9) Montag
дӯз ↗ **дӯхтан**
дӯзанда (9) Schneider(in)
дӯзондан (29) nähen lassen
дӯкон (32) Laden
дӯст (2) Freund; ~ **доштан** (12) lieben, gern haben
дӯхтан [дӯз] (9) nähen

Ё

ё (3) oder; **ё … ё …** (3) entweder … oder …
ёб ↗ **ёфтан**
ёд Gedächtnis, Erinnerung; ~ **гирифтан** (9) erlernen *(etwas)*; ~ **додан (ба, -ро)** (9) beibringen *(jemandem etwas)*
ёздаҳ (7) elf
ёрӣ (12) Hilfe; ~ **расондан (ба)** (12) helfen *(jdm)*
ёфтан [ёб] (14) finden

Ж

жола (20) Hagel

З

забон (6) Sprache; Zunge
завқ (1, 7) Vergnügen, Interesse
завҷа (1, 12) Gattin, Ehefrau

задан [зан] (5) schlagen
замин (22) Boden, Erde
замон (24) Zeit
зан[1] (6) Frau
зан[2] ↗ **задан**
занона (9) Frauen-
зар (1) Gold
зарар /зиён (27) Schaden
зарар доштан (26) *hier:* ungesund sein
зарбулмасал (6) Sprichwort
зард (1, 14) gelb; hell *(Haar)*
зардӯз (9) Goldsticker(in)

зардӯзӣ (9) Goldstickerei
зарур будан (28) notwendig sein
заҳар (1) Gift
зеб додан (28) schmücken
зебо (6) schön
зер (1) unter, unten
зеро (16) denn, weil
зиёд (6) viel
зимистон (9) Winter
зинапоя (35) Treppe, Leiter
зиндагӣ (5) Leben; Alltag; ~ **кардан** (5) wohnen, leben
зиндагонӣ (5) Leben; Alltag; ~ **кардан** (5) wohnen, leben
зирак (29) gescheit, aufgeweckt
зодрӯз Geburtstag (9)
зораву тавалло кардан (35) anflehen
зуд (1) schnell

И

ибтидо Anfang; **дар ~и асри** ... (30) am Anfang des ... Jahrhunderts
иваз кардан (23) ersetzen; tauschen
ид (26) Fest; ~ **кардан** (26) feiern
идора (29) Gebäude *(einer Einrichtung)*
издивоҷ (1) Ehe
иқлим (28) Klima
иқтисодӣ (11) wirtschaftlich; wirtschaftswissenschaftlich
илмӣ (18) wissenschaftlich
иловагӣ (32) zusätzlich
илоҷ (35) Ausweg
илтимос (16) Bitte; ~ **кардан** (16) bitten
имкон (9) Möglichkeit
имрӯз (1, 4) heute
ин (2) diese, dieser, dieses; ~ **кас** (2) dieser Herr, diese Frau *(*er, sie – *Höflichkeitsform)*; ~ **ҷо** (10) hier
индекс (-и почта) (8) Postleitzahl
интернет (1) Internet
интизор шудан *ба* ... (17) warten *auf* ...
интихоб (14) Wahl; ~ **кардан** (14) wählen; ~ **шудан** (25) gewählt werden
интихобот (25) Wahlen
инҷоӣ (11) hiesiger, Einheimischer
Ироқ (1) Irak
ислом (1) Islam
исроркорона (33) beharrlich; nachdrücklich
ист ↗ **истодан**
истакон (9) Glas
истгоҳ (20) Haltestelle
истиқомат кардан (24) wohnen, leben
истилогар (30) Eroberer
истироҳат (13) Erholung; ~ **кардан** (13) sich erholen
истодан [ист] (8) bleiben, stehen; kosten
иттилоъ (31) Nachricht
иттифоқан *(32)* plötzlich
Иттиҳоди шӯравӣ (21) Sowjetunion
ифтихор (33) Stolz
ихтисос (7) Fachrichtung
иҷлосия (25) Sitzung
иҷро шудан (30) erfüllt werden
ишора кардан (33) zeigen; hinweisen
иштибоҳ (19) Irrtum; ~ **кардан** (19) sich irren
иштирокчӣ (18) Teilnehmer
июл (8) Juli
июн (9) Juni

К

кабуд (14) blau, grün
кадом (9) welcher
кай? (1, 4) wann?
калид (18) Schlüssel
калима (13) Wort
калон (5) groß
калонӣ (14) ältester; größter *(nach dem Alter)*
кам (13) wenig
кам-кам (5) etwas
камарбанд Riemen, Gürtel; ~ **ҳоро бастан** (34) sich anschnallen
камера (28) Reifen

кампали пашмин (28) Wolldecke
кандакорӣ (24) Holzschnitzerei
кандан [кан] (19) abziehen
канӣ (8) und? *(in Fragen und Aufforderungen)*; wo?
кар taub (1)
карасин (28) Petroleum
карбос (29) *Hand gewobener,weißer Stoff*
кардан [кун] (4) machen
картошка (19) Kartoffel
кас (2) Person; **ин** ~ dieser Herr, diese Frau (er, sie – *Höflichkeitsform)*; **он** ~ jener Herr, jene Frau (er, sie – *Höflichkeitsform)*
касал (3) krank
касб (9) Beruf
кассетта (7) Kassette
кат (22) Holzbett
каф (7) Handfläche, Handvoll
кафидан (28) platzen
кашидан [каш] (12) ziehen; **чой** ~ Tee einschenken
кашф намудан entdecken (30)
ки (11) dass
кӣ? (3) wer?
кино (1) Kino
киоск (8) Kiosk
китоб (2) Buch; **~и пурмоҷаро** (27) Abenteuerbuch
китобхона (8) Bibliothek
кифт / китф (33) Schulter
кишвар (28) Land
киштзор (22) Saatfeld
киштукор (26) Aussaat
км мураббаъ (21) Quadratkilometer
код (8) Vorwahl
колхоз (12) Kolchose
компютер (8) Computer
консерт (15) Konzert
конститутсия (1) Grundgesetz
конференсия (18) Konferenz
кор (1) Arbeit, Sache; ~ **кардан** (5) arbeiten
корвон (24) Karavane
коргар (2) Arbeiter, ~in
корд (28) Messer; **~соз** (24) Messermacher
корӣ (13) Arbeits-
коса (7) Schale
котиба (20) Sekretärin
кох Palast, **~и миллат** (8) Nationalpalast
кун ↗ кардан
кунҷ (1, 22) Ecke
курсӣ (2) Stuhl
курта (5) Kleid, Hemd
курта-лозимӣ (29) Hemd / Kleid und Hose
кушодан [кушо] (10) öffnen
куҷо? (5) wo?
кӯза (7) Krug
кӯл (28) See
кӯмак (1, 12) Hilfe; ~ **кардан** (12) helfen
кӯрпа (28) Decke
кӯҳ (1) Berg
кӯҳна (6) alt (*Sachen*)
кӯҳсор (8) Gebirge
кӯча (1, 7) Straße, Gasse
кӯчидан (29)umziehen
кӯчон(и)дан (29) umziehen lassen, umsiedeln; übertragen (abschreiben)

Қ

қабулгоҳ (18) Rezeption
қавс (9) Klammer
қад-қади ... (28) am Rande …
қадбаланд (14) groß, von hohem Wuchs
қадим (24) uralt
қадимулайём (24) uralte Zeit; **аз** ~ (28) seit Altertum
қазоқ (1, 3) Kasache, Kasachin
Қазоқистон (1) Kasachstan
қайд Registration; **аз ~ гузаштан** (28) registriert werden
қайдгирӣ (34) Abfertigung
қаймоқ (1) Sahne
қайчӣ Schere; **~и токбурӣ** (27) Gartenschere
қалам (2) Stift
қаламӣ (29) ein gestreifter, grober Baumwollstoff; **~ мондан** (29) dünne Streifen malen *(auf einem Stoff)*
қалъа (8) Festung

қанд (1) Würfelzucker
қандалотпаз (24) Konditor
қариб (21) ungefähr
қарз (1) Schulden
қасос Rache; ~ **гирифтан** *аз* ... (23) Rache nehmen *an* ...
қаҳва (17) Kaffee
қиёфа (33) Aussehen
қиммат (10) teuer
қирғиз (3) Kirgise, Kirgisin
Қирғизистон (1) Kirgisistan
қисм (24) Teil; **~и гузариш аз марз** (34) Grenzübergangslinie
қишлоқ (9) Dorf, Weiler
қоғаз (30) Papier
қоида (27) Regel
қолин (22) Teppich
қомат (14) Gestalt
қонунгузор (25) Gesetzgeber
қудрат (1) Macht, Kraft
қулла (28) Spitze

Л

лаб (9) Lippe
лаббай (18) wie bitte?
лавҳа (29) Schild; Passage (*in einemText*)
лағмон (17) *Nudelgericht mit Fleisch*
лангидан (23) hinken
ларзидан (23) zittern
латифа (11) Anekdote
лекин (4) aber
либос (9) Kleidung
либосворӣ (27) Stoff für Kleider
либосдӯз (9) Schneider(in)
либосдӯзӣ (9) Schneiderei
лоғар (21) mager; ~ **шудан** (33) abnehmen
лозим (18) notwendig
Лубнон (1) Libanon
луғат **(1, 6)** Wörterbuch
луқма (10) Stück (Brot u. ä.)
лутфан (10) bitte!
лӯхтак (12) Puppe
лӯхтакбозӣ (12) Puppenspiel

М

мавзӯъ (1) Thema
мавҷ (1) Welle
мавҷуд (15) vorhanden, existent; ~ **будан** (15) vorhanden sein, existieren
мағоза (8) Geschäft
маданият (33) Kultur
май (1, 9) Mai
майда (5) klein
майлаш (10) okay!, in Ordnung!, einverstanden!
маккор (35) heimtückisch; schlau
макони зист (21) Wohnort
мактаб (5) Schule
мактуб (4) Brief
мақбара (8) Grabmal
мақола (1) Artikel
мақоми олӣ (25) höchstes Organ
ман (1, 2) ich
манзара (8) Aussicht
манора (16) Minarett
мансуб будан *ба* ... (29) gehören *zu* ...
мард (6) Mann
марзбон (34) Grenzpolizist
марказ Zentrum; **~и ҳавошиносӣ** (31) Zentrum der Wettervorhersage
март (9) März
марҳамат! (1) bitte!
маршрутка (11) Linientaxi
масал *(32)* Fabel; Spruch
масоҳат (21) Fläche
маст (31) betrunken
мастоба (4) Reissuppe
масҷид (25) Moschee
масъала (20) Frage, Problem
матн Text (7)
матоъ (27) Stoff
мафҳум (27) Begriff
маҳалла (11) Wohnviertel
маҳаллӣ (24) lokal
маҳорат (26) Begabung
маҳсулот (19) Produkte, Erzeugnisse
маҷалла Zeitschrift (1)

маҷбур кардан zwingen (32)
маҷлис (15) Versammlung
маҷмӯаи ашъор (29) Sammlung von Gedichten
маҷмӯи рангубор (27) Malkasten
машғул будан ***ба*** ... (26) sich *mit* … beschäftigen
машқ (1, 14) Übung; ~ **кардан** (14) üben
машҳур (13) berühmt
мева (13) Obst
мерос (26) das Erbe
меҳмонӣ (7) Besuch
меҳмонхона (11) Hotel
меҳнат (8) Mühe, Fleiß, Arbeit
меъмор (32) Architekt
миёна (12) mittlerer; Mittel-
миёнақад (14) mittelgroß
миз (1, 2) Tisch
мизон (31) *hier*: Höhe
микрорайон (15) Wohnkomplex
миллӣ (1, 15) national
минералӣ (17) mineralisch; Mineral-
мино (24) *hier:* Leuchtturm
минтақа (21) Region
мис (1) Kupfer
мисли (24) wie
мисраъ (29) Halbvers
мо (1, 2) wir
модагов / гов (22) Kuh
модар (2) Mutter
модда (25) Artikel
мол (27) Ware
мон ↗ **мондан**
монда (2) müde
мондан [мон] (8) bleiben; hinstellen
мор (14) Schlange
мотор (1) Motor
моҳ (1, 8) Monat; Mond
моҳӣ (19) Fisch
моҳир (23) geschickt
мошин (12) Auto; ~ **ро нигоҳ доштан** (33) das Auto anhalten
муаллим (2) Lehrer
муаллима (2) Lehrerin
Муғулистон (1) Mongolei
муддат Zeit, Frist; **дар ~и**… (28) innerhalb…
мудир (20) Direktor
музди кор (28) Lohn
музей (11) Museum
мул (1) Wein
мулло (1) Mullah
мумкин (16) vielleicht, möglicherweise
муносибат (15) Beziehung
мурғ (22) Huhn
мусоид (28) günstig
мусофир (11) Reisender
мутахассис (15) Experte, Spezialist
мутобиқ (25) nach, laut …
муфассал (26) ausführlich
мухбир (14) Journalist
муҳим (15) wichtig
муҳоҷирони меҳнатӣ (33) Gastarbeiter
муҷаррад (14) ledig
муҷоҳид (1) Mudschahed
мӯза (1) Stiefel
мӯй (14) Haar
мӯл (1) viel
мӯҳр Stempel; ~ **гузоштан** (34) abstempeln
мӯъҷиза! (23) ein Wunder!

Н

набера (14) Enkel(in)
нав (1, 6) neu
навад (7) neunzig
навис ↗ **навиштан**
нависанда (9) Schriftsteller(in)
нависондан [нависон] (29) schreiben lassen, einschreiben lassen
навиштан [навис] (4) schreiben
навиштаҷот (9) Schriften
нағз (1, 6) gut; ~ **дидан** (7) gern haben, mögen
назар (9) Meinung, Ansicht
назди (16) an, bei
наздики (21) etwa; **ба** ~ (22) bald
най (1) Flöte

нақл (5) Erzählung, Bericht; ~ **кардан** (5) erzählen, berichten
нақша Plan; **ба ~ гирифтан** (28) planen
нам (1) feucht
намояндагӣ (25) Vertretung
намудор будан (24) sichtbar sein
нарх (10) Preis
насаб (6) Familienname
нафақагир ↗ нафақахӯр
нафақахӯр (14) Rentner
нашъунамо (28) Gedeihen
не (2) nein
немис (3) Deutscher, Deutsche
нигора (29) Ausstellungsstück
нигоҳ кардан (23) (zu)schauen
низ (2) auch
ним (10) halb; Hälfte
нишастан [(ни)шин](10) sich setzen
нишон додан (ба) (18) zeigen *(jdm)*
нишонӣ (7) Adresse
нобуд гардидан (28) kaputt gehen
нодуруст (12) falsch
нок (5) Birne
ном (1, 6) Name
номаълум (30) unbekannt
номида шудан (24) genannt werden
номусоид (20) ungünstig
нон (4) Brot
нонвой (2) Bäcker
ноништа ↗ ношито
нохост (22) plötzlich
ноҳия (25) Kreis, Bezirk
ношито (13) Frühstück
нуздаҳ (7) neunzehn
нуқта (21) Punkt
нур (22) Strahl
нӯҳ (7) neun
нӯшидан [нӯш] (10) trinken

O

о ↗ омадан
об (17) Wasser
оббозӣ Baden (1); ~ **кардан** (12) baden
оби маъданӣ (17) Mineralwasser
ободкардан (24) komfortabel einrichten
овардан [овар, биёр] (5) bringen
ОВиР (шӯъбаи раводид ва сабти номи шаҳрвандони хориҷӣ) (28) Abteilung für Visa- und Meldeangelegenheiten ausländischer Bürger
овоздиҳӣ (25) Abstimmung
овозхон (31) Sänger
оғоз (1, 26) Anfang; ~ **ёфтан** (26) anfangen
оё (5) denn? etwa? (*in Fragen*)
озарбойҷонӣ (3) Aserbaidschaner, Aserbaidschanerin
озарӣ (3) Aserbaidschaner, Aserbaidschanerin
оила (5) Familie
оиладор (12) verheiratet, Familie habend
оина (23) Spiegel
октябр (9) Oktober
оқибат (27) Ergebnis, im Ergebnis
Олмон (1) Deutschland
олмонӣ (3) Deutscher, Deutsche; Deutsch
омадан [о, ой] (4) kommen
омӯз ↗ омӯхтан
омӯзгор (2) Pädagoge, Pädagogin
омӯзгорӣ (11) pädagogisch
омӯхтан [омӯз] (7) lernen
он (2) jene, jener jenes; ~ **вақт** (12) damals; ~ **кас** (2) jener Herr, jene Frau *(*er, sie – *Höflichkeitsform)*
онҳо (2) sie *(pl)*
орд (7) Mehl
оре (2) ja
орзуманд (18) wünschend, hoffend
ороиш додан (26) schmücken
Осиёи Марказӣ (21) Zentralasien
осоишгоҳ *(32)* Kurort, Erholungsheim
осон (8) einfach
осорхона (11) Museum
офаридан [офар] (26) erschaffen, kreieren
офтоб (22) Sonne; **тулӯи** ~ (22) Sonnenaufgang
оҳиста (16) langsam
оҳу (9) Reh

ош (10) Essen *(warm)*; Reisgericht; ~ **шавад!** (10) wohl bekomm's!
ошёна (17) Etage
ошиқ будан (32) verliebt sein
ошно (13) bekannt; Bekannter; ~ **будан** (13) befreundet sein
ошпаз (2) Koch, Köchin
оянда (15) Zukunft

П

пагоҳ (5) morgen
пагоҳӣ (13) morgens
падар (2) Vater
паз ↗ **пухтан**
пайдоиш (24) Entstehung
паланг (35) Tiger
панҷ (1, 7) fünf
панҷа (12) fünf Finger einer Hand
панҷоҳ (7) fünfzig
панҷшанбе (9) Donnerstag
парваридан [парвар] (28) pflegen
парвоз (20) Flug
пардохтан ***ба*** ... **[пардоз]** (27) sich *mit* … beschäftigen; **пул** ~ Geld einzahlen
парранда (22) Vogel
пас (24) unten
паспорт (28) Pass, Personalausweis
паҳлавон (24) Ringkämpfer
паҳлу (33) Seite
пашша (33) Fliege
пешгӯӣ (31) Prognose
пешпо хӯрдан (32) stolpern
пешхизмат (17) Kellner
пиёда (11) zu Fuß
пиёз (19) Zwiebel
пиёла (6) Teeschale
пизишк (2) Arzt
пинҳон кардан (23) verstecken
пинҳонӣ (25) geheim
пир (6) alt *(Lebewesen)*
пирях (28) Gletscher
писар (3) Sohn, Junge
пичиррос задан (33) flüstern
плита (20) Herd
по(й) (20) Fuß
поезд (20) Zug
поин (16) unten
пойкор (11) Herold, Ausrufer
пойтахт (6) Hauptstadt
Покистон (1) Pakistan
полиз (22) Feld
понздаҳ (7) fünfzehn
пора кардан (19) zerstückeln
порс (17) Portion
посух додан (33) antworten
почта (8) Post
пул (10) Geld
пул (22) Brücke
пур (18) voll; ~ **кардан** (18) füllen, ausfüllen
пурсидан [пурс] (8) fragen
пурҳунар (21) geschickt, gewandt
пухтан [паз] (4) kochen, backen; reifen
пӯст (19) Haut, Schale, Leder
пӯшидан (29) sich anziehen
пӯшон(и)дан [пӯшон] (29) *jdn* anziehen; versorgen (*mit Kleidung*)

Р

рав ↗ **рафтан** (1)
равған (7) Öl
рақам (8) Nummer
раққос(а) (1, 2) Tänzer(in)
рама (23) Herde
рамазон (28) Ramadan (*Fastenmonat der Moslems*)
ранҷидан [ранҷ] (33) sich ärgern
расидан [рас] ankommen, erreichen
расм (8) Bild, Foto; ~ **кашидан** (12) malen, zeichnen
расман (26) offiziell
расондан [расон] (12) hinbringen, zuführen;
салом ~ (29) Gruß ausrichten
растанӣ Pflanze; **~и шифобахш** (21) Heilkraut
рафиқ Freund (9)

рафтан [рав] (5) gehen, fahren
рафтуо кардан (32) hin- und herfahren, verkehren
раҳмат (1) danke
раҳсипор шудан ***ба*** ... (35) sich auf den Weg machen
раъду барқ (20) Blitz
рез ↗рехтан
реза кардан (10) schneiden, zerkleinern
рейс (33) *hier*: Flug
ресторан (17) Restaurant
рехтан [рез] (6) gießen, schütten; fließen
ривоят (24) Legende, Geschichte
ризқу рӯзӣ (26) alltägliches Brot
розӣ (10) zufrieden, einverstanden
Россия (3) Russland
рост (11) rechts; gerade aus
роҳ (11) Weg, Straße; **~ро гум кардан** (11) sich verirren; **~и абрешим** (24) seidene Straße; **~и дурро тай кардан** (27) einen langen Weg zurücklegen; **~и оҳан** (22) Eisenbahn
роҳат (8) Ruhe
руд (1) *Musikinstrument*
рус (3) Russe, Russin
Русия (3) Russland
руҳ (1) Zink
рӯд (1) Fluß
рӯ(й) (1, 14) Gesicht
рӯй додан sich ereignen (30)
рӯбоҳ (23) Fuchs
рӯбучин кардан (10) aufräumen, saubermachen
рӯз (4) Tag; **Рӯз ба хайр!** (2) Guten Tag!;
рӯзи корӣ (13) Arbeitstag; **рӯзи таваллуд** (9) Geburtstag
рӯзнома (1) Zeitung
рӯидан [рӯ] (15) wachsen
рӯй додан sich ereignen (30)
рӯйхат (10) Liste; **рӯйхати хӯрокҳо** (17) Speisekarte
рӯҳ (1) Geist; **~и шикаста** (27) verzweifelnd
рӯҳбаланд (27) froh

С

-сола (12) -jährig
сарқонун (25) Verfassung
сабаб (17) Grund; **аз ин ~** (17) deshalb, aus diesem Grund
сабад (30) Korb
сабзӣ (10) Möhre
сабр Geduld; **бо ~у тоқат** (35) mit Geduld
савдо кардан (27) verkaufen
савия (20) Niveau
савол (7) Frage
савора (22) beritten; **~ гардиш кардан** (22) ausreiten
саг (12) Hund
сағира (1) Waise
сад (7) hundert
саёҳат (1) Reise; **~ кардан** reisen (11)
сайр (1) Spaziergang; **~ кардан** (12) umhergehen, spazieren; reisen
салат (1) Salat
салом гуфтан (8) grüßen
салом! (1) Guten Tag!, Hallo!
саломат (10) gesund; **~ бошед** (10) Leben Sie wohl!
самбӯса (17) Teigtasche
самовор (1) Samowar
санг (14) Stein
сангпушт (14) Schildkröte
сано (33) Lob
сар (1, 8) Kopf; Anfang; **~ кардан** (13) anfangen, beginnen *(tr)*; **~ шудан** (8) anfangen, beginnen *(itr)*
сард (1, 31) kalt
сари (10) an, auf
сарқонун ↗конститутсия
сароянда (21) Sänger
сарҳад (28) Grenze; **ҳам~ будан** (28) gemeinsame Grenze haben
сафар (11) Reise; **~ кардан** (11) reisen; **~и ҳунарӣ** (31) Tournee
сафед (14) weiß

сафолпора (30) Töpferzeugscherbe
сафоратхона (32) Botschaft
сахт (20) heftig
саҳар (1) Morgenfrühe
саҳифа (1) Seite
се (5) drei
себ (5) Apfel
сездаҳ (7) dreizehn
сел(об) (29) Flut
сентябр (9) September
сер (1) satt
сернуфус (21) bevölkerungsreich
сешанбе (9) Dienstag
сӣ (7) dreißig
сигор (1) Zigarette, Zigarre
сиёсатшинос (7) Politologe
сиёҳ (1, 14) schwarz
сикка задан (30) prägen (*Münzen*)
сим-сим боридан (31) nieseln
ситора (9) Stern
сифр (7) Null
славянӣ (15) slawisch **соат** (9) Uhr, Stunde
собиқ (21) ehemalig
собун (28) Seife
соз ↗ сохтан
сокин Bewohner; **~и дерина** (30) uralter Bewohner
сокит (20) still; verstummt
сол Jahr
сомонӣ (9) Somoni (*Währungseinheit*)
сонитар *(32)* später
сохтан [соз] (8) bauen, schaffen
соҳиб (25) Besitzer
соҳибистиқлол (25) souverän
соҳибтаҷриба (15) erfahren
стюардесса (33) Stewardess
субҳ (4) Morgen; morgens, am Morgen; **Субҳ ба хайр!** (2) Guten Morgen!
суғдиҳо (30) Sogden
суд (1) Gericht
судхӯр (30) Wucherer
сукунат доштан (21) wohnen
сулҳ (33) Frieden
сум (1) Huf
суманак (26) *eine Süßigkeit, die aus gekeimtem Weizen zum Navruz gekocht wird*
суол (7) Frage
супориш (30) Auftrag, Aufgabe
суратгирак (25) Kamera
Сурия (1) Syrien
сурх (14) rot
суръат (26) Geschwindigkeit
суф (29) weißer Baumwollstoff
суфа (12) Sitzpodest
сухан (15) Rede, Worte
сухан Rede; **~ро буридан** *(32)* ins Wort fallen
сӯ (32) Seite, Richtung
сӯм (1) Sum (*Währung*)
сӯфӣ (16) Sufi, Mystiker
сӯҳбат (14) Gespräch

Т

-та, **-то** (13) Stück (*Zählsuffix*)
тааҷҷуб (33) Verwunderung
табассум кардан (23) lächeln
табдил шудан ***ба*** ... (31) verwandelt werden *zu* …
табиат (21) Natur
табобат кардан (23) behandeln
таваллуд (1, 9) Geburt; **~ шудан** (9) geboren werden
тавлид намудан (33) zur Welt bringen
тавонистан [тавон] (17) können
тавр (13) Art, Weise
тавсия (18) Empfehlung; **~ кардан** (18) empfehlen
таг (14) Unterseite
тағо (5) Onkel *(mütterlicherseits)*
тадбир (23) Maßnahme
тазод (27) Widerspruch
тайёр (15) fertig; **~ кардан** (15) vorbereiten, ausbilden; **~ намудан** (19) zubereiten
тайёрӣ дидан (10) sich vorbereiten

таклиф (7) Einladung; ~ **кардан** (7) einladen
такси (1) Taxi
тақ-тақ кардан (15) klopfen
тақсим кардан (33) verteilen
тақсимоти маъмурӣ (25) Verwaltungsgliederung
талаба (11) Schüler
талхӣ (21) Bitterkeit; Kummer, Gram
таманно доштан (34) wünschen
тамоку (26) Tabak
тамокудон (27) Tabakdose
тамом (13) ganz
тамошо кардан (8) anschauen, zuschauen
тан (8) Körper; **бар ~ доштан** (8) anhaben, tragen *(Kleidung)*
тангкӯча (20) Engstraße
танӯр (22) Ofen (*zum Brotbacken*)
танҳо (12) allein
таомнома ↗**рӯйхати хӯрокҳо**
тар (19) nass; ~ **кардан** (19) einweichen
тарабхона (17) Bar
тараф (9) Seite
тарбуз (10) Wassermelone
тарс (21) Angst
тарҷума кардан (7) übersetzen
тасаввур кардан (27) sich vorstellen
тасвир кардан (14) beschreiben
таҳсил (5) Studium; ~ **кардан** (5) studieren
таҷрибанок (3) erfahren
ташаккур (1, 7) danke
ташкил додан (28) betragen
ташкил кардан (26) organisieren
таъм (28) Geschmack
таъмир кардан (32) renovieren
таърих (15) Geschichte
таъсис (15) Gründung; ~ **шудан** (15) gegründet werden; ~ **додан** (25) gründen
театр (6) Theater
тезгӯяк (6) Zungenbrecher
телевизор (12) Fernsehen; Fernseher
телеграмма (15) Telegramm
телефон (1) Telefon; ~ **кардан** ***ба*** (15) anrufen *jdn*
теннис (1) Tennis
теппа (24) Höhe
техникӣ (12) technisch
тиббӣ (11) medizinisch
тира (31) trübe
тирамоҳ (9) Herbst
то (8) bis; ~ **ҳол** (16) bis jetzt
тобеъ (25) untergeordnet
тобистон (9) Sommer
тоза (19) sauber; ~ **кардан** (19) sauber machen, putzen
ток (22) Weinstock
тоқа (1) einzeln, einsam
тоқат (1) Geduld
тоқӣ (1, 25) Kappe
толиб (1) Talib *(Angehöriger der Bewegung der Taliban)*; suchend, fordernd
толор (33) Saal, Halle
тор (14) Saite
торик (11) dunkel; ~ **шудан** (11) dunkel werden
тоҳириҳо (30) Tahiriden
тоҷик (3) Tadschike, Tadschikin
тоҷикӣ (3) tadschikisch
Тоҷикистон (1) Tadschikistan
трамвай (1) Straßenbahn
троллейбус (1) Oberleitungsbus
ту (2) du
тулуъ кардан (22) aufgehen (*Sonne*)
тунукасоз (24) Blechschmied
тунукпӯст (28) dünne Schale
туркман (3) Turkmene, Turkmenin
Туркманистон (1) Turkmenistan
турна (23) Kranich
турш (10) sauer
туш (30) Tusche
тӯппӣ (1, 8) Kappe
тӯҳфа (17) Geschenk; ~ **кардан** (17) schenken

У

уйғур (1) Uigure, Uigurin
умумӣ (25) allgemein
усто (9) Meister
устозан (9) Meisterin

Ӯ

ӯ (2) er, sie, es
ӯгай (1) Stief-
ӯзбек (1, 3) Usbeke, Usbekin
Ӯзбекистон (1) Usbekistan
ӯрда (1) Horde
ӯҳда Verpflichtung; **ба ~ доштан** (35) Verpflichtung haben

Ф

факс (1) Fax
факулта (15) Fakultät
фамилия (6) Familienname
фарбеҳ (21) dick
фарёд (10) Ruf, Schrei; **~ кардан** ***-ро*** (10) rufen *jdn*
фарзанд (12) Kind, Nachkomme
фарқ (13) Unterschied; **~ доштан** (13) sich unterscheiden
фармудан [фармо] (17) bestellen
фаро гирифтан (21) betragen
фаро расидан (26) anbrechen
фаровардан [фаровар] [= фурор] ↗ **фуровардан**
фаровон (28) viel
фаромӯш кардан (7) vergessen
Фаронса (3) Frankreich
фаронсавӣ (3) Franzose, Französin
фаррош (29) Reinigungskraft
фаррошӣ кардан (29) putzen, als Reinigungskraft arbeiten
фарш (22) Fußboden
фасли сол (9) Jahreszeit
фаҳмидан [фаҳм] (4) verstehen
феврал (9) Februar
федералӣ (1) föderativ
физика (1) Physik
фикр (15) Gedanke, Idee; **~ кардан** (15) denken
филм (1) Film
фиреб додан (27) betrügen
фиреб хӯрдан (27) sich täuschen
фиристодан [фирист] (8) schicken
фироқ (21) Trennung
фоида (27) Nutzen
фомил (6) Familienname
фонуси кисагӣ (28) Taschenlampe
фориғ шудан (29) sich befreien, losmachen
фотоаппарат (28) Kamera
Франсия (3) Frankreich
фуровардан [фурор] (16) herunterholen, herunterbringen
фурсат (16) Gelegenheit
фурудгоҳ (15) Flughafen
фурӯ рафтан (22) untergehen (*Sonne*)
фурӯшанда (2) Verkäufer, ~in
футбол (1) Fußball

Х

хабар (8) Nachricht; **~ кардан** (11) benachrichtigen
хабарчӣ (26) Bote
хайр (8) Wohl; tschüss! auf Wiedersehen!
халқ (25) Volk
халта (7) Sack
ханда кардан (23) lachen
хандидан [ханд] (23) lachen
хар[1] (1, 10) Esel
хар[2] ↗ **харидан**
харбуза (10) Zuckermelone
харгӯш (22) Hase
харид (10) Einkauf
харидан [хар] (4) kaufen
харидор (25) Käufer
хаткашон (25) Briefträger

хатм *(32)* Abschluss
хато Fehler; ~ **кардан** (11) sich irren
хез ↗**хестан**
хеле (6) sehr
хестан [хез] (9) aufstehen
хеш (13) verwandt; Verwandter
хешу акрабо (5) Verwandtschaft
хиёбон (15) Prospekt
хизмат (10) Dienst
химия (1) Chemie
хитоб кардан (23) ausrufen
Хитой (1) China
хишт (8) Ziegel
хоб (12) Schlaf; ~ **рафтан** (12) schlafen gehen, zu Bett gehen
хобидан [хоб] (29) schlafen
хобон(и)дан [хобон] (29) zum Schlafen bringen
ходим (18) Angestellter
хоксор (29) gutmütig
хола (5) Tante *(mütterlicherseits)*
холӣ (22) frei
хомӯш (33) still, ruhig; ~ **шудан** (31) *hier:* ausgehen (*Licht, Strom*)
хон ↗**хондан**
хона (7) Haus
хонавода (26) Familie
хонанда (9) Leser(in)
хондан [хон] (4) lesen; lernen, studieren
хонондан [хонон] (29) lesen lassen
хонум (6) Frau *(auch als Anrede)*
хор (1) Dorn
хориҷӣ (1, 15) ausländisch, fremd
хостан [хох] (17) möchten
хоҳар (1, 5) Schwester
хуб (2) gut
худуд (28) Territorium
хурд (1) klein
хурдӣ (14) jüngster; kleinster *(nach dem Alter)*
хурсанд (2) froh; angenehm
хурӯс (22) Hahn
хусусан (28) besonders
хуш (4) angenehm
Хуш омадед! (4) Willkommen!
хушбахт (3) glücklich
хушрӯй (14) schön
хушҳол (27)
хӯрд (1) aß
хӯрдан [хӯр] (4) essen; trinken
хӯриш Salat (1, 17)
хӯрок (4) Essen; **~и пешин** (13) Mittagessen;
~и шом (13) Abendessen; **рӯйхати ~ҳо** (17) Speisekarte
хӯрокворӣ (28) Lebensmittel
хӯрондан [хӯрон] (29) zu essen geben, ernähren, füttern
хӯҷаин (32) Herr

Ҳ

ҳавза (30) Becken
ҳа (8) ja
ҳабдаҳ (7) siebzehn
ҳавлӣ (20) Hof
ҳаво (13) Luft; Wetter
ҳаво додан (32) wegwerfen, wegschmeißen
ҳавои сернам (31) Matschwetter
ҳавопаймо (18) Flugzeug
ҳавошинос (31) Meteorologe
ҳаждаҳ (7) achtzehn
ҳазл Scherz; **~у шӯхӣ кардан** (21) Spaß machen
ҳазор (7) tausend
ҳайвон (17) Tier
ҳайкал (8) Statue, Denkmal
ҳам (2) auch; **ҳам … ҳам …** (3) sowohl … als auch …
ҳама (13) alle; ganz; **ҳама вақт** (13) immer; **ҳама ҷо** (13) überall
ҳамдигар (13) einander
ҳамён (14) Geldtasche, Portemonnaie
ҳаминҷоӣ (11) hiesiger;Einheimischer
ҳаммом (32) Badeanstalt, Badestube
ҳамроҳи (10) zusammen mit
ҳамсафар (33) Mitreisende

ҳамсоя (14) Nachbar
ҳамто (28) ähnlich; gleich
ҳамшираи шафқат (8) Krankenschwester
ҳар (13) jeder; ~ **гуна** (13) jederart; ~ **кас** (13) jede Person, jeder; ~ **хел** (13) jederart; ~ **чиз** (13) alles; ~ **ҷо** (13) überall
ҳарбу зарб (27) Krieg, Schlacht **ҳарорат** (31) Temperatur **ҳатман** (31) unbedingt
ҳафт (1, 7) sieben
ҳафта (1, 9) Woche
ҳафтдаҳ (7) siebzehn
ҳафтод (7) siebzig
ҳашт (1, 7) acht
ҳаштод (7) achtzig
ҳаяҷон (33) Aufregung; **ба** ~ **овардан** (30) in Aufregung bringen
ҳезум (22) Holz
ҳеҷ (13) gar (kein); ~ **вақт (на-)** (12) nie, niemals; ~ **кас (на-)** (13) niemand, keiner; ~ **чиз (на-)** (7, 13) nichts; ~ **ҷо** **(на-)** (13) nirgends; ~ **гап не!** Nicht der Rede wert! Kein Problem!
ҳикоя (4) Erzählung, Geschichte
Ҳиндустон (1) Indien
ҳис (33) Gefühl
ҳисоб (10) Rechnung; ~ **кардан** (10) zählen, rechnen
ҳозир (17) jetzt; sofort
ҳозирин (9) Anwesende
ҳоким (24) Herrscher
ҳокимият (25) Macht; Behörde
ҳол (16) Lage, Zustand; jetzt; **то** ~ (16) bis jetzt
ҳоло (8) jetzt; ~ **ҳам** (3) immer noch
ҳосил (9) Ernte
ҳукмронӣ кардан (30) herrschen
ҳукумат (25) Regierung
ҳуқуқшиносӣ (15) Rechtswissenschaft
ҳунарманд (24) Handwerker
ҳунармандӣ (30) Bastelei, Gewerbe
ҳунарпеша (20) Schauspieler
ҳуҷра (18) Zimmer
ҳуҷҷат(ҳо) (30) Dokument(e)

Ч

чакидан [чак](31) tropfen
чалак (7) Kübel
чанд (8) wie viel?
чандон калон нест (6) nicht so groß
чап (11) links
чар/чарӣ (35) Abgrund, Kluft
чароғ (1, 24) Licht
чаҳор (7) vier
чашида дидан (10) kosten
чашм (9) Auge; **ба** ~ (18) jawohl!, gern!
чӣ гуна? / чӣ хел? (7) wie? was für?
чӣ? (3) was?; **чӣ хел?** (11) wie?; **чӣ кор?** (4) was *(für eine Arbeit)*?
чидан [чин] (5) pflücken
чил (7) vierzig
чин ↗ **чидан**
чипта (15) Ticket
чистон (12) Rätsel
читгар (29) *ein Meister, der auf einem Stoff verschiedene Muster druckt*
чодар (20) Zelt
чой (4) Tee; ~ **кашидан** Tee einschenken
чойхона (7) Teehaus
чоп шудан (30) veröffentlicht werden
чопандоз (24) Reiter
чор (7) vier
чордаҳ (7) vierzehn
чорроҳа (11) Kreuzung
чоршанбе (9) Mittwoch
чунин (13) folgendermaßen
чунки (9) weil
чӯб (30) *hier:* Holztafel
чӯпон (23) Hirt
чӯтка Bürste; **~и дандоншӯӣ** (28) Zahnbürste

Ҷ

ҷавоб (11) Antwort; ~ **додан** ***ба*** (11) antworten *jdm*
ҷавон (1, 3) jung
ҷавшан (29) Panzerhemd

ҷадвал (13) Zeitplan
ҷангал (23) Wald
ҷангидан ***бар зидди***... (23) kämpfen *gegen*
ҷаноб (1, 6) Herr *(auch als Anrede)*
ҷануб (8) Süden
ҷар (35) Abgrund, Kluft
ҷарроҳӣ кардан (32) operieren
ҷаҳон (21) Welt
ҷашн гирифтан (25) feiern
ҷевон (1, 8) Schrank
ҷеғ (29) Schrei; ~ **задан** (29) rufen;
~ **занондан** (29) rufen lassen **ҷиддӣ** (21) ernst, ernsthaft **ҷиҳод** (1) Dschihad
ҷойгир (8) gelegen; ~ **будан** (8) gelegen sein, liegen
ҷолиб (30) heranziehend, interessant
ҷон (8) Seele; lieber *(nachgestellt)*
ҷумла (8) Satz
ҷумҳурӣ (6) Republik
ҷумъа (9) Freitag
ҷунбидан [ҷунб, ҷум] (33) sich bewegen
ҷустуҷӯ кардан (23) suchen
ҷӯра (14) Kumpel
ҷӯшидан [ҷӯш] kochen *(Wasser)*

Ш

шаб (4) Nacht; ~ **ба хайр!** (2) Gute Nacht!
шабонарӯз (18) ein voller Tag *(24 Stunden)*
шабоҳат (14) Ähnlichkeit; ~ **доштан** ***ба*** (14) ähneln *(jdm)*
шав ↗ **шудан**
шавқ (1) Interesse
шавқовар (4) interessant
шавҳар (15) Ehemann
шағол (24) Schakal
шамол (9) Wind
шамолак (9) leichter Wind
шанбе (9) Sonnabend
шарбат (17) Saft
шарик (28) Partner
шарқ (1, 8) Osten
шароб (17) Wein
шартнома (29) Vertrag
шаст (7) sechzig
шаҳр (6) Stadt
шаш (7) sechs
шер (23) Löwe
шеър (5) Gedicht; ~ **хондан** (12) Gedichte vortragen
шимол (8) Norden
шинондан [шинон] (23) einsetzen lassen; pflanzen
шинос (18) Bekannter; ~ **шудан** (18) sich kennen lernen
шиноснома (34) Pass
шинохтан [шинос] (7) kennen
шир (12) Milch
ширин (10) süß
ширкат (9) Firma
шифохона (12) Krankenhaus
шиша (17) Flasche
шод (8) froh; ~ **шудан** (8) sich freuen
шодӣ (21) Freude
шоир (6) Dichter
шолӣ коридан (29) Reis säen
шом (13) Abend; ~ **ба хайр!** (2) Guten Abend!
шонздаҳ (7) sechzehn
шох задан (22) mit den Hörnern stoßen
шояд (16) es kann sein, wahrscheinlich
шубҳа (15) Zweifel; ~ **доштан** (15) zweifeln, Zweifel haben
шудан [шав] (4) werden
шукр гуфтан (29) Dank sagen
шукуфтан [шукуф] (19) blühen
шумо (2) ihr, Sie; ~ **хуб ҳастед?** (2) Geht es Ihnen gut?
шумурдан (26) zählen
шустан [шӯ] (19) waschen
шуъба Abteilung; ~**и бозрасии амният** (34) Passkontrolle
шӯла (12) Brei
шӯр (28) salzig
шӯравӣ sowjetisch; **дар даври** ~ (26) in der Sowjetzeit
шӯрбо (7) Suppe

Э

экскурсия (1) Exkursion
Эрон (1)
эронӣ (3) Iraner, Iranerin
эҳтиром (1) Respekt
эълон гардидан (25) erklärt werden
эълон кардан (20) ankündigen, bekanntmachen
эътироф шудан (21) anerkannt werden

Ю

ЮНЕСКО (1) UNESCO
Юнон (32) Griechenland

Я

ягон (12) irgendein; ~ **вақт** (12) irgendwann
як (4) ein; eins (7); ~ **вақт** (12) einmal; ~ **навъ** (3) so lala
якдигар (13) einander
яктаҳ (29) langes Hemd
якшанбе (9) Sonntag
январ (9) Januar
яхдон (32) Kühlschrank
яъне (5) also, das heißt

Glossar Deutsch – Tadschikisch

Луғати олмонӣ – тоҷикӣ

A

ab аз (3)
Abend бегоҳ (4); шом (13); **am ~** бегоҳӣ (4); **Guten ~ !** Шом ба хайр!
Abendessen хӯроки шом (13)
abends бегоҳӣ (4)
Abenteuerbuch китоби пурмоҷаро (27)
aber лекин (4); аммо (7)
Abfertigung қайдгирӣ (34)
Abgeordnete вакил (25)
Abgrund ҷар/ҷарӣ (35)
abnehmen лоғар шудан (33)
abschließen ба анҷом расондан (20)
Abschluss анҷом, хатм (32)
abstempeln мӯҳр гузоштан (34)
Abstimmung овоздиҳӣ (25)
Abteilung шуъба (34)
abziehen кандан [кан] (19)
acht ҳашт (7)
achtzehn ҳаждаҳ (7)
achtzig ҳаштод (7)
Adresse адрес (1), нишонӣ (7)
Afghane, Afghanin афғон (3)
Afghanistan Афғонистон (1)
ähneln *jdm* шабоҳат доштан ба (14)
ähnlich ҳамто (28)
Ähnlichkeit шабоҳат (14)
Akademiemitglied академик (15)
alle ҳама (13)
allein танҳо (12)
alles ҳар чиз (13)
allgemein умумӣ (25)
alltägliches Brot ризқу рӯзӣ (26)
als ки (11)
also / das heißt яъне (5, 21)
alt пир (6) (*Lebewesen*); кӯҳна (6) (*Dinge*)
ältester калонӣ (14)
am Ehrenplatz дар боло (22)
am Rande ... қад-қади ... (28)
Amateurgruppe гурӯҳи ҳаваскорон (26)
amerikanisch амрикоӣ (18)
an сари (10)
anbrechen фаро расидан (26)
anderer дигар (11, 13)
Anekdote латифа (11)
anerkennen эътироф кардан (21)
Anfang оғоз, сар (8, 26); **am ~ des ... Jahrhunderts** дар оғози асри ... (30)
anfangen *(itr)* сар шудан (8), оғоз ёфтан (26)
anfangen *(tr)* сар кардан (13)
anflehen зораву тавалло кардан (35)
angenehm (*Gespräch*) дилнишин (30)
angenehm хуш (4); хурсанд (2)
Angestellter ходим (18)
Angst тарс (21)
anhaben (*Kleidung)* бар тан доштан (8)
ankommen расидан [рас]
ankündigen эълон кардан (20)
Anmeldeformular варақаи вуруд (18)
anrufen *(jdn)* телефон кардан (*ба*) (15)
anschauen тамошо кардан (8)
anschnallen, sich камарбандҳоро бастан
Ansicht назар (9)
Antrag ариза (4); **einen ~ stellen** ариза навиштан (4)
Antwort ҷавоб (11)
antworten (*jdm)* ҷавоб додан (*ба)* (11), посух додан (33)
Anwesende ҳозирин (9)
anziehen *(jdn)* пӯшон(и)дан [пӯшон] (29)
anziehen, sich пӯшидан [пӯш] (29)
anziehend ҷолиб (30)
Apfel себ (5)
April апрел (9)
Arbeit кор (5)
arbeiten кор кардан (5)
Arbeiter(in) коргар (2)
Arbeits- корӣ (13)
Arbeitstag рӯзи корӣ (13)

Architekt меъмор (32)
Ärger алам (33)
ärgern, sich ранҷидан [ранҷ] (33)
Arm даст (9)
arm камбағал, бечора (35)
Art гуна (7), тавр (13)
Artikel мақола (1)
Artikel модда (25)
Arzt, Ärztin духтур, пизишк (2)
Aserbaidschan Озарбойҷон (1)
Aserbaidschaner, Aserbaidschanerin озарбойҷонӣ, озарӣ (3)
auch низ (2), ҳам (2)
Auf Wiedersehen! хайр (8)
auf бар (21), андар, дар (21)
auf сари (10), болои (16), бар (8)
Aufgabe супориш (30)
aufgehen (*Sonne*) баромадан, тулӯъ кардан (22)
aufräumen рӯбучин кардан (10)
Aufregung ҳаяҷон (33); **in ~ bringen** ба ҳаяҷон овардан
aufstehen хестан [хез] (9)
Auftrag супориш (30)
aufwachen бедор шудан (15)
aufziehen ба воя расондан (26)
Auge чашм (9)
August август (9)
aus аз (3)
ausbilden тайёр кардан (15)
ausführlich муфассал (26)
ausfüllen пур кардан (18)
ausgehen (*Licht, Strom*) хомӯш шудан (31)
ausländisch хориҷӣ (15)
ausreiten савора гардиш кардан (22)
ausrichten (*Gruß*) расон(и)дан [расон] (*салом*) (29)
ausrufen хитоб кардан (23)
Ausrufer пойкор (11)
Aussaat киштукор (26)
Aussehen қиёфа (33)
Aussicht манзара (8)
Ausstellungsstück нигора (29)
Ausweg илоҷ (35)
Auto мошин (12)
Auto мошин; **das ~ anhalten** мошинро нигоҳ доштан (33)

B

backen пухтан [паз] (4)
Bäcker нонвой (2)
Badeanstalt ҳаммом (32)
Baden оббозӣ (1)
baden оббозӣ кардан (12)
Baktrer / Baktrier бохтариҳо (30)
bald ба наздикӣ (22)
Bar тарабхона (17)
Basar бозор (1)
Basis асос (25)
Bastelei ҳунармандӣ (30)
Bauarbeiter бинокор (25)
bauen сохтан [соз] (8)
Bauer, Bäuerin деҳқон (2)
Baum дарахт (22)
Baumwolle пахта (5)
Becken ҳавза (30)
Bedauern афсӯс (14)
bedauern афсӯс хӯрдан (15)
befreien фориғ шудан (29)
befreundet sein ошно будан (13)
Begabung маҳорат (26)
beginnen *(itr)* сар шудан (8)
beginnen *(tr)* сар кардан (13)
Begriff мафҳум (27)
behandeln табобат кардан (23)
beharrlich исроркорона (33)
Behörde ҳокимият (25)
bei назди (16)
beibringen *(jdm etwas)* ёд додан *ба ... –ро* (9)
bekannt ошно (13)
Bekannter ошно (13), шинос (18)
bekanntmachen эълон кардан (20)
bellen аккос задан (23)
benachrichtigen хабар кардан (11)
Berg кӯҳ (1)
Bergschlucht дара (20)
Bericht нақл (5)

berichten нақл кардан (5)
beritten савора (22)
Beruf касб (9)
berühmt машҳур (13)
beschäftigen, sich ***mit …*** пардохтан [пардоз] *ба* … (27), машғул будан *ба* … (26)
beschreiben тасвир кардан (14)
besetzt банд (22)
besingen васф кардан (26)
besitzen доштан [дор] (4)
Besitzer соҳиб (25)
besonders хусусан (28)
bestellen фармудан [фармо] (17)
Besuch меҳмонӣ (7)
betragen ташкил додан (28)
betragen фаро гирифтан (21)
betrügen фиреб додан (27)
betrunken маст (31)
Bevölkerung аҳолӣ (6)
bewegen, sich ҷунбидан [ҷунб, ҷум] (33)
Bewerbung ариза (4)
Bewohner сокин; **uralter** ~ сокини дерина (30)
Beziehung муносибат (15)
Bezirk ноҳия (25)
Bibliothek китобхона (8)
Bild расм (8)
billig арзон (10)
Biologie биология (1)
Birne нок (5)
bis то (8), **bis jetzt** то ҳол (16)
Bitte илтимос (16)
bitte! марҳамат! (1); лутфан (10)
bitten илтимос кардан (16)
Bitterkeit талхӣ (21)
Blatt варақа (33)
blau кабуд (14)
Blechschmied тунукасоз (24)
bleiben мондан [мон] (8); истодан [ист] (8)
Blitz раъду барқ (20)
blitzen барқ задан (33)
blühen шукуфтан [шукуф] (19)
Blume гул (8)
Blumenfest базми гул (26)
Boden замин (22)
Bote хабарчӣ (26)
Botschaft сафоратхона (32)
braten бирён кардан (19)
brauchen *ба* … даркор будан (8)
Braue абрӯ (9)
Brei шӯла (12)
breit васеъ (22)
Brief мактуб (4)
Briefträger хаткашон (25)
Brille айнак (28)
bringen овардан [овар, биёр] (5)
Brot нон (4)
Brücke пул (22)
Bruder бародар (5); **jünger** ~ додар (5); **älterer** ~ ако (6)
brüllen ғуррос задан (23)
Buch китоб (2)
Bus автобус (9)
Busch бутта (22)

C

Chemie химия (1)
China Хитой (1)
Cholera вабо (29)
Computer компютер (8)

D

da ана (7)
damals он вақт (12)
danach баъд (5)
danke раҳмат (1), ташаккур (7)
das ин (2); ~ **heißt** яъне (5)
dass ки (11)
Decke кӯрпа (28)
Demokratie демократӣ (1)
demokratisch демократӣ (1)
denken фикр кардан (15)
denn зеро (16); оё (5) (*in Fragen*)
deshalb аз ин сабаб (17), бинобар (26)

Deutscher олмонӣ, немис (3)
Deutschland Олмон (1), Германия (3)
Dezember декабр (9)
Dialog гуфтугӯ (5)
Dichter шоир (6)
dick фарбеҳ (21)
Dicke ғафсӣ (28)
Dienst хизмат (10)
Dienstag сешанбе (9)
dieser ин (2)
Diram (*Währungseinheit*) дирам (10)
direkt бевосита (25)
Direktor мудир (20)
disziplinarisch боинтизом (21)
Dokument(e) ҳуҷҷат(ҳо) (30)
Dollar доллар (18)
donnern гулдуррос задан; **es donnerte** гулдуррос зад (20)
Donnerstag панҷшанбе (9)
Dorf деҳа (9), қишлоқ (9)
Dorn хор (1)
drei се (5)
dreißig сӣ (7)
dreizehn сездаҳ (7)
Dschihad ҷиҳод (1)
du ту (2)
Dummkopf гӯл (1)
dunkel торик (11); ~ **werden** торик шудан (11)
durchführen гузарондан [гузарон] (29)
durchgehen гузаштан [гузар] (11)
Dutor *(Saiteninstrument)* дутор (14)

E

Ecke кунҷ (22)
Ehe издивоҷ (1)
Ehefrau завҷа (12)
ehemalig собиқ (21)
Ehemann шавҳар (15)
ein як (4)
einander якдигар (13), ҳамдигар (13)
einfach осон (8)
Eingang вуруд (18)
Einheimischer инҷоӣ (11), ҳаминҷоӣ (11)
Einkauf харид (10)
einladen даъват кардан (7)
Einladung таклиф (7)
einmal як вақт (12)
Einreise вуруд (18)
eins як (7)
einsam тоқа
einschenken кашидан [каш] (12)
einsetzen lassen шинондан [шинон] (23)
einverstanden розӣ (10); ~ **!** майлаш (10)
einweichen тар кардан (19)
Eisenbahn роҳи оҳан (22)
elf ёздаҳ (7)
empfehlen тавсия кардан (18)
Empfehlung тавсия (18)
energisch боғайрат (26)
England Англия (3)
Engländer(in) англис (3)
Engstraße тангкӯча (20)
Enkel(in) набера (14)
entdecken кашф намудан (30)
Entstehung пайдоиш (24)
entweder … oder … ё … ё … (3)
er вай, ӯ (2)
Erbe мерос (26)
Erde замин (22)
ereignen, sich рӯй додан (30)
erfahren таҷрибанок (3), соҳибтаҷриба (15)
Erfolg haben барор гирифтан (27)
erfüllt werden иҷро шудан (30)
Ergebnis натиҷа, оқибат; **im** ~ дар оқибат, дар натиҷа (27)
erhitzen доғ кардан (19)
erholen, sich истироҳат кардан (13)
Erholung истироҳат (13)
Erholungsheim осоишгоҳ *(32)*
Erinnerung ёд (9)
erklärt werden эълон гардидан (25)
erlernen *(etwas)* ёд гирифтан (*-ро*) (9)
ernähren хӯрон(и)дан [хӯрон] (29)
ernsthaft ҷиддӣ (21)

Ernte ҳосил (9)
Eroberer истилогар (30)
erreichen расидан [рас]
erschaffen офаридан [офар] (26)
ersetzen иваз кардан 23)
erzählen нақл кардан (5)
Erzählung ҳикоя (4), нақл (5)
Erzeugnisse маҳсулот (19)
es вай, ӯ (2)
Esel хар (10)
essen хӯрдан [хӯр] (4); **zu ~ geben** хӯрон(и)дан [хӯрон] (29)
Essen хӯрок (4), ош (10)
Etage ошёна (17)
etwa наздики (21)
etwas кам-кам (5)
existent мавҷуд (15)
existieren арзи вуҷуд доштан (21); мавҷуд будан (15)
Exkursion экскурсия (1)
Experte мутахассис (15)

F

Fabel масал (32)
Fachrichtung ихтисос (7)
fahren рафтан [рав] (5)
Fahrrad велосипед, дучарха (12)
Fakultät факулта (15)
falsch нодуруст (12); **~ sein** ғалат будан (35)
Familie оила (5); хонавода (26)
Familienname насаб, фамилия (6)
Fax факс (1)
Februar феврал (9)
Fehler хато (11)
feiern ҷашн гирифтан (25), ид кардан (26)
Feld полиз (22)
Fernsehen, Fernseher телевизор (12)
fertig тайёр (15)
Fest ид (26)
Festplatz базмгоҳ (26)
Festung қалъа (8)
feucht нам (1)
Film филм (1)
finden ёфтан [ёб] (14)
Firma ширкат (9)
Fisch моҳӣ (19)
Fläche масоҳат (21)
Flasche шиша (17)
Fleck доғ (12)
Fleisch гӯшт (7)
Fliege пашша (33)
fließen рехтан [рез] (6)
Flöte най (1)
Flug парвоз (20); рейс (33)
Flughafen фурудгоҳ (15)
Flugzeug ҳавопаймо (18)
Fluß рӯд (1), дарё
flüstern пичиррос задан (33)
Flut сел(об) (29)
föderativ федералӣ (1)
folgendermaßen чунин (13)
Foto расм (8)
Frage суол, савол (7); масъала (20)
fragen пурсидан [пурс] (8)
Frankreich Фаронса, Франсия (3)
Franzose, Französin фаронсавӣ (3)
Frau зан (6); *auch als Anrede:* хонум (6)
Frauen- занона (9)
frei холӣ (22)
Freitag ҷумъа (9)
fremd бегона (11)
Freude шодӣ (21)
freuen, sich шод шудан (8)
Freund дӯст (2), рафиқ (9), ҷӯра (14)
Frieden сулҳ (33)
froh хуш (4), шод (8); хурсанд (2); рӯҳбаланд (27)
fröhlich хушҳол (27)
Früchte мева; **~ ansetzen** ғӯра бастан (28)
früh барвақт (12)
früher пеш (12)
Frühling баҳор (1, 9)
Frühstück ношито, ноништа (13)
Fuchs рӯбоҳ (23)
füllen пур кардан (18)

fünf панҷ (7)
fünfzehn понздаҳ (7)
fünfzig панҷоҳ (7)
für барои (8)
Fuß по(й) (20)
Fußball футбол (1)
Fußboden фарш (22)

G

Galgen дор (1)
Gans ғоз (1)
ganz тамом (13)
gar (kein) ҳеҷ (13)
Garten боғ (9)
Gartenschere қайчии токбурӣ (27)
Gas газ (20)
Gasse гузар (12), кӯча (7)
Gastarbeiter муҳоҷирони меҳнатӣ (33)
Gattin завҷа (12)
gebären тавлид намудан (33)
Gebäude (*einer Einrichtung)* идора (29)
Gebet, zum ~ aufrufen азон гуфтан (16)
Gebetsaufruf азон (16)
Gebiet вилоят; **autonomes** ~ вилояти мухтор (25)
Gebirge кӯҳсор (8)
geboren werden таваллуд шудан (9)
gebraten бирён (19)
Geburt таваллуд (9)
Geburtstag рӯзи таваллуд, зодрӯз (9)
Gedächtnis ёд (9)
Gedanke фикр (15)
Gedeihen нашъунамо (28)
Gedicht шеър (5), **Gedichte vortragen** шеър хондан (12)
Geduld сабр, тоқат (1); **mit** ~ бо сабру тоқат (35)
geehrt гиромиқадр (22)
Gefühl ҳис (33)
gegründet werden таъсис шудан(15)
geheim пинҳонӣ (25)
gehen рафтан [рав] (5)
gehören *zu* ... мансуб будан *ба* ... (29); дохил шудан *ба* ... (30)
Geht es Ihnen gut? Шумо хуб ҳастед? (2)
Geist рӯҳ (1)
gelangen расидан (29); ~ **lassen** расон(и)дан [расон] (29)
gelb зард (14)
Geld пул (10); **das** ~ **prägen** пулро сикка задан (30)
Geldbörse ҳамён (28)
Geldtasche ҳамён (14)
gelegen sein воқеъ будан (24), ҷойгир будан (8)
Gelegenheit фурсат (16)
gemütlich бароҳат (22)
genannt werden номида шудан (24)
genug бас (9)
Gepäck бағоҷ (33)
gerade aus рост (11)
Geräusch ғулғула (20) *(Lautnachahmung)*
Gericht суд (1)
Gern! ба чашм! (18)
Geruch бӯй (1)
Geschäft мағоза (8)
gescheit зирак (29)
Geschenk тӯҳфа (17)
Geschichte ривоят (24) *(mdl. Überlieferung)*
Geschichte таърих (15) *(vergangenes Geschehen)*
Geschichte ҳикоя (4) *(Erzählung)*
geschickt моҳир (23)
Geschmack таъм (28)
Geschrei дод (16)
Geschwindigkeit суръат (26)
Gesetzgeber қонунгузор (25)
Gesicht рӯ(й) (1, 14)
Gespräch гуфтугӯ (5), сӯҳбат (14)
Gestalt қомат (14)
gestern дирӯз (4)
gesund саломат (10)
gewählt werden интихоб шудан (25)
gewandt пурҳунар (21)
Gewerbe ҳунармандӣ (30)

Gewicht вазн (10)
gewinnen баҳра бурдан (29)
gießen рехтан [рез] (6)
Gift заҳар (1)
glänzend дурахшон (15)
Glas истакон (9)
glauben бовар доштан (15)
gleich баробар (26)
Gletscher пирях (28)
glücklich хушбахт(3)
Gold зар (1)
Goldsticker(in) зардӯз (9)
Goldstickerei зардӯзӣ (9)
Grabmal мақбара (8)
Grad дараҷа (28)
Granatapfel анор (5)
greifen гирифтан [гир] (4)
Grenze сарҳад (28); **gemeinsame ~ haben** ҳамсарҳад будан (28)
Grenzpolizist марзбон (34)
Grenzübergangslinie қисми гузариш аз марз (34)
Griechenland Юнон (32)
grob дағал (1)
groß калон (5), бузург (15); **von hohem Wuchs** қадбаланд (14)
Großmutter бибӣ (5)
größter *(nach dem Alter)* калонӣ (14)
Großvater бобо (5)
grün кабуд (14)
Grund сабаб (17); **aus diesem ~** аз ин сабаб (17)
gründen таъсис додан (25)
Grundgesetz конститутсия, сарқонун (1)
Grundlage асос (25)
Gründung таъсис (15) **grüßen** салом гуфтан(8) **günstig** мусоид (28)
gut хуб (2), нағз (6); **Guten Abend!** Шом ба хайр! (2); **Gute Nacht!** Шаб ба хайр! (2); **Guten Morgen!** Субҳ ба хайр! (2); **Guten Tag!** Рӯз ба хайр! (2), Салом! (1), Ассалому алайкум! (2), (*als Antwort*): Ваалайкум ассалом! (2)
gutmütig хоксор (29)

H

haben доштан [дор] (4), дорои ...
habend дорои (15)
Hagel жола (20)
Hahn хурӯс (22)
halb ним (10)
Halbvers мисраъ (29)
Hälfte ним (10)
Hallo! Салом! (1)
Haltestelle истгоҳ (20)
Hand даст (9); ***etwas* in die ~ bekommen** *...ро* ба даст овардан (30); **die ~ drücken** дастро фишурдан (33); **von ~ zu ~ reichen** даст ба даст кардан (27)
Handfläche каф (7)
Handvoll каф (7)
Handwerker ҳунарманд (24)
Hase харгӯш (22)
hassen бад дидан (7)
Hauptstadt пойтахт (6)
Haus хона (7)
Haut пӯст (19)
Heft дафтар (2)
heftig сахт (20)
Heilkraut растании шифобахш (21)
heimtückisch маккор (35)
Held баҳодур (24)
helfen кӯмак кардан (*ба*) (12), ёрӣ расондан (*ба*) (13)
hell *(Haar)* зард (14); дурахшон (24)
Hemd курта (5); яктаҳ (29)
heranziehend ҷолиб (30)
Herbst тирамоҳ (9)
Herd плита (20)
Herde рама (23)
hereinkommen ворид шудан (33); даромадан [даро] (15)
Herold пойкор (11)
Herr *(auch als Anrede)* ҷаноб (6); хӯҷаин (32)
herrschen ҳукмронӣ кардан (30)
Herrscher ҳоким (24)
herunterbringen фаровардан [фаровар]

(= фурор) (16)
herunterholen фаровардан [фаровар] (= фурор) (16)
Herz дил (19)
herzergreifend дилчасп (18)
heute имрӯз (4)
hier ин ҷо (10); *als Hinweis:* ана (7)
hiesiger ҳаминҷоӣ (11), инҷоӣ (11)
Hilfe ёрӣ (13), кӯмак (12)
hinbringen расондан [расон] (12)
hinfallen афтидан [афт] (22)
hinken лангидан [ланг] (23)
hinstellen гузоштан [гузор] (22)
hinüberführen гузарондан [гузарон] (29)
hinübergehen гузаштан [гузар] (11)
hin-und herfahren рафтуо кардан (32)
hinweisen ишора кардан (33)
Hirt чӯпон (23)
Hof ҳавлӣ (20)
Höhe теппа (24)
Höhle ғор (1)
Holz ҳезум (22)
Holzbett кат (22)
Holzschnitzerei кандакорӣ (24)
Holztafel чӯб (30)
Horde ӯрда (1)
hören гӯш кардан (5)
Horn шох; **mit den Hörnern stoßen** шох задан
Hotel меҳмонхона (11)
Huf сум (1)
Huhn мурғ (22)
Hund саг (12)
hundert сад (7)
hungrig гурусна (4)

I

ich ман (2)
Idee фикр (15)
ihr шумо (2)
immer ҳама вакт (13); ~ **noch** ҳоло ҳам (3)
in Ordnung! майлаш (10)
in дар (5), андар (21)
Indien Ҳиндустон (1)
innerhalb … дар муддати … (28)
interessant шавқовар (4), дилчасп (18); ҷолиб (30)
Interesse шавқ (1); завқ (1, 7)
international байналмилалӣ (15)
Internet интернет (1)
Irak Ироқ (1)
Iran Эрон (1)
Iraner, Iranerin эронӣ (3)
irgendein ягон (12)
irgendwann ягон вақт (12)
irren, sich хато кардан (11)
Irrtum хато (11)
Islam ислом (1)

J

ja бале (2), оре (2), ҳа (8)
Jahr сол (9)
Jahreszeit фасли сол (9)
-jährig -сола (12)
Januar январ (9)
jawohl! ба чашм (18)
jeder ҳар (13); **jede Person** ҳар кас (13)
jederart ҳар гуна (13), ҳар хел (13)
jener он (2)
jetzt ҳоло (8), акнун (10), ҳозир (17), ҳол (16)
Journalist мухбир (14)
Juli июл (8)
jung ҷавон (3)
Junge бача (7), писар (8)
jüngster хурдӣ (14)
Juni июн (9)
junior хурд (1)

K

Kaffee қаҳва (17)
kalt сард, хунук (31)
Kamera суратгирак (25)
kämpfen *gegen* ... ҷангидан *бар зидди...* (23)
Kappe тоқӣ (1), тӯппӣ (8)
kaputt вайрон (14); ~ **gehen** нобуд гардидан (28)
Karavane корвон (24)
Kartoffel картошка (19)
Kasache, Kasachin қазоқ (3)
Kasachstan Қазоқистон (1)
Kassette кассетта (7)
Katze гурба (22)
kaufen харидан [хар] (4)
Käufer харидор (25)
keine Ursache! Ҳеҷ гап не! (8); Намеарзад!
keiner ҳеҷ кас (на-) (13)
Kellner пешхизмат (17)
kennen (*Person*)**:** шинохтан [шинос] (7), (*Sache*)**:** донистан (5)
kennenlernen, sich шинос шудан (18)
Kind бача (7), фарзанд (12)
Kindheit бачагӣ (12)
Kino кино (1)
Kiosk киоск (8)
Kirgise, Kirgisin қирғиз (3)
Kirgisistan Қирғизистон (1)
Kissen болишт (29)
Klage дод (16)
Klammer қавс (9)
Kleid курта (5)
Kleidung либос (9)
klein хурд (1), майда (5)
kleinster *(nach dem Alter)* хурдӣ (14)
Klima иқлим
klopfen тақ-тақ кардан (15)
Kluft ҷар (35)
klug доно (9)
Koch ошпаз (2)
kochen (*Wasser*) ҷӯшидан [ҷӯш] (19)
kochen пухтан [паз] (4);
Köchin ошпаз (2)
Kolchose колхоз (12)
kommen омадан [о, ой] (4)
Konditor қандалотпаз (24)
Konferenz конференсия (18)
können тавонистан [тавон] (17)
Kontrolle бозрасӣ (33)
Konzert консерт (15)
Kopf сар (1, 8)
Korb сабад (30)
Körper вуҷуд (33)
Körper тан (8)
kosten[1] *(probieren)* чашида дидан (10)
kosten[2] *(in Geld wert sein)* истодан [ист] (8)
Kraft қудрат (1)
Kranich турна (23)
krank бемор / касал (3)
Kranke (*bettlägerig*) барҷомонда (26)
Krankenhaus шифохона (12, 21)
Krankenschwester ҳамшираи шафқат (8)
kränklich дардманд (26)
Kraut алаф (26)
kreieren офаридан [офар] (26)
Kreis ноҳия (25)
Kreuzung чорроҳа (11)
Krug кӯза (7)
Kübel чалак (7)
Kuh гов (7); модагов (22)
Kühlschrank яхдон (32)
Kuhstall говхона, оғил (22)
Kultur маданият (33)
Kumpel ҷӯра (14)
Kupfer мис (1)
Kurort осоишгоҳ (32)

L

lächeln табассум кардан (23)
lachen ханда кардан, хандидан [ханд] (23)
Laden дӯкон (32)
Lage ҳол (16)

Land кишвар (28)
lang дароз (21)
langsam оҳиста (16)
Last бор (20)
lästig sein ба дил задан (23)
Lastträger боркаш (20)
laufen давидан [дав] (22); ~ **lassen** давондан [давон] (29)
lauschen гӯш кардан (5)
laut (*Präp.*) мутобиқ (25)
Leben зиндагӣ (5)
leben зиндагӣ кардан (5); **Leben Sie wohl!** Саломат бошед! (10)
leben истиқомат кардан (24)
Lebensmittel хӯрокворӣ (28)
lecker болаззат (26)
Leder пӯст (30)
ledig муҷаррад (14)
Legende ривоят (24)
Lehrer муаллим (2)
Lehrerin муаллима (2)
Lehrstuhl дафтар (20)
leider афсӯс (14)
Lektion дарс (8)
lernen омӯхтан [омӯз] (7), хондан [хон] (4)
lesen хондан [хон] (4); ~ **lassen** хонондан [хонон] (29)
Leser(in) хонанда (9)
leuchtend дурахшон (24)
Leuchtturm мино (24)
Libanon Лубнон (1)
Licht чароғ (24)
lieb азиз (8)
lieben дӯст доштан (12)
lieber ҷон *(nachgestellt)*; **Liebe Mutter** модарҷон (8)
liegen ҷойгир будан (15)
Linientaxi маршрутка (11)
links чап (11)
Lippe лаб (9)
Liste рӯйхат (10)
Literat адиб (2)
Lob сано (33)
Lohn музди кор (28)
lohnen, sich арзидан [арз] (11)
lokal маҳаллӣ (24)
Löwe шер (23)
Luft ҳаво (13)
Lüge дурӯғ (1)

M

machen кардан [кун] (4)
Macht қудрат (1)
Mädchen духтар (7)
mager лоғар (21)
Mai май (9)
Mal бор (13)
malen расм кашидан (12)
Malkasten маҷмӯи рангубор (27)
manchmal баъзан (21)
Mandel бодом (28)
Mann мард (6)
Märchen афсона (4)
Markt бозор (1)
März март (9)
Maßnahme тадбир (23)
Matschwetter ҳавои сернам (31)
Maulbeerbaum дарахти тут (22)
Medizin дору (28)
medizinisch тиббӣ (11)
Mehl орд (7)
mehr бештар (21)
Meinung назар (9)
Meister усто (9)
Meisterin устозан (9)
Messer корд (28); ~**macher** кордсоз (24)
Meteorologe ҳавошинос (31)
Migrationskarte варақаи назорати муҳоҷиратӣ (34)
Mikrofon баландгӯяк (34)
Milch шир (12)
Minarett манора (16)
Mineral- минералӣ (17)
Mineralwasser оби маъданӣ (17)
Minute дақиқа (11)
mit бо (7)

Mitglied аъзо (25)
Mitreisende ҳамсафар (33)
Mittag пешин (4)
Mittagessen хӯроки пешин (13)
mittelgroß миёнақад (14)
mittlerer миёна (12)
Mittwoch чоршанбе (9)
möchten хостан [хоҳ] (17)
mögen нағз дидан (7)
Möglichkeit имкон (9)
möglicherweise мумкин (16)
Möhre сабзӣ (10)
Monat моҳ (8)
Mond моҳ (8)
Mongolei Муғулистон (1)
Montag душанбе (9)
morgen пагоҳ (5)
Morgen субҳ (4); **Guten ~ !** Субҳ ба хайр! (2)
Morgenfrühe саҳар (1)
morgens субҳ (4), пагоҳӣ (13)
Moschee масҷид (25)
Motor мотор (1)
müde монда (2)
Mudschahed муҷоҳид (1)
Mühe меҳнат (8)
Mullah мулло (1)
Museum осорхона, музей (11)
Muster намуна (2)
müssen бояд (16)
Mutter модар (2)
Mütterchen *(auch als Anrede)* бибӣ (12)
Mystiker сӯфӣ (16)

N

nach баъд аз (20); ~ **dem Wunsch** дилхоҳ (27)
nach[1] (*Richtung*) ба (7)
nach[2] (*zeitlich*) баъди (11)
Nachbar ҳамсоя (14)
Nachkomme фарзанд (12)
Nachricht иттилоъ (31)
Nachricht хабар (8)
nächster дигар (11, 13)
Nacht шаб (4); **Gute ~ !** Шаб ба хайр! (2)
nähen дӯхтан [дӯз] (9); ~ **lassen** дӯзондан (29)
Name ном (6)
nass тар (19)
national миллӣ (15)
Nationalpalast кохи миллат (8)
Natur табиат (21)
natürlich албатта (11)
nehmen гирифтан [гир] (4)
nein не (2)
neu нав (6)
neun нӯҳ (7)
neunzehn нуздаҳ (7)
neunzig навад (7)
nicht so groß чандон калон нест (6)
nichts ҳеҷ чиз (на-) (7, 13)
nie ҳеҷ вақт (на-) (12)
niemals ҳеҷ вақт (на-) (12)
niemand ҳеҷ кас (на-) (13)
nieseln сим-сим боридан (31)
nirgends ҳеҷ ҷо (на-) (13)
Niveau савия(20)
noch боз (8), ~ **ein** дигар (11, 13)
Norden шимол (8)
nötig даркор (8)
notwendig лозим (18); ~ **sein** зарур будан (28)
Null сифр, нол (7)
Nummer рақам (8)
Nutzen фоида (27)

O

oben боло (16)
Oberleitungsbus троллейбус (1)
Obst мева (13)
oder ё (3)
Ofen (*zum Brotbacken*) танӯр (22)
offiziell расман (26)
öffnen кушодан [кушо] (10)

Ohr гӯш (5)
okay! майлаш! (10)
Oktober октябр (9)
Öl равған (7)
Onkel *väterlicherseits:* амак (5)
mütterlicherseits: таға (5)
operieren ҷарроҳӣ кардан (32)
Organ 1. мақом; 2. узв (и бадан); **höchstes** ~мақоми олӣ (25)
organisieren ташкил кардан (26)
Osten шарқ (8)

P

Pädagoge омӯзгор (2)
Pädagogin омӯзгор (2)
pädagogisch омӯзгорӣ (11)
Pakistan Покистон (1)
Palav палав (4)
Panzerhemd ҷавшан (29)
Papier қоғаз (30)
Parlament парламент (1)
Partner шарик(28)
Pass ағба (20)
Pass паспорт, шиноснома (34)
Passkontrolle шуъбаи бозрасии амният (34)
Person кас (2)
Personalausweis шиноснома (28)
Petroleum карасин (28)
Pferd асп (23)
Pflanze растанӣ (21)
pflegen парваридан [парвар] (28)
pflücken чидан [чин] (5)
Physik физика(1)
planen ба нақша гирифтан (28)
platzen кафидан [каф] (28)
plötzlich нохост (22); иттифоқан *(32)*
Politologe сиёсатшинос (7)
Portemonnaie ҳамён (14)
Portion порс (17)
Post почта (8)
Postleitzahl индекс (-и почта) (8)
prägen (*Münzen*) сикка задан (30)
Preis нарх (10)
Problem масъала (20)
Produkte маҳсулот (19)
Prognose пешгӯӣ (31)
Prospekt хиёбон (15)
Provinz вилоят (25)
Punkt нуқта (21)
Puppe лӯхтак (12)
Puppenspiel (12) лӯхтакбозӣ
putzen тоза кардан (19)

Q

Quadratkilometer километр мураббаъ (21)

R

Rache қасос; ~ **nehmen an ...** қасос гирифтан *аз* ... (23)
raffinieren доғ кардан (19)
Ramadan (*Fastenmonat der Moslems*) рамазон (28)
Rätsel чистон (12)
Rauch дуд (19)
räuchern дуд кардан (19)
rechnen ҳисоб кардан (10)
Rechnung ҳисоб (10)
rechts рост (11)
Rechtswissenschaft ҳуқуқшиносӣ (15)
rechtzeitig дар вақташ (16)
Rede гап (5), сухан (15)
reden гап задан (5)
Regel қоида (27)
Regen борон (31)
Regierung ҳукумат (25)
Region минтақа (21)
Registration қайд (28)
registriert werden аз қайд гузаштан (28)
regnerisch боронӣ (31)
Reh оҳу (9)
reich бой (30)

Reiche бой (30)
Reife воя (26)
Reifen камера (28)
reifen пухтан [паз] (4)
Reinigungskraft фаррош (29); **als ~ arbeiten** фаррошӣ кардан (29)
Reis биринҷ (10); **~ säen** шолӣ коридан (29)
Reise саёҳат, сафар (1, 11)
reisen сафар кардан (11)
Reisende(r) мусофир (11, 33)
Reissuppe мастоба (4)
Reiter чопандоз (24)
renovieren таъмир кардан (32)
Rentner нафақахӯр, нафақагир (14)
Republik ҷумҳурӣ (6)
Respekt эҳтиром (1)
Restaurant ресторан (17)
Rezeption қабулгоҳ (18)
richtig дуруст (8)
Riemen камарбанд (34)
Rind гов (7)
Ringen гӯштин (24); гӯштингирӣ (26)
Ringkämpfer паҳлавон (24)
rot сурх (14)
Ruf фарёд (10)
rufen *jdn* фарёд кардан *-ро* (10); ҷеғ задан (29); **~ lassen** ҷеғ занондан (29)
Ruhe роҳат (8)
Russe рус (3)
Russin рус (3)
Russland Русия, Россия (3)

S

Saal толор (33)
Saatfeld киштзор (22)
Sache кор (5)
Sack халта (7)
Saft шарбат (17)
sagen гуфтан (16)
Sahne қаймоқ (1)
Saite тор (14)
säkular дунявӣ (25)
Salat салат, хӯриш) (1)
salzig шӯр (28)
Sammlung von Gedichten маҷмӯаи ашъор (29)
Samowar самовор (1)
Sänger сароянда (21); овозхон (31)
satt сер (1)
Satz ҷумла (8)
sauber тоза (19), **~ machen** тоза кардан (19), рӯбучин кардан (10)
sauer турш (10)
schade афсӯс (14)
Schaden зарар, зиён (27)
Schakal шағол (24)
Schale пӯст; **dünne ~** тунукпӯст (28)
Schale[1] *(Haut)* пӯст(19)
Schale[2] *(Gefäß)* коса (7)
Schalter бахш(34)
Schandfleck доғ (12)
Schatz ганҷ (1)
Schauspieler ҳунарпеша (20)
schenken тӯҳфа кардан (17)
Schere қайчӣ (27)
Scherz ҳазл (21)
schicken фирисондан [фирисон] (8)
Schild лавҳа (29)
Schildkröte сангпушт (14)
schimpfen дашном додан *(32)*
Schlaf хоб (12); **zum ~en bringen** хобон(и)дан (29)
schlafen хобидан (29); **~ gehen** хоб рафтан (12)
schlagen задан [зан] (5)
Schlange мор (14)
schlau айёр (35)
schlecht бад (7)
schlechtes Benehmen беодобӣ (27)
Schlucht дара (8)
Schlüssel калид (18)
schmackhaft болаззат (26)
schmackhaft бомаза (10)
Schmerz алам (33)

schmücken зеб додан (28); ороиш додан (26)
Schnaps арақ (17)
schneiden реза кардан (10)
Schneider(in) либосдӯз (9), дӯзанда (9)
Schneiderei либосдӯзӣ (9)
schnell зуд (1)
schon аллакай (28)
schön зебо (6); хушрӯй (14)
Schrank ҷевон (8)
Schrei фарёд (10)
schreiben навиштан [навис] (4); ~ **lassen** нависондан (29)
Schriften навиштаҷот (9)
Schriftsteller адиб (2), нависанда (9)
Schriftstellerin адиба (2), нависанда (9)
Schulden қарз (1)
Schule мактаб (5)
Schüler талаба (11)
Schulter кифт, китф (33)
schütten рехтан [рез] (6)
schwarz сиёҳ (14)
Schwester (*ältere*) апа *umg.* (33); хоҳар (5)
schwül дим (20)
sechs шаш (7)
sechzehn шонздаҳ (7)
sechzig шаст (7)
See кӯл (28)
Seele ҷон (8)
sehen дидан [бин] (7)
sehenswert sein боби тамошо будан (28)
sehr хеле (6)
Seife собун (28)
Seil банд (28)
sein будан [бош] (4)
seit аз (3)
Seite тараф (9) *(Richtung)*; паҳлу (33); сӯ (32); саҳифа *(Buch)*
Sekretärin котиба (20)
September сентябр (9)
sichtbar sein намудор будан (24)
sie *(3. Pers. Sg.)* ӯ, вай (2); *(3. Pers. Pl.)* онҳо (2)
Sie *(Anrede)* шумо (2)
sieben ҳафт (7)
siebzehn ҳабдаҳ, ҳафтдаҳ (7)
siebzig ҳафтод (7)
Sitzpodest суфа (12)
Sitzung иҷлосия (25)
Sklave ғулом *(32)*
slawisch славянӣ (15)
sofort ҳозир (17)
Sogden суғдиҳо (30)
Sohn писар (3)
sollen бояд (16)
Sommer тобистон (9)
Somoni сомонӣ (9)
Sonnabend шанбе (9)
Sonne офтоб (22)
Sonnenaufgang тулӯи офтоб (22)
Sonnenbrille айнаки офтобӣ (28)
Sonnenuntergang тулӯи офтоб (22)
Sonntag якшанбе (9)
soso lala як навъ (3)
souverän соҳибистиқлол (25)
sowjetisch шӯравӣ; **in der Sowjetzeit** дар даври шӯравӣ (26)
Sowjetunion Иттиҳоди шӯравӣ (21)
sowohl … als auch … ҳам … ҳам … (3)
Spaß machen ҳазлу шӯхӣ кардан (21)
spät дер (12)
später баъд (5); сонитар (32)
spazieren(gehen) сайр кардан (12)
Spaziergang сайр (1)
Speisekarte рӯйхати хӯрокҳо, таомнома (17)
Speisetuch дастархон (10)
Spezialist мутахассис (15)
Spiegel оина (23)
Spiel бозӣ (12)
spielen бозӣ кардан (12)
Spielzeug бозича (12)
Spitze қулла (28)
Sprache забон (6)
Sprichwort зарбулмасал (6)
Staat давлат (9); **Rechts~** давлати ҳуқуқбунёд (25)
Stadt шаҳр (6)

stattfinden баргузор гардидан (24)
Statue ҳайкал (8)
stehen истодан [ист] (8)
steigen афзоиш ёфтан (21) (*Preis*)
Stein санг (14)
Steppe дашт (32)
Stern ситора (9)
Stewardess стюардесса (33)
Stief- ӯгай (1)
Stiefel мӯза (1)
Stier барзагов (22)
Stift қалам (2)
still хомӯш (33); сокит (20)
Stock ошёна (20)
Stoff матоъ (27)
stolpern пешпо хӯрдан *(32)*
Stolz ифтихор (33)
Strahl нур (22)
Straße кӯча (7), роҳ; **Seiden~** роҳи абрешим (24)
Straßenbahn трамвай (1)
Streichholz гӯгирд (28)
Strom барқ (20)
Stück дона (10); **Brot~** луқма (10)
Student(in) донишҷӯ (2)
studieren хондан [хон] (4), таҳсил кардан (5)
Studium таҳсил (5)
Stuhl курсӣ (2)
Stunde соат (9)
stürzen афтидан [афт] (22)
suchen ҷустуҷӯ кардан (23)
Süden ҷануб (8)
Sufi сӯфӣ (16)
Suppe шӯрбо (7)
süß ширин (10)
Syrien Сурия (1)

T

Tabak тамоку (26)
Tabakdose тамокудон (27)
Tadschike тоҷик (3)
Tadschikin тоҷик (3)
tadschikisch тоҷикӣ (3)
Tadschikistan Тоҷикистон (1)
Tag рӯз (4); **ganzer ~** шабонарӯз (18); **Guten ~ !** Рӯз ба хайр! (1); Салом! (1), Ассалому алайкум! (2), *(als Antwort)* Ваалайкум ассалом! (2)
Tage айём (12)
Tahiriden тоҳириҳо (30)
Tal дара (8)
Talib толиб (1)
Tante *mütterlicherseits:* хола (5), *väterlicherseits:* амма (5)
Tänzer раққос (2)
Tänzerin раққоса (2)
Taschenlampe фонуси кисагӣ (28)
taub кар (1); **er ist ~** гӯшаш вазнин (26)
tauschen иваз кардан
täuschen, sich фиреб хӯрдан (27)
tausend ҳазор (7)
Taxi такси (1)
technisch техникӣ (12)
Tee чой (4)
Teehaus чойхона (7)
Teeschale пиёла (6)
Teigtasche самбӯса (17)
Teil қисм (24)
Teilnehmer иштирокчӣ (18)
Telefon телефон (1)
Telegramm телеграмма, барқия (15)
Temperatur ҳарорат (31)
Tennis теннис (1)
Teppich қолин (22)
Territorium ҳудуд (28)
teuer қиммат (10); азиз (8)
Text матн (7)
Theater театр (6)
Thema мавзӯъ (1)
Ticket билет (15), чипта (15)
Tier ҳайвон (17)
Tiger паланг (35)
Tisch миз (2)
Tochter духтар (3)
Töpferzeugscherbe сафолпора (30)

Tournee сафари ҳунарӣ (31)
traditionell анъанавӣ (26)
tragen *(Kleidung)* бар тан доштан (8)
traurig ғамгин (3)
Trennung фироқ (21)
Treppe зинапоя (35)
trinken нӯшидан [нӯш] (10), хӯрдан [хӯр] (4)
tropfen чакидан [чак] (31)
trübe тира (31)
Tür дар (1)
Turkmene туркман (3)
Turkmenin туркман (3)
Turkmenistan Туркманистон (1)
Tusch туш (30)

U

üben машқ кардан (14)
über дар бораи (15)
überall ҳар ҷо (13), ҳама ҷо (13)
Überschwemmung сел (28)
übersetzen тарҷума кардан (7)
Übung машқ (1)
Uhr соат (9)
Uigure уйғур (1)
Umgebung атроф (8)
umherfahren сайр кардан (12)
umhergehen сайр кардан (12)
umziehen кӯчидан [кӯч] (29)
umziehen lassen кӯчонидан [кӯчон] (29)
unbedingt ҳатман (31)
unbekannt номаълум (30)
und ва, -у (3); *(in Fragen und Aufforderungen)* канӣ (8)
UNESCO ЮНЕСКО (1)
ungefähr қариб (21)
ungesund sein зарар доштан (26)
ungünstig номусоид (20)
Universität донишгоҳ (5)
unreif (*grün*) ғӯра (28)
unten пас (24), поин (16)
unter зер (1)
untergehen (*Sonne*) фурӯ рафтан (22)
untergeordnet тобеъ (25)
unterhalten, sich гап задан (5)
Unterricht дарс (8)
unterrichten дарс додан (8)
Unterrichtsraum дарсхона (20)
unterscheiden, sich фарқ доштан (13)
Unterschied фарқ (13)
Unterseite таг (14)
Unwetter борону сел (28)
uralt қадим (24); **~e Zeit** қадимулайём (24)
Usbeke ӯзбек (3)
Usbekin ӯзбек (3)
Usbekistan Ӯзбекистон (1)

V

Vater падар (2)
verachten бад дидан (7)
verbringen гузарондан [гузарон] (12)
Verfassung сарқонун (25)
verfügen *(über etw)* дорои ... будан (15)
vergessen фаромӯш кардан (7)
Vergnügen завқ (1)
verheiratet оиладор (12)
verkaufen савдо кардан (27)
Verkäufer(in) фурӯшанда (2)
verkehren рафтуо кардан (32)
verliebt sein ошиқ будан (32)
verlieren гум кардан (11)
verloren гум (11)
veröffentlicht werden чоп шудан (30)
Verpflichtung ӯҳда; ~ **haben** ба ӯҳда доштан (35)
Versammlung маҷлис (15)
versorgen (*mit Kleidung*) пӯшон(и)дан (29)
verstecken пинҳон кардан
verstehen фаҳмидан [фаҳм] (4)
verstummt сокит (20)
verteilen тақсим кардан (33)
Vertrag шартнома (29)
Vertreter вакил (25)

Vertretung намояндагӣ (25)
Verwaltungsgliederung тақсимоти маъмурӣ (25)
verwandelt werden *zu* … табдил шудан *ба* ... (31)
verwandt sein хеш будан (13)
Verwandter хеш (13)
Verwandtschaft хешу ақрабо (5)
Verwunderung тааҷҷуб (33)
verzeihen бахшидан [бахш] (11)
verzweifelnd рӯҳи шикаста (27)
Video видео(1)
viel мӯл (1), зиёд (6), фаровон (28)
vielleicht мумкин (16)
vier чор, чаҳор (1, 7)
Viertel гузар (12)
vierzehn чордаҳ (7)
vierzig чил (7)
Vogel парранда (22)
Volk халқ (25)
voll пур (18)
Volleyball волейбол (1)
von аз (3)
vor пеш (12)
vorbereiten тайёр кардан (15)
vorbereiten, sich тайёрӣ дидан (10)
Vorderseite рӯ (14)
Vorfahren авлоду аҷдод (30)
vorhanden мавҷуд (15), ~ **sein** мавҷуд будан
vorstellen, sich тасаввур кардан (27)
vorübergehen гузаштан [гузар] (11)
Vorwahl код(8)

W

wach бедор (15)
wachsen рӯидан [рӯ] (15)
Wahl интихоб (14)
wählen интихоб кардан (14)
Wahlen интихобот (25)
Waise сағира (1)
Wald ҷангал (23)
wann? кай? (4)
Ware мол (27)
warten *auf* … интизор шудан *ба* ... (17, 32)
was? чӣ? (3); ~ **für?** чӣ гуна? (7), ~ **für** *(eine Arbeit)***?** чӣ кор? (4)
waschen шустан [шӯ] (19)
Wasser об (17)
Wassermelone тарбуз (10)
weben бофтан (29)
Weberei бофандагӣ (29)
Weg роҳ (11)
Weg роҳ; **sich auf den ~ machen** раҳсипор шудан *ба* ... (35)
wegwerfen ҳаво додан *(32)*
Wehmut ғам (1)
weil чунки (9), ки (11), зеро (16)
Weiler қишлоқ (9)
Wein вино, шароб (17); мул (1)
weinen гиря кардан (23)
Weinstock ток (22)
Weintraube ангур (9)
Weise гуна (7), тавр (13)
weiß сафед (14)
weit дур (11)
weiterer дигар (11, 13)
Weizen гандум; **aufgekeimter** ~ гандуми нешбароварда (26)
welcher кадом (9)
Welle мавҷ (1)
Welt дунё (13); ҷаҳон (21)
weltlich дунявӣ (25)
wenig кам (13)
wer? кӣ? (3)
werden шудан [шав] (4)
wert sein арзидан [арз] (11)
wertvoll гаронбаҳо (30)
Westen ғарб (8)
Wetter ҳаво (13)
Wettervorhersage ҳавошиносӣ; **Zentrum der** ~ маркази ҳавошиносӣ (31)
wichtig муҳим (15)
Widerspruch тазод (27)
wie мисли (24); чӣ гуна, чӣ хел (26)

wie? чӣ хел? (11); **~ bitte?** лаббай? (18); **~ viel?** чанд? (8)
wieder боз (8)
wiegen[1] *(itr)* вазн доштан (10)
wiegen[2] *(tr)* баркашидан [баркаш] (10), вазн кардан (10)
Willkommen! Хуш омадед! (4)
Wind бод (1), шамол (9), **leichter ~** шамолак (9)
Winter зимистон (9)
wir мо (2)
wirtschaftlich иқтисодӣ (11)
wissen донистан (5)
wissenschaftlich илмӣ (18) **wo?** куҷо? дар куҷо? (5); **~ ist ...?** ... канӣ?
Woche ҳафта (9)
wohl bekomms! ош шавад! (10)
Wohl хайр (8)
wohnen сукунат доштан (21)
wohnen зиндагӣ кардан (5)
Wohnkomplex микрорайон (15)
Wohnort макони зист (21)
Wohnviertel маҳалла (11); гузар (26)
Wolf гург (24)
Wolke абр (20)
wolkig абрнок (26)
Wolldecke кампали пашмин (28)
Wort калима (13) вожа; **ins ~ fallen** суханро буридан (32)
Worte гап, сухан (15)
Wörterbuch луғат (1, 6)
Wucherer судхӯр (30)
Wuchs қад (14); **von mittlerem ~** миёнақад (14); **von hohem ~** қадбаланд (14)
Wunder мӯъҷиза (23)
wünschen орзуманд будан (18); таманно доштан (34)
wünschend орзуманд (18)

Z

zählen ҳисоб кардан (10); шумурдан (26)
Zahn дандон; **künstliche Zähne** дандонҳои сунъӣ (23); **~bürste** чӯткаи дандоншӯй (28)
zehn даҳ (7)
zeichnen расм кашидан [каш] (12)
zeigen *jdm* нишон додан *ба* (18)
zeigen ишора кардан (33)
Zeit вақт (12); айём (12); замон (24)
zeitig барвақт (12)
Zeitplan ҷадвал (13)
Zeitschrift маҷалла (1)
Zeitung рӯзнома (8)
Zelt чодар (20)
Zentralasien Осиёи Марказӣ (21)
zerkleinern реза кардан (10)
zerstückeln пора кардан (19)
Zettel варақа (18)
Ziege буз (10)
Ziegel хишт (8)
Ziegenziehen бузкашӣ (*Reiterspiel*) (24)
ziehen кашидан [каш] (12)
Zigarette сигор (1)
Zimmer ҳуҷра (18)
Zink руҳ (1)
zittern ларзидан [ларз] (23)
Zollamt гумрук (34)
Zollerklärung варақаи декларатсия (33)
Zöllner гумрукчӣ (9)
Zorn ғазаб (10)
zornig werden ба ғазаб омадан (10)
zu ба (7); **zu Fuß** пиёда (11)
zubereiten тайёрӣ намудан (19)
Zuckermelone харбуза (10)
zufrieden розӣ (10)
zuführen расондан [расон] (12)
Zug поезд (20)
Zukunft оянда (15)
Zunge забон (6)
Zungenbrecher тезгӯяк (6)
zurückbleiben боқӣ мондан (31)
zurücklegen тай кардан; **einen langen Weg ~** роҳи дурро тай кардан (27)
zusammen mit ... ҳамроҳи ... (10)
zusammenziehen (*Schulter, Augenbrauen*) дарҳам кашидан (33)
zusätzlich иловагӣ (32)

zuschauen нигоҳ кардан (23)
Zustand ҳол (16)
zuwider sein ба дил задан (23)
zwanzig бист (7)
zwei ду (5)
Zweifel шубҳа (15); ~ **haben** шубҳа доштан (15)
zweifeln шубҳа доштан (15)
Zwiebel пиёз (19)
Zwillinge дугоник (13)
zwingen маҷбур кардан (32)
zwölf дувоздаҳ (7)

Verwendete Literatur

Baizoeyev, Azim; Dr. Hayward, John: *The Official Beginners Guide to Tajiki*. STAR Publications, Dushanbe, 2001.

Deutsch-Tadschikisches Wörterbuch, Duschanbe, 2010.

Randall, B. Olson; Rochelle, A. Olson: *Standard Tajik-English Dictionary*. STAR Publications, Dushanbe, 2000.

Rzehak, Lutz: *Tadschikische Studiengrammatik*. 1999, Reichert.

Арзуманов, С.: *Худомӯзи забони тоҷикӣ*. Душанбе, 1989.

Арзуманов, С.; Сангинов, А.: *Забони тоҷикӣ*. Душанбе, 1988.

Боронов, Б.; Бойев, Б.: *Забони модарӣ, китоби дарсӣ барои синфи 3*. Душанбе, 2008.

Грамматикаи забони адабии ҳозираи тоҷик. Ҷилди I, II, III, Нашриёти Дониш, Душанбе, 1985, 1986, 1989.

Иванов, В. Б.; Семёнова, Е. В.; Хушкадамова, Ҳ.О.: *Учебник таджикского языка для стран СНГ*. Часть I, II, 2009, Москва.

Камолиддинов, Баҳриддин: *Наҳви забони тоҷикӣ*. S. 259, Душанбе, 2010.

Қаҳҳорӣ, Абдуҷҷабор: *Аҷаб дунёе…* . Душанбе, 2003.

Маҷаллаи „*Фирӯза*“, S. 1–3, 1999.

Расторгуева, В. С.: *Краткий очерк грамматики таджикского языка*. In: *Луғати тоҷикӣ-русӣ*, 40.000 калима; Раҳимӣ, Муҳаммадҷон; Успенская, Людмила; Москва, 1954. S. 531–570.

Табаров, Х. Н.; Искандарова, Ф. Д.: *Талжикский язык, учебное пособие*. Душанбе 2015.

Фарҳанги имлои забони тоҷикӣ. Кумитаи забон ва истилоҳоти назди Ҳукумати Ҷумҳурии Тоҷикистон. Душанбе, 2013.

Ходизода, Р.; Неъматзода, Т.; Миров, Т.: *Адабиёти тоҷик барои синфи 10*. Душанбе, 1990.

Хоҷаев, Д.; Зикриёев, Ф.; Муллохонов, А.: *Забони тоҷикӣ, китоби дарсӣ барои синфи 9*. Душанбе, 2007.

Хошимов, С. Х.; Музаффарова, Ш.М.: *Таджикский язык, учебное пособие*. Душанбе, 2016.

Ҳусейнзода, Ш.; Абдувалиев, А.; Мирзоев, Ғ.: *Адабиёти ватан барои синфи 8*. S. 63–64. Душанбе 2016.

CD-Tracks

CD

1	Lektion 1	S. 12–15	Машқи 1–13
2	Lektion 4	S. 37	Матн
3	Lektion 5	S. 43	Гуфтугӯ
4	Lektion 5	S. 44	Матн *Оила*
5	Lektion 5	S. 44	Машқи 9
6	Lektion 6	S. 51	Гуфтугӯ
7	Lektion 7	S. 56	Гуфтугӯ
8	Lektion 8	S. 66	Гуфтугӯ
9	Lektion 8	S. 66	Матн *Хабари хуш*
10	Lektion 9	S. 77	Гуфтугӯ
11	Lektion 9	S. 81	Матн *Ширкати зардӯзӣ*
12	Lektion 10	S. 84	Матн
13	Lektion 10	S. 86	Гуфтугӯ *Дар бозор*
14	Lektion 11	S. 93	Латифа
15	Lektion 11	S. 94	Гуфтугӯ
16	Lektion 12	S. 100	Матн *Оилаи Саид*
17	Lektion 14	S. 116	Матн
18	Lektion 14	S. 116	Гуфтугӯ
19	Lektion 14	S. 119	Машқи 11
20	Lektion 14	S. 120	Чистон
21	Lektion 15	S. 125	Гуфтугӯ *Донишгоҳи славянӣ*
22	Lektion 16	S. 134	Латифа
23	Lektion 16	S. 135	Латифа
24	Lektion 17	S. 140	Гуфтугӯ *Дар чойхонаи Роҳат*
25	Lektion 18	S. 142	Гуфтугӯ
26	Lektion 18	S. 143	Гуфтугӯ *Дар меҳмонхона*
27	Lektion 18	S. 144	Гуфтугӯ
28	Lektion 19	S. 149	Гуфтугӯ
29	Lektion 19	S. 150	Матн *Тайёр намудани палав*

30	Lektion 21	S. 160	Матн *Осиёи Марказӣ*
31	Lektion 22	S. 170	Матн *Ҳавлӣ дар деҳа*
32	Lektion 23	S. 173	Матн *Хатои Турна*
33	Lektion 24	S. 179	Матн *Истаравшан*
34	Lektion 25	S. 184	Матн *Сохти давлати Тоҷикистон*
35	Lektion 26	S. 190	Матн *Саида ба дӯстони олмонӣ дар бораи иди Наврӯз нақл мекунад*
36	Lektion 27	S. 194	Матн *Гардиши фалак*
37	Lektion 29	S. 213	Матн *Садриддин Айнӣ*
38	Lektion 30	S. 218	Матн *Авлоду аҷдодони халқи тоҷик*
39	Lektion 31	S. 225	Матн *Пешгӯиҳои ҳавошиносон*
40	Lektion 32	S. 232	Матн *Эзопи юнонӣ*
41	Lektion 33	S. 236	Матн *Бачаҳо мо тоҷик ҳастем, маданияти худро нишон диҳед!*
42	Lektion 34	S. 241	Матн *Сафари ҷаноб Саидов ба Лондон*
43	Lektion 35	S. 248	Матн *Меҳмони хориҷӣ аз Австрия*

Sprecherinnen und Sprecher der Audio-CD:
Azam Aripov, Bahrom Aripov, Nasiba Aripova, Barno Aripova

Redaktionelle Bearbeitung: Dr. Thomas Loy
Zeichnungen: Dr. Sophie Roche
Fotobilder: Bahrom Aripov
S. 53: Karte Tadschikistan: https://commons.wikimedia.org/wiki/File:Un-Tajikistan.svg

Tadschikische Studiengrammatik

Von Lutz Rzehak

8°. Geb., 124 S.,

(978-3-89500-107-9)

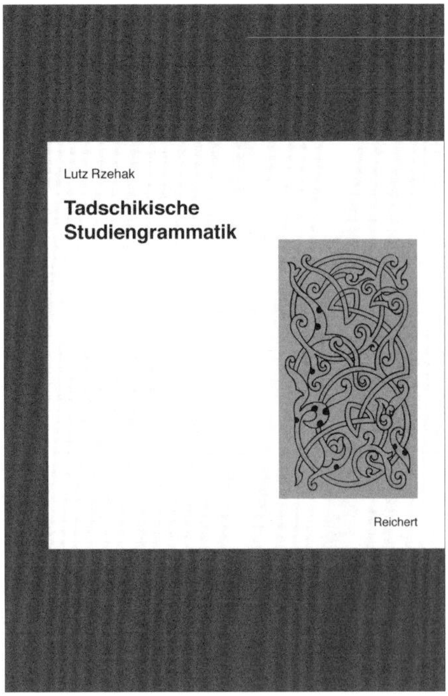

Diese Studiengrammatik ist die erste deutschsprachige Publikation über das Tadschikische und seinen zeitgenössischen Gebrauch in Zentralasien. Das ausführliche Textbuch führt die interessierten Leser an Grammatik, Phonetik und Schrift des Tadschikischen heran. Die Texte variieren von einfachen Materialien, die speziell für Anfänger zusammengestellt wurden, bis hin zu relativ komplizierten grammatischen Formen für fortgeschrittenere Studierende. Das Buch ist so konzipiert, dass es sowohl für den Unterricht als auch zum Selbststudium benutzt werden kann. Vielfältige Querverweise und ein umfassender Index, der ein themenorientiertes systematisches Studium sowie ein schnelles Auffinden der gewünschten Texte ermöglicht, machen die Studiengrammatik zu einem Nachschlagewerk, von dem auch Interessenten mit Vorbildung im Persischen oder Tadschikischen profitieren werden. Die grammatischen Erläuterungen werden anhand von über 1.400 Beispielsätzen in kyrillischer Schrift, die auch heute noch in Tadschikistan verwendet wird, verdeutlicht. Der Anhang enthält einen Überblick über andere Schriftarten, die im 20. Jahrhundert für Persisch-Tadschikische Sprachen in Zentralasien verwendet wurden. Außerdem finden sich hier Rechtschreibregeln und Konjugationstabellen.